本書係「敦煌文獻系統性保護整理出版工程」項目成果

二〇二一—二〇三五年國家古籍工作規劃重點出版項目

「十四五」國家重點出版物出版規劃項目

國家古籍整理出版專項經費資助項目

中國國家圖書館藏
敦煌文獻

中國國家圖書館 編

第四五册

BD00651～BD00667

國家圖書館出版社

DUNHUANG MANUSCRIPTS IN THE NATIONAL LIBRARY OF CHINA

045

BD00651 ~ BD00667

compiled by the

National Library of China

National Library of China Publishing House

凡例

一　本書刊布中國國家圖書館藏敦煌文獻，以館藏編號爲序編排。

二　館藏編號采用「BD+流水號」格式，如 BD00001, BD16579 等。背面在編號後加 v 表示。一個編號包含多件文獻者，編號後分別綴以字母 A, B, C 等。一件文獻含有多個内容者，以數字 -1, -2, -3 等標明順序。

三　圖版有縮印或放大處另加説明，尺寸超出本書幅面的以摺葉形式呈現。

四　卷軸裝、梵夾裝、經摺裝等裝幀形制的敦煌文獻，各附外觀圖像。

五　每件文獻依次呈現外觀、正面、背面等。背面僅刊布有文字、圖像或其他要素的圖版，而略去素紙部分，背面圖版同樣以從右到左順序編排。凡有外題者，遵從以上原則。

六　除個別特殊情況外，爲保證閱讀連貫、流暢，圖版儘量通欄呈現。

七　各葉上方附該件文獻全圖，以高亮形式顯示本葉大圖在全卷中的位置。部分長卷文獻全圖衹能分多段呈現時，在上段末以符標示下段接續。卷尾内容不足一葉時，文獻全圖使用該圖卷尾部分，亦以符標示。背面圖版文字與正面文字方向相反時，文獻全圖按原貌顯示，正文翻轉呈現，以便閱讀研究，用符標示。

八　文獻題名大體沿用中國國家圖書館此前所編多部敦煌文獻目録的考證，部分吸收學界最新研究成果略作調整和完善。文獻題名綜合參考原卷首題、尾題、外題確定，如原卷題名與該文獻正式名稱不同，則采用正式名稱；無題名者，或比定題名，或擬定新名。非漢文文獻在題名前標注語種。有分卷不同等其他情況者，括注於文獻名稱後。

九　本書著録使用通行繁體字，涉及原文中的人名、地名等，必要時保留原字形。

About this publication

1. The documents are presented in shelfmark order.
2. The shelfmarks are in the form BD plus a running number, eg. BD00001, BD16579, &c. If a given shelfmark contains multiple documents, these are distinguished by the letters A, B, C, &c. If a document has multiple contents, they are distinguished by the numbering 1, 2, 3, &c. The verso side of an item is indicated by the letter v.
3. If it has been necessary to reduce or enlarge the size of an illustration, the dimensions are indicated. If the size of an illustration exceeds the size of the book, a folding sheet is used.
4. If the document is a scroll, a folded sutra, or has a stitched binding, a picture of the whole object is provided to show its external appearance.
5. The cover, front, and back of each document are reproduced in sequence. The back of a document is only reproduced if it contains text, illustrations, or other markings, and it is oriented from right to left. If it is blank it is not reproduced.
6. Except in a few special cases, the lines of text are reproduced unbroken to make them coherent and easier to read.
7. An illustration of the complete document is reproduced at the top of each page, and the section where the main illustration appears is highlighted in order to indicate its position. If it has only been possible to reproduce a long scroll in sections, the direction symbol has been used to indicate where one illustration ends and the next one begins. If the end of the scroll occupies less than one page, the direction symbol is used to indicate its position in the illustration of the complete document. If the text on the back of the document has a different orientation from the text on the front, it is reproduced as it is, but is also rotated (indicated with the rotation symbol) so that it can be read easily.
8. The titles of the documents generally conform with those already established by the Library, but in some cases have been amended by drawing on the most recent scholarly research. The titles are derived firstly from the beginning of the text, then from the end of the text, and lastly from the cover. If the title of a document differs from its authoritative form, the authoritative form is used; and if a document has no title, one is either supplied by comparison with similar documents, or a new one is devised. If the document is not in Chinese, its language is indicated before the title. If the number of juan is different from that of the authoritative version, or if there are other irregularities, this is noted.
9. The documents in the book are in traditional Chinese characters. Where the title contains personal or place names, the original characters used for these names are retained.

(Translated by David Helliwell)

第四五册目録

BD00651 大般若波羅蜜多經卷三六三

（唐）玄奘 譯

171.3cm × 26.4cm

……我雖
然不住有為界亦不住无為界……
如來所變化者雖不住有為界……
界然有去來坐立等事善現是所化者若行
布施波羅蜜多亦行淨戒安忍精進靜慮般
若波羅蜜多是所化者若住内空亦住外空
内外空空空大空勝義空有為空无為空畢
竟空无際空散空无變異空本性空自相空
共相空一切法空不可得空无性空自性空
无性自性空是所化者若住真如亦住法界法
性不虛妄性不變異性平等性離生性法定
法住實際虛空界不思議界是所化者若修
四念住亦修四正斷四神足五根五力七等
[illegible]

无量四无色定是所化者若脩八解脫亦脩
八勝處九次第定十遍處是所化者若脩一
切三摩地門亦脩一切陁羅尼門是所化者
若脩空解脫門亦脩无相无願解脫門是所
化者若脩五眼亦脩六神通是所化者若脩
佛十力亦脩四无所畏四无礙解大慈大悲
大喜大捨十八佛不共法是所化者若脩无
忘失法亦脩恒住捨性是所化者若脩一切
智亦脩道相智一切相智是所化者若證无
上正等菩提轉妙法輪作諸佛事是所化者
復轉化作无量有情於中建立正性定等三
聚差別善現於汝意云何是諸如來所變化
者為實有去来乃至行住脩證无上正等菩

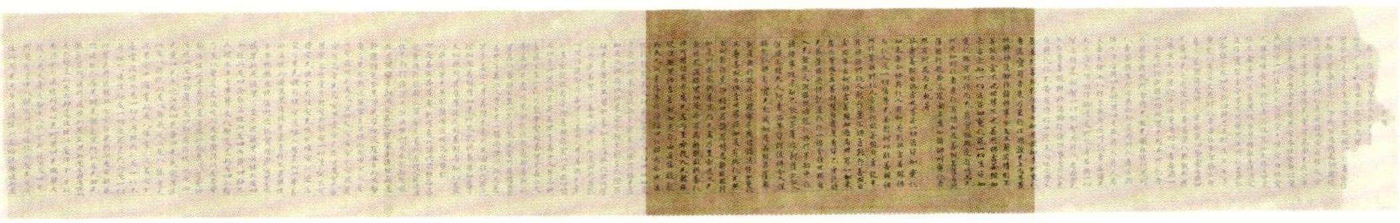

顯著別善現於汝意云何如來所變化
者為實有去來乃至行住循證无上正等菩
提轉妙法輪作諸佛事安立三聚有情別不
善現白言不也世尊不也善逝佛言善現如
來亦尒知一切法皆如變化說一切法皆如
變化雖有所作而无真實雖雖度有情而无
所度如所化者度化有情如是善現菩薩摩訶
薩循行般若波羅蜜多應如諸佛所變化者
雖有所為而无執著
具壽善現白佛言世尊若一切法皆如變化
如來亦尒佛與化人有何差別佛言善現佛
與化人及一切法等无差別何以故善現佛
所作業佛所化人亦能作故善現白言設无
有佛佛所化人能作業不佛言能作善現白
[illegible]過去世有一如來

應正等覺
无菩薩堪受佛記遂化作一佛令住世間自
入无餘依大涅槃界時彼化佛於半劫中作
諸佛事過半劫已授一菩薩摩訶薩記現入
涅槃尒時天人阿素洛等皆謂彼佛令入涅
槃然化佛身實无起滅如是善現菩薩摩
訶薩脩行般若波羅蜜多應信諸法皆如變化
具壽善現白佛言世尊若如來身與化无異
云何能作真淨福田若諸有情為解脫故於
如來所恭敬供養其福无盡乃至究竟後入无
餘依般涅槃界如是若有為解脫故供養化
佛所獲福聚亦應无盡乃至究竟後入无餘依
般涅槃界佛言善現如來身由法性故能
與天人阿素洛等作淨福田化佛亦尒由法

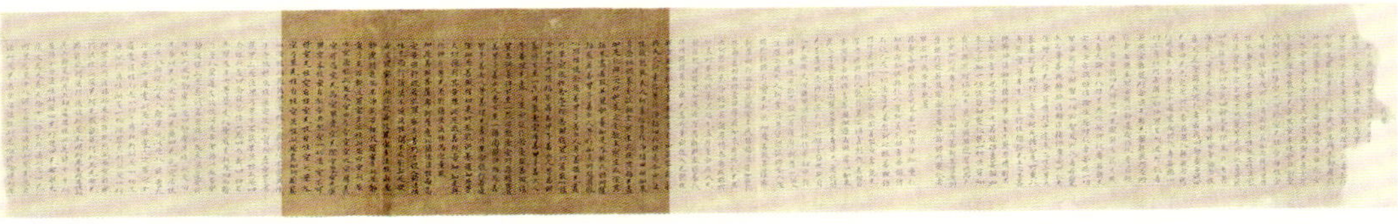

服法服界佛言善現如來現由法性故前
與天人阿素洛等作淨福田化佛亦尒由法
性故能與天人阿素洛等作淨福田如如來
自受他供養令彼施主窮生死際其福无盡
如是化佛受他供養亦令施主窮生死際其
福无盡善現且置供養如來及與化佛所獲
福聚若善男子善女人等於如來所起慈敬
心思惟憶念是善男子善女人等善根无盡
乃至究後作苦邊際善現復置以慈敬心憶
念如來所獲福聚若善男子善女人等為供
養佛下至一花用散虛空是善男子善女人
等善根无盡乃至究後作苦邊際善現復
置為供養佛下至一花用散虛空所獲福聚若
善男子善女人等下至一稱南謨佛陁是善

大功德利其量難測是故善現當知如來與
化佛身等无差別諸法法性為定量故
如是善現菩薩摩訶薩應以諸法法性而為
定量脩行般若波羅蜜多善巧方便入諸法法
性已而於諸法不壞法性謂不分別此是般
若波羅蜜多此是般若波羅蜜多法性此是
靜慮精進安忍淨戒布施波羅蜜多此是靜
慮乃至布施波羅蜜多法性此是內空此是
內空法性此是外空內外空空空大空勝義
空有為空无為空畢竟空无際空散空无變
異空本性空自相空共相空一切法空不可
得空无性空自性空无性自性空此是外
空乃至无性自性空法性此是真如此是真

得空無性空自性空無性自性空此是外
空乃至無性自性空法性此是真如此是真
如法性此是法界法性不虛妄性不變異性
平等性離生性法定法住實際虛空界不思
議界此是法界乃至不思議界法性此是四
念住此是四念住法性此是四正斷四神足
五根五力七等覺支八聖道支此是四正斷
乃至八聖道支法性此是苦聖諦此是苦聖
諦法性此是集滅道聖諦此是集滅道聖諦
法性此是四靜慮此是四靜慮法性此是四
無量四無色定此是四無量四無色定法性
此是八解脫此是八解脫法性此是八勝處九
次第定十遍處此是八勝處九次第定十
遍處法性此是一切三摩地門此是一切三

陀羅尼門法性此是空解脫門此是空解脫
門法性此是无相无願解脫門此是无相无
願解脫門法門法性此是五眼此是五眼法性此
是六神通此是六神通法性此是佛十力此
是佛十力法性此是四无所畏四无礙解大
慈大悲大喜大捨十八佛不共法此是四无
所畏乃至十八佛不共法法性此是无忘失
法此是无忘失法法性此是恒住捨性此是

BD00652

維摩詰所説經卷上

（後秦）鳩摩羅什 譯

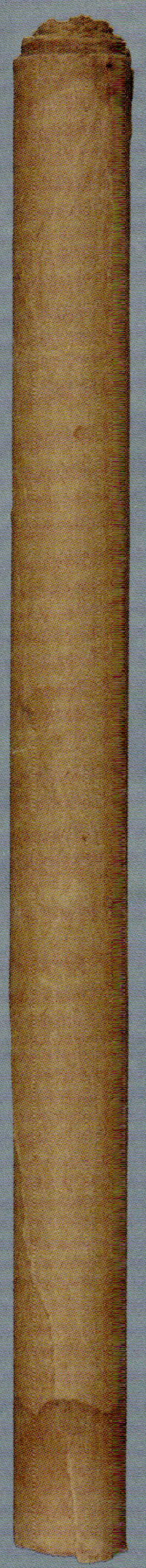

94cm × 26cm

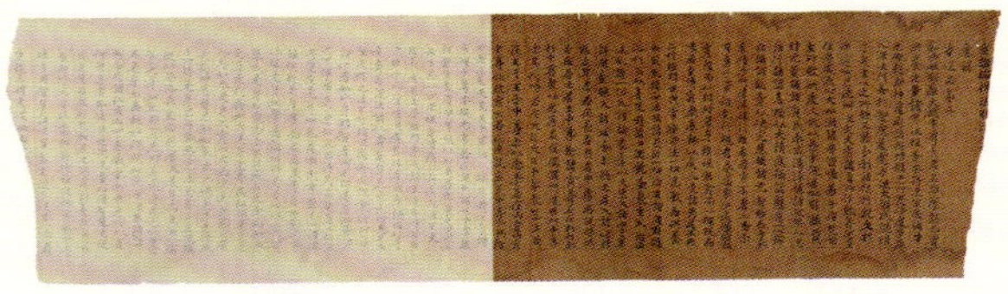

塵離垢得法眼淨八
意解
方便品第二
尒時毗耶離大城中有長者名維摩詰已曾
供養无量諸佛深植善本得无生忍辯才
无礙遊戲神通逮諸揔持獲无所畏降魔勞怨
入深法門善於智度通達方便大願成就明
了衆生心之所趣又能分別諸根利鈍久於
佛道心已純淑決定大乘諸有所作能善思量
住佛威儀心大如海諸佛咨嗟弟子釋梵世
主所敬欲度人故以善方便居毗耶離資
財无量攝諸貧民奉戒清淨攝諸毀禁以忍
調行攝諸恚怒以大精進攝諸懈怠一心禪

有妻子常脩梵行現有眷屬常樂遠離雖服
寶飾而以相好嚴身雖復飲食而以禪悅為
味若至博弈戲處輒以度人受諸異道不毀
正信雖明世典常樂佛法一切見敬為供養
中最執持正法攝諸長幼一切治生諧偶雖獲
俗利不以喜悅遊諸四衢饒益眾生入治正
法救護一切入講論處導以大乘入諸學堂
誘開童蒙入諸婬舍示欲之過入諸酒肆
能立其志若在長者長者中尊為說勝法
若在居士居士中尊斷諸貪著若在剎利剎
利中尊教以忍辱若在婆羅門婆羅門中尊
除其我慢若在大臣大臣中尊教以正法若
在王子王子中尊示以忠孝若在內官內官
中尊化政宮女若在庶民庶民中尊令興福

中尊化政宮女若在庶民庶民中尊令興福
力若在梵天梵天中尊誨以勝慧若在帝釋
帝釋中尊示現无常若在護世護世中尊護
諸衆生長者維摩詰以如是等无量方便饒益
衆生其以方便現身有疾以其疾故國王大
臣長者居士婆羅門等及諸王子并餘官屬
无數千人皆往問疾其往者維摩詰因以身
疾廣為說法諸仁者是身无常无強无力无
堅速朽之法不可信也為苦為惱衆病所集
諸仁者如此身明智者所不怙是身如聚沫
不可撮摩是身如泡不得久立是身如焰從
渴愛生是身如芭蕉中无有堅是身如幻從
顛倒起是身如夢為虛妄見是身如景從業
緣現是身如響屬諸因緣是身如浮雲須臾

是身无我為如火是身无壽為如風是身无
人為如水是身不實四大為家是身為空離
我我所是身无知如草木瓦礫是身无作風
力所轉是身不淨穢惡充滿是身為虛偽雖
假以澡浴衣食必歸磨滅是身為災百一病
惱是身如丘井為老所逼是身无定為要當
死是身如毒虵如怨賊如空聚陰界諸入所
共合成諸仁者此可患厭當樂佛身所以者
何佛身者即法身也從无量功德智慧生從
戒定慧解脫解脫知見生從慈悲喜捨生從
布施持戒忍辱柔和勤行精進禪定解脫三
昧多聞智慧諸波羅蜜生從方便生從六通
生從三明生從卅七

BD00653 金剛般若波羅蜜經

（後秦）鳩摩羅什 譯

256.8cm × 25.5cm

復次須菩提若善男子善女人受持讀誦此
經若為人輕賤是人先世罪業應墮惡道以
今世人輕賤故先世罪業則為消滅當得阿
耨多羅三藐三菩提須菩提我念過去无量
阿僧祇刧於然燈佛前得值八百四千万億
那由他諸佛悉皆供養承事无空過者若復
有人於後末世能受持讀誦此經所得功德
於我所供養諸佛功德百分不及一千万億
分乃至筭數譬喻所不能及須菩提若善男
子善女人於後末世有受持讀誦此經所得
功德我若具說者或有人聞心則狂亂狐疑
不信須菩提當知是經義不可思議果報

爾時須菩提白佛言世尊善男子善女人發
阿耨多羅三藐三菩提心云何應住云何降
伏其心佛告須菩提善男子善女人發阿耨
多羅三藐三菩提者當生如是心我應滅度
一切衆生滅度一切衆生已而无有一衆生
實滅度者何以故若菩薩有我相人相衆生
相壽者相則非菩薩所以者何須菩提實无
有法發阿耨多羅三藐三菩提者須菩提於
意云何如来於然燈佛所有法得阿耨多羅
三藐三菩提不不也世尊如我解佛所說義
佛於然燈佛所无有法得阿耨多羅三藐三
菩提佛言如是如是須菩提實无有法如来
得阿耨多羅三藐三菩提
須菩提若有法如来得阿耨多羅三藐三菩

得阿耨多羅三藐三菩提
須菩提若有法如来得阿耨多羅三藐三菩
提者然燈佛則不與我受記汝於来世當
得作佛号釋迦牟尼以實无有法得阿耨多
羅三藐三菩提是故然燈佛與我受記作是
言汝於来世當得作佛号釋迦牟尼何以故
如来者即諸法如義若有人言如来得阿耨
多羅三藐三菩提須菩提實无有法佛得阿
耨多羅三藐三菩提須菩提如来所得阿耨
多羅三藐三菩提於是中无實无虛是故如
来説一切法皆是佛法須菩提所言一切法
者即非一切法是故名一切法須菩提譬如
人身長大須菩提言世尊如来説人身長大
則為非大身是名大身須菩提菩薩亦如是若

以故須菩提實无有法名為菩薩是故佛
說一切法无我无人无衆生无壽者須菩提
若菩薩作是言我當莊嚴佛土是不名菩薩
何以故如来說莊嚴佛土者即非莊嚴是名
莊嚴須菩提若菩薩通達无我法者如来
說名真是菩薩
須菩提於意云何如来有肉眼不如是世尊
如来有肉眼須菩提於意云何如来有天眼
不如是世尊如来有天眼須菩提於意云何
如来有慧眼不如是世尊如来有慧眼須菩
提於意云何如来有法眼不如是世尊如来
有法眼須菩提於意云何如来有佛眼不如
是世尊如来有佛眼須菩提於意云何恒河

有法眼須菩提於意云何如來有佛眼不如
是世尊如來有佛眼須菩提於意云何恒河
中所有沙佛說是沙不如是世尊如來說是
沙須菩提於意云何如一恒河中所有沙有
如是等恒河是諸恒河所有沙數佛世界如
是寧為多不甚多世尊佛告須菩提尒所國
土中所有衆生若干種心如來悉知何以故
如來說諸心皆為非心是名為心所以者何
須菩提過去心不可得現在心不可得未來
心不可得須菩提於意云何若有人滿三千
大千世界七寶以用布施是人以是因緣得
福多不如是世尊此人以是因緣得福甚多
須菩提若福德有實如來不說得福德多以
福德無故如來說得福德多

須菩提於意云何佛可以具足色身見不
世世尊如来不應以具足色身見何以故如来說
具足色身即非具足色身是名具足色身須
菩提於意云何如来可以具足諸相見不不
也世尊如来不應以具足諸相見何以故如
来說諸相具足即非具足是名諸相具足須
菩提汝等勿謂如来作是念我當有所說法
莫作是念何以故若人言如来有所謂法即
為謗佛不能解我所說故須菩提說法者无
法可說是名說法須菩提白佛言世尊佛得
阿耨多羅三藐三菩提為无所得耶如是如
是須菩提我於阿耨多羅三藐三菩提乃至
无有少法可得是名阿耨多羅三藐三菩提
復次須菩提是法平等无有高下是名阿耨

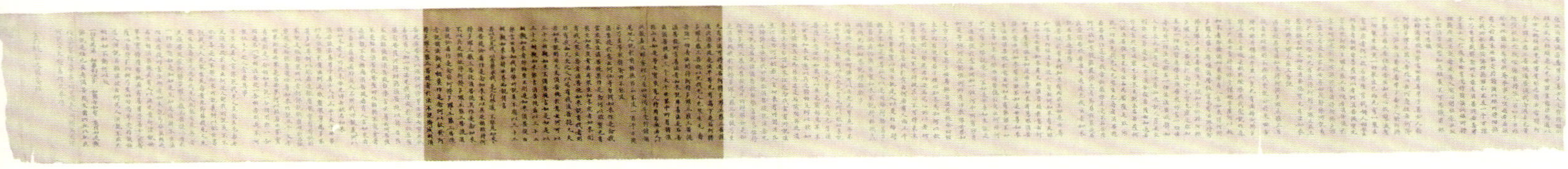

无有少法可得是名阿耨多羅三藐三菩提
復次須菩提是法平等无有高下是名阿耨
多羅三藐三菩提以无我无人无衆生无壽
者脩一切善法則得阿耨多羅三藐三菩提
須菩提所言善法者如來說非善法是名善
法須菩提若三千大千世界中所有諸須
弥山王如是等七寶聚有人持用布施若人以
此般若波羅蜜經乃至四句偈等受持讀誦
為他人說於前福德百分不及一百千万億
分乃至筭數譬喻所不能及
須菩提於意云何汝等勿謂如來作是念我
當度衆生須菩提莫作是念何以故實无有
衆生如來度者若有衆生如來度者如來則

非有我而凡夫之人以爲有我須菩提凡夫
者如来說則非凡夫須菩提於意云何可以
三十二相觀如来不須菩提言如是如是以
三十二相觀如来佛言須菩提若以三十二
相觀如来者轉輪聖王則是如来須菩提白
佛言世尊如我解佛所說義不應以三十二
相觀如来尒時世尊而說偈言
若以色見我　以音聲求我　是人行邪道　不能見如来
須菩提汝若作是念如来不以具足相故得阿
耨多羅三藐三菩提須菩提莫作是念如来
不以具足相故得阿耨多羅三藐三菩提須
菩提汝若作是念發阿耨多羅三藐三菩提
者說諸法斷滅相莫作是念何以故發阿
耨多羅三藐三菩提者於法不說斷滅相須

者說諸法斷滅相莫作是念何以故發阿
耨多羅三藐三菩提者於法不說斷滅相須
菩提若菩薩以滿恒河沙等世界七寶布施
若復有人知一切法无我得成於忍此菩薩
勝前菩薩所得功德須菩提以諸菩薩
不受福德故須菩提白佛言世尊云何菩薩
不受福德須菩提菩薩所作福德不應貪著
是故說不受福德須菩提若有人言如来若
来若去若坐若臥是人不解我所說義何以
故如来者无所從来亦无所去故名如来
須菩提若善男子善女人以三千大千世界
碎為微塵於意云何是微塵衆寧為多不
甚多世尊何以故若是微塵衆實有者佛則
不說是微塵衆所以者何佛說微塵衆則非微

塵衆是名微塵衆世尊如來所說三千大千
世界則非世界是名世界何以故若世界實
有者則是一合相如來說一合相則非一合
相是名一合相須菩提一合相者則是不可
說但凡夫之人貪著其事
須菩提若人言佛說我見人見衆生見壽者
見須菩提於意云何是人解我所說義不不
也世尊是人不解如來所說義何以故世尊
說我見人見衆生見壽者見即非我見人見
衆生見壽者見是名我見人見衆生見壽者
見須菩提發阿耨多羅三藐三菩提心者於
一切法應如是知如是見如是信解不生法
相須菩提所言法相者如來說即非法相是
名法相須菩提若有人以滿无量阿僧祇世

名法相須菩提若有人以滿无量阿僧祇世
界七寶持用布施若有善男子善女人發菩
薩心者持於此經乃至四句偈等受持讀誦
為人演說其福勝彼云何為人演說不取於
相如如不動何以故
一切有為法　如夢幻泡影
如露亦如電　應作如是觀
佛說是經已長老須菩提及諸比丘比丘尼
優婆塞優婆夷一切世間天人阿脩羅聞佛
所說皆大歡喜信受奉持

金剛般若波羅蜜經

BD00654 金光明經卷二

（北凉）曇無讖 譯

62cm × 26.3cm

世尊以是經典威神力故尒時隣敵更有
異惡爲作留難於其境界起諸衰惱灾異
疫病尒時怨敵起如是等諸惡事已備具四
兵發向是國規往討罰我等尒時當與眷屬
无量无邊百千鬼神隱蔽其形爲作護助令
彼怨敵自然退散起諸怖處種種留難彼國
兵衆尚不能到況復當能有所破壞
尒時佛讚四天王等善哉善哉汝等四王乃能
擁護我百千億那由他劫所有脩集阿耨
多羅三藐三菩提及諸人王受持是經恭敬
供養者爲消衰患令其安樂復能擁護宮
殿舍宅城邑村落國土邊壃乃至怨賊悉令
退散滅其衰惱令得安隱亦令一切閻浮提

閻浮提八万四千城邑聚落八万四千諸人王
等各於其國娛樂快樂各各於國而得自在
於自所有錢財珎寶各各自足不相侵奪如
其宿世所脩集業隨業受報不生惡心貪求
他國各各自生利益之心生於慈心安樂之
心不諍訟心不破壞心无繫縛心无楚撻
心各於其土自生愛樂上下和穆猶如水乳
心相愛念增諸善根以是因緣故此閻浮提
安隱豐樂人民熾盛大地沃壤陰陽和調時
不越序日月星宿不失常度風雨隨時无諸
灾横人民豐溢自足之於財心无貪悋亦无嫉
妬等行十善其人壽終多生天上天宮充滿
增益天衆若未來世有諸人王聽是經典及
供養恭敬受持是經四部之衆是王則爲安

供養恭敬受持是經四部之衆是王則爲安
樂利益汝等四王及餘眷屬无量百千諸鬼
神等何以故汝等四王若得時時聞是經典
則爲已得正汝之水服甘露味增益身力心
進勇鋭具諸威德是諸人王若能至心聽受
是經典則爲已能養於我若供養我則是供
養過去未來現在諸佛若能供養過去未來
現在諸佛則得无量不可思議功德之聚以
是因緣是諸人王應得擁護及后妃婇女中

BD00655

大般若波羅蜜多經卷二六六

（唐）玄奘 譯

455.8cm × 26cm

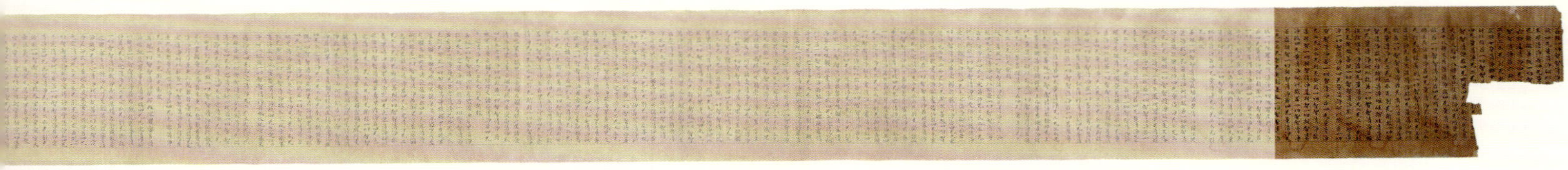

善現一切智智清淨
故四无量清淨何以故
五眼清淨若四无量
无斷故善現一切智
六神通清淨故四无
智智清淨若六神
二无二分无別无斷
故佛十力清淨佛十
何以故若一切智智清
四无量清淨无二无……別无斷故一切
智智清淨故四无所畏四无礙解大慈大悲
大喜大捨十八佛不共法清淨四无所畏乃
至十八佛不共法清淨故四无量清淨何以
故若一切智智清淨若四无所畏乃至十八

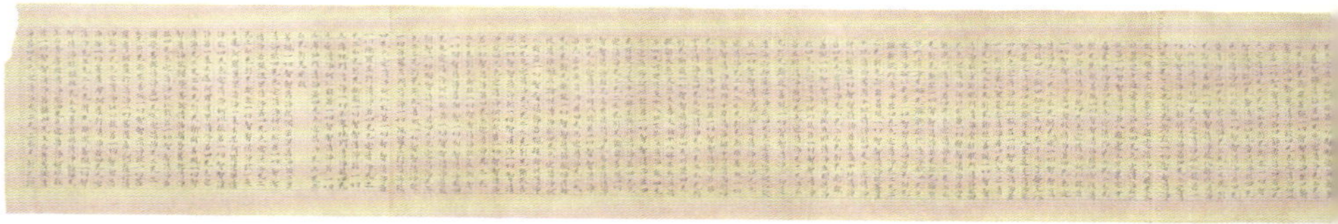

法清淨无忘失法清淨故四无量清淨何以
故若一切智智清淨若无忘失法清淨若四
无量清淨无二无二分无别无斷故一切智
智清淨故恒住捨性清淨恒住捨性清淨故
四无量清淨何以故若一切智智清淨若恒
住捨性清淨若四无量清淨无二无二分无别
别无斷故善現一切智智清淨故一切智清
淨一切智清淨故四无量清淨何以故若一切
智智清淨若一切智清淨若四无量清淨
无二无二分无别无斷故一切智智清淨故
道相智一切相智清淨道相智一切相智清
淨故四无量清淨何以故若一切智智清淨
若道相智一切相智清淨若四无量清淨无
二无二分无别无斷故善現一切智智清淨

若道相智一切相智清淨若四无量清淨无
二无二分无別无斷故善現一切智智清淨
故一切陁羅尼門清淨一切陁羅尼門清淨
故四无量清淨何以故若一切智智清淨若
一切陁羅尼門清淨若四无量清淨无二无
二分无別无斷故一切智智清淨故一切三
摩地門清淨一切三摩地門清淨故四无量
清淨何以故若一切智智清淨若一切三摩
地門清淨若四无量清淨无二无二分无別
无斷故
善現一切智智清淨故預流果清淨預流果
清淨故四无量清淨何以故若一切智智清
淨若預流果清淨若四无量清淨无二无二
分无別无斷故一切智智清淨故一來不還
阿羅漢果清淨一來不還阿羅漢果清淨故

无二分无別无斷故善現一切智智清淨故
獨覺菩提清淨獨覺菩提清淨故四无量
清淨何以故若一切智智清淨若獨覺菩提清
淨若四无量清淨无二无二分无別无斷故
善現一切智智清淨故一切菩薩摩訶薩行
清淨一切菩薩摩訶薩行清淨故四无量清
淨何以故若一切智智清淨若一切菩薩摩
訶薩行清淨若四无量清淨无二无二分无
別无斷故善現一切智智清淨故諸佛无上
正等菩提清淨諸佛无上正等菩提清淨故
四无量清淨何以故若一切智智清淨若諸
佛无上正等菩提清淨若四无量清淨无二
无二分无別无斷故
復次善現一切智智清淨故色清淨色清淨

復次善現一切智智清淨故色清淨色清淨
故四无色定清淨何以故若一切智智清淨
若色清淨若四无色定清淨无二无二分无
別无斷故一切智智清淨故受想行識清淨
受想行識清淨故四无色定清淨何以故若一
切智智清淨若受想行識清淨若四无色定
清淨无二无二分无別无斷故善現一切智
智清淨故眼處清淨眼處清淨故四无色定
清淨何以故若一切智智清淨若眼處清淨
若四无色定清淨无二无二分无別无斷故一
切智智清淨故耳鼻舌身意處清淨耳鼻
舌身意處清淨故四无色定清淨何以故若
一切智智清淨若耳鼻舌身意處清淨若四
无色定清淨无二无二分无別无斷故善現

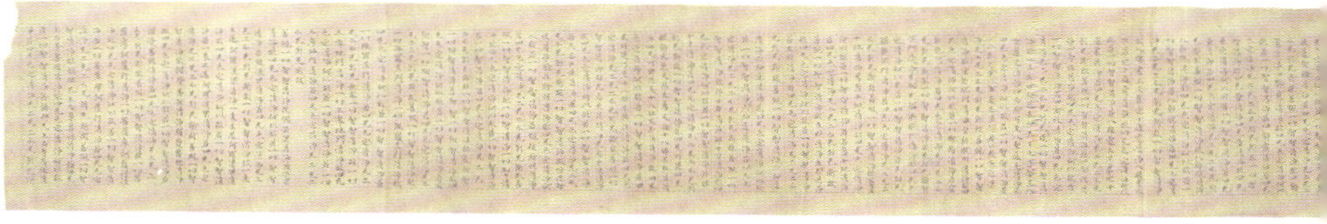

處清淨若四无色定清淨无二无二分无別无
斷故一切智智清淨故聲香味觸法處清
淨聲香味觸法處清淨故四无色定清淨何
以故若一切智智清淨若聲香味觸法處清
淨若四无色定清淨无二无二分无別无斷
故善現一切智智清淨故眼界清淨眼界清
淨故四无色定清淨何以故若一切智智清淨
若眼界清淨若四无色定清淨无二无二分无
別无斷故一切智智清淨故色界眼識界
及眼觸眼觸為緣所生諸受清淨色界乃至
眼觸為緣所生諸受清淨故四无色定清淨
何以故若一切智智清淨若色界乃至眼觸
為緣所生諸受清淨若四无色定清淨无二
无二分无別无斷故善現一切智智清淨故

BD00655　大般若波羅蜜多經卷二六六

爲緣所生諸受清淨若四无色定清淨无二
无二分无別无斷故善現一切智智清淨故
耳界清淨耳界清淨故四无色定清淨何以
故若一切智智清淨若耳界清淨若四无色
定清淨无二无二分无別无斷故一切智智
清淨故聲界耳識界及耳觸耳觸爲緣所生
諸受清淨聲界乃至耳觸爲緣所生諸受清
淨故四无色定清淨何以故若一切智智清
淨若聲界乃至耳觸爲緣所生諸受清淨若
四无色定清淨无二无二分无別无斷故善現
一切智智清淨故鼻界清淨鼻界清淨故
四无色定清淨何以故若一切智智清淨若
鼻界清淨若四无色定清淨无二无二分无
別无斷故一切智智清淨故香界鼻識界及
鼻觸鼻觸爲緣所生諸受清淨香界乃至鼻

緣所生諸受清淨若四无色定清淨无二无
二分无別无斷故善現一切智智清淨故舌
界清淨舌界清淨故四无色定清淨何以故
若一切智智清淨若舌界清淨若四无色定
清淨无二无二分无別无斷故一切智智清淨
故味界舌識界及舌觸舌觸為緣所生諸受
清淨味界乃至舌觸為緣所生諸受清淨故
四无色定清淨何以故若一切智智清淨若
味界乃至舌觸為緣所生諸受清淨若四无
色定清淨无二无二分无別无斷故
善現一切智智清淨故身界清淨身界清淨
故四无色定清淨何以故若一切智智清淨
若身界清淨若四无色定清淨无二无二分
无別无斷故一切智智清淨故觸界身識界

BD00655　大般若波羅蜜多經卷二六六

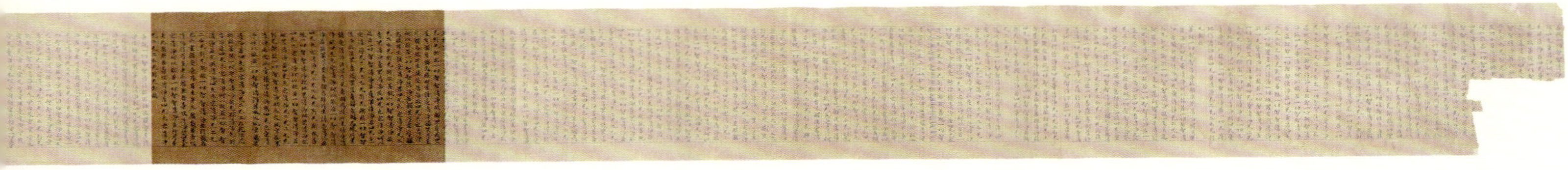

无別无斷故一切智智清淨故觸界身識界
及身觸身觸為緣所生諸受清淨觸界乃至
身觸為緣所生諸受清淨故四无色定清淨
何以故若一切智智清淨若觸界乃至身觸
為緣所生諸受清淨若四无色定清淨无二
无二分无別无斷故善現一切智智清淨故
意界清淨意界清淨故四无色定清淨何以
故若一切智智清淨若意界清淨若四无色
定清淨无二无二分无別无斷故一切智智
清淨故法界意識界及意觸意觸為緣所生
諸受清淨法界乃至意觸為緣所生諸受清
淨故四无色定清淨何以故若一切智智清
淨若法界乃至意觸為緣所生諸受清淨若
四无色定清淨无二无二分无別无斷故善

地界清淨若四无色定清淨无二无二分无
別无斷故一切智智清淨故水火風空識界
清淨水火風空識界清淨故四无色定清
淨何以故若一切智智清淨若水火風空識界
清淨若四无色定清淨无二无二分无別无
斷故善現一切智智清淨故无明清淨无明
清淨故四无色定清淨何以故若一切智智
清淨若无明清淨若四无色定清淨无二无
二分无別无斷故一切智智清淨故行識名
色六處觸受愛取有生老死愁歎苦憂惱
清淨行乃至老死愁歎苦憂惱清淨故四无色
定清淨何以故若一切智智清淨若行乃至
老死愁歎苦憂惱清淨若四无色定清淨
无二无二分无別无斷故

BD00655 大般若波羅蜜多經卷二六六

无二无二分无别无断故
善現一切智智清淨故布施波羅蜜多清
淨布施波羅蜜多清淨故四无色定清淨何
以故若一切智智清淨若布施波羅蜜多清
淨若四无色定清淨无二无二分无别无断故
一切智智清淨故淨戒安忍精進靜慮般若
波羅蜜多清淨淨戒乃至般若波羅蜜多清
淨故四无色定清淨何以故若一切智智清
淨若淨戒乃至般若波羅蜜多清淨若四无
色定清淨无二无二分无别无断故善現一
切智智清淨故内空清淨内空清淨故四无
色定清淨何以故若一切智智清淨若内空
清淨若四无色定清淨无二无二分无别无
断故一切智智清淨故外空内外空空空大

不可得空无性空自性空无性自性空清淨
外空乃至无性自性空清淨故四无色定清
淨何以故若一切智智清淨若外空乃至无
性自性空清淨若四无色定清淨无二无二
分无別无斷故善現一切智智清淨故真如
清淨真如清淨故四无色定清淨何以故若一
切智智清淨若真如清淨若四无色定清淨
无二无二分无別无斷故一切智智清淨故法
界法性不虛妄性不變異性平等性離生
性法定法住實際虛空界不思議界清淨法
界乃至不思議界清淨故四无色定清淨何
以故若一切智智清淨若法界乃至不思議
界清淨若四无色定清淨无二无二分无別
无斷故善現一切智智清淨故苦聖諦清淨

无斷故善現一切智智清淨故苦聖諦清淨
苦聖諦清淨故四无色定清淨何以故若一
切智智清淨若苦聖諦清淨若四无色定清
淨无二无二分无別无斷故一切智智清淨
故集滅道聖諦清淨集滅道聖諦清淨故四
无色定清淨何以故若一切智智清淨若集
滅道聖諦清淨若四无色定清淨无二无二
分无別无斷故善現一切智智清淨故四靜
慮清淨四靜慮清淨故四无色定清淨何以
故若一切智智清淨若四靜慮清淨若四无
色定清淨无二无二分无別无斷故一切智
智清淨故四无量清淨四无量清淨故四无
色定清淨何以故若一切智智清淨若四无
量清淨若四无色定清淨无二无二分无別

八解脫清淨故四无

切智智清淨若八解脫清淨若四无色定清

淨无二无二分无別无斷故一切智智清淨

故八勝處九次第定十遍處清淨八勝處九

次第定十遍處清淨故四无色定清淨何以

故若一切智智清淨若八勝處九次第定十

遍處清淨若四无色定清淨无二无二分无

別无斷故善現一切智智清淨故四念住清

淨四念住清淨故四无色定清淨何以故若

一切智智清淨若四念住清淨若四无色定

清淨无二无二分无別无斷故一切智智清

淨故四正斷四神足五根五力七等覺支八

聖道支清淨四正斷乃至八聖道支清淨故

四无色定清淨何以故若一切智智清淨若

四正斷乃至八聖道支清淨若四无色定清

四正斷乃至八聖道支清淨若四无色定清
淨无二无二分无別无斷故善現一切智智
清淨故空解脫門清淨空解脫門清淨故四
无色定清淨何以故若一切智智清淨若空
解脫門清淨若四无色定清淨无二无二分
无別无斷故一切智智清淨故无相无願解
脫門清淨无相无願解脫門清淨故四无色
定清淨何以故若一切智智清淨若无相无
願解脫門清淨若四无色定清淨无二无二
分无別无斷故善現一切智智清淨故菩薩
十地清淨菩薩十地清淨故四无色定清淨
何以故若一切智智清淨若菩薩十地清淨
若四无色定清淨无二无二分无別无斷故
善現一切智智清淨故五眼清淨五眼清淨

若五眼[illegible]
无別无斷故善現一切智智清淨故六神通
清淨六神通清淨故四无色定清淨何以故
若一切智智清淨若六神通清淨若四无色
定清淨无二无二分无別无斷故善現一切
智智清淨故佛十力清淨佛十力清淨故四
无色定清淨何以故若一切智智清淨若佛
十力清淨若四无色定清淨无二无二分无別
別无斷故一切智智清淨故四无所畏四无
礙解大慈大悲大喜大捨十八佛不共法清
淨四无所畏乃至十八佛不共法清淨故四无
色定清淨何以故若一切智智清淨若四
无所畏乃至十八佛不共法清淨若四无色
定清淨无二无二分无別无斷故善現一切
智智清淨故无忘失法清淨无忘失法清淨

智智清淨故无忘失法清淨无忘失法清淨
故四无色定清淨何以故若一切智智清淨
若无忘失法清淨若四无色定清淨无二无
无二分无別无斷故一切智智清淨故恒住捨
性清淨恒住捨性清淨故四无色定清淨何
以故若一切智智清淨若恒住捨性清淨
若四无色定清淨无二无二分无別无斷故善
現一切智智清淨故一切智智清淨一切智清
淨故四无色定清淨何以故若一切智智清淨
若一切智清淨若四无色定清淨无二无
二分无別无斷故一切智智清淨故道相智
一切相智清淨道相智一切相智清淨故四
无色定清淨何以故若一切智智清淨若道
相智一切相智清淨若四无色定清淨无二

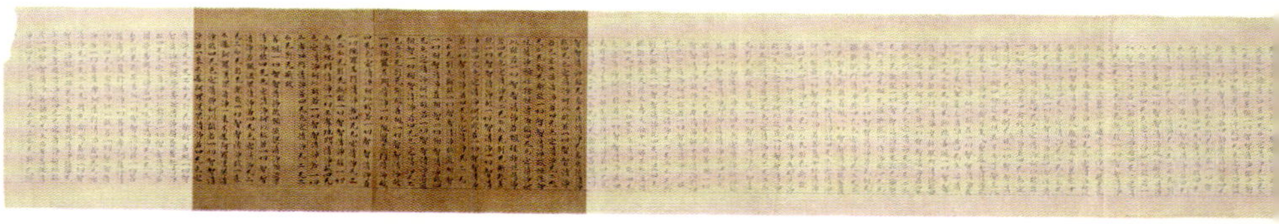

四无色定清淨何以故若一切智智清淨若
一切陁羅尼門清淨若四无色定清淨无二
无二分无別无斷故一切智智清淨故一切
三摩地門清淨一切三摩地門清淨故四无
色定清淨何以故若一切智智清淨若一切
三摩地門清淨若四无色定清淨无二无二
分无別无斷故
善現一切智智清淨故預流果清淨預流果
清淨故四无色定清淨何以故若一切智智
清淨若預流果清淨若四无色定清淨无二
无二分无別无斷故一切智智清淨故一來
不還阿羅漢果清淨一來不還阿羅漢果清
淨故四无色定清淨何以故若一切智智清
淨若一來不還阿羅漢果清淨若四无色定

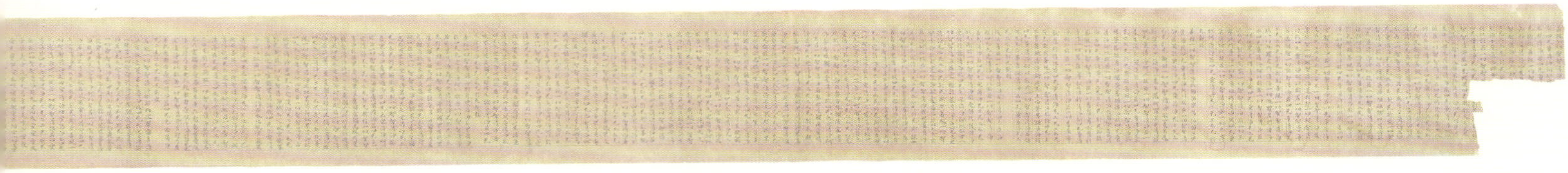

淨若一來不還阿羅漢果清淨若四无色定
清淨无二无二分无別无斷故善現一切智
智清淨故獨覺菩提清淨獨覺菩提清淨
故四无色定清淨何以故若一切智智清淨若
獨覺菩提清淨若四无色定清淨无二无二
分无別无斷故善現一切智智清淨故一切菩
薩摩訶薩行清淨一切菩薩摩訶薩行清
淨故四无色定清淨何以故若一切智智清
淨若一切菩薩摩訶薩行清淨若四无色定
清淨无二无二分无別无斷故善現一切智
智清淨故諸佛无上正等菩提清淨諸佛无
上正等菩提清淨故四无色定清淨何以故
若一切智智清淨若諸佛无上正等菩提清
淨若四无色定清淨无二无二分无別无斷

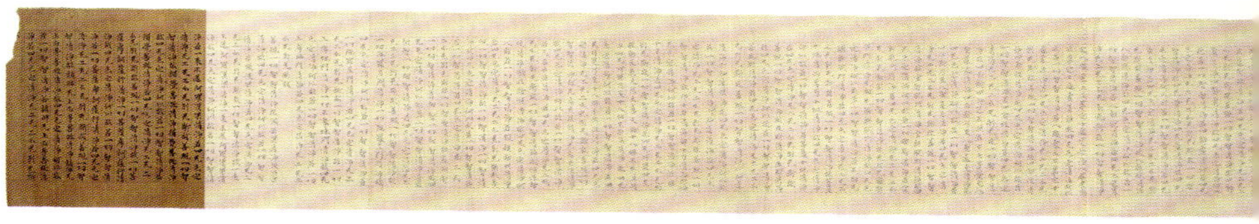

BD00655　大般若波羅蜜多經卷二六六

BD00656

妙法蓮華經卷一

（後秦）鳩摩羅什 譯

806.7cm × 24.5cm

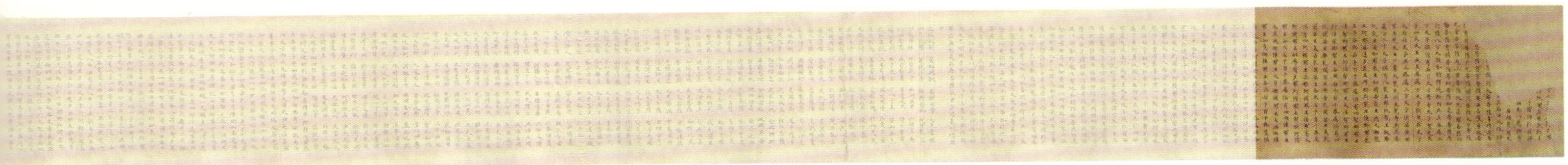

万人……多羅
陀羅尼樂說辯才
千諸佛於諸佛
佛歎以慈脩身
名稱普聞无
其名曰文殊師
菩薩得大勢菩薩常精進菩
息菩薩寶掌菩薩藥王菩薩勇施菩
寶月菩薩月光菩薩滿月菩薩大力菩薩
无量力菩薩越三界菩薩跋陀婆羅菩薩弥
勒菩薩寶積菩薩導師菩薩如是等菩薩摩
訶薩八万人俱尒時釋提桓因與其眷屬二
万天子俱復有名月天子普香天子寶光天
……王與其眷屬万天子俱自在天子

界主梵天王尸棄大梵光明大梵等與其眷
屬万二千天子俱有八龍王難陁龍王跋難
陁龍王娑伽羅龍王和脩吉龍王德叉迦龍
王阿那婆達多龍王摩那斯龍王優鉢羅龍
王等各與若干百千眷屬俱有四緊那羅王
法緊那羅王妙法緊那羅王大法緊那羅王
持法緊那羅王各與若干百千眷屬俱有四
乹闥婆王樂乹闥婆王樂音乹闥婆王美乹
闥婆王美音乹闥婆王各與若干百千眷屬
俱有四阿脩羅王婆稚阿脩羅王佉羅騫大
阿脩羅王毗摩質多羅阿脩羅王羅睺阿脩
羅王各與若干百千眷屬俱有四迦樓羅王
大威德迦樓羅王大身迦樓羅王大滿迦樓
羅王如意迦樓羅王各與若干百千眷屬俱

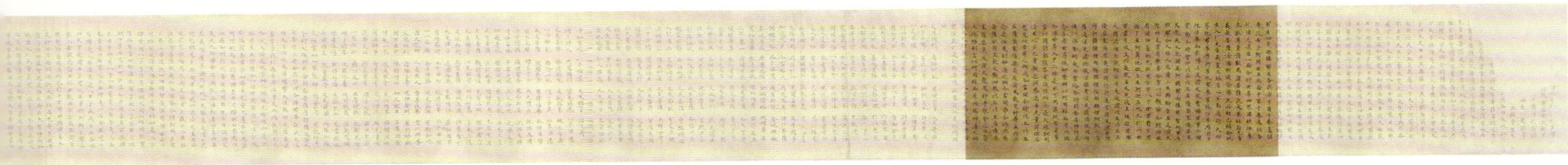

羅王如意迦樓羅王各與若干百千眷屬俱
韋提希子阿闍世王與若干百千眷屬俱各
礼佛足退坐一面尒時世尊四衆圍繞供養
恭敬尊重讃歎為諸菩薩説大乘經名无量
義教菩薩法佛所護念佛説此經已結跏趺
坐入於无量義處三昧身心不動是時天雨
曼陁羅華摩訶曼陁羅華曼殊沙華摩訶曼
殊沙華而散佛上及諸大衆普佛世界六種
震動尒時會中比丘比丘尼優婆塞優婆夷
天龍夜叉乾闥婆阿脩羅迦樓羅緊那羅摩
睺羅伽人非人及諸小王轉輪聖王是諸大
衆得未曾有歡喜合掌一心觀佛尒時佛放
眉間白毫相光照東方万八千世界靡不周
遍下至阿鼻地獄上至阿迦尼吒天於此世

優婆塞優婆夷諸脩行得道者復見諸菩薩
摩訶薩種種因緣種種信解種種相貌行菩
薩道復見諸佛般涅槃者復見諸佛般涅槃
後以佛舍利起七寶塔尒時弥勒菩薩作是
念今者世尊現神變相以何因緣而有此瑞
今佛世尊入于三昧是不可思議現希有事
當以問誰誰能荅者復作此念是文殊師利
法王之子已曾親近供養過去无量諸佛必
應見此希有之相我今當問尒時比丘比丘
尼優婆塞優婆夷及諸天龍鬼神等咸作此
念是佛光明神通之相今當問誰尒時弥勒
菩薩欲自決疑又觀四衆比丘比丘尼優婆
塞優婆夷及諸天龍鬼神等衆會之心而問
文殊師利言以何因緣而有此瑞神通之相

塞優婆夷及諸天龍鬼神等衆會之心而問
文殊師利言以何因緣而有此瑞神通之相
放大光明照于東方万八千土悉見彼佛國
界莊嚴於是弥勒菩薩欲重宣此義以偈問
曰
文殊師利　導師何故　眉間白豪　大光普照
雨曼陁羅　曼殊沙華　栴檀香風　悅可衆心
以是因緣　地皆嚴淨　而此世界　六種震動
時四部衆　咸皆歡喜　身意快然　得未曾有
眉間光明　照于東方　万八千土　皆如金色
從阿鼻獄　上至有頂　諸世界中　六道衆生
生死所趣　善惡業緣　受報好醜　於此悉見
又覩諸佛　聖主師子　演說經典　微妙第一
其聲清淨　出柔軟音　教諸菩薩　无數億万
梵音微妙　令人樂聞　各於世界　講說正法

若人有福　曾供養佛　志求勝法　爲說緣覺
若有佛子　脩種種行　求无上慧　爲說淨道
文殊師利　我住於此　見聞若斯　及千億事
如是衆多　今當略說　我見彼土　恒沙菩薩
種種因緣　而求佛道　或有行施　金銀珊瑚
真珠摩尼　車璖馬瑙　金剛諸珎　奴婢車乘
寶飾輦轝　歡喜布施　迴向佛道　願得是乘
三界第一　諸佛所歎　或有菩薩　駟馬寶車
欄楯華蓋　軒飾布施　復見菩薩　身肉手足
及妻子施　求无上道　又見菩薩　頭目身體
欣樂施與　求佛智慧　文殊師利　我見諸王
往詣佛所　問无上道　便捨樂土　宮殿臣妾
剃除鬚髮　而被法服　或見菩薩　而作比丘
獨處閑靜　樂誦經典　又見菩薩　勇猛精進

獨處閑靜 樂誦經典 又見菩薩 勇猛精進
入於深山 思惟佛道 又見離欲 常處空閑
深脩禪定 得五神通 又見菩薩 安禪合掌
以千万偈 讃諸法王 復見菩薩 智深志固
能問諸佛 聞悉受持 又見佛子 定慧具足
以无量喻 為衆講法 欣樂說法 化諸菩薩
破魔兵衆 而擊法鼓 又見菩薩 寂然宴默
天龍恭敬 不以為喜 又見菩薩 處林放光
濟地獄苦 令入佛道 又見佛子 未嘗睡眠
經行林中 勤求佛道 又見具戒 威儀无缺
淨如寶珠 以求佛道 又見佛子 住忍辱力
增上慢人 惡罵捶打 皆悉能忍 以求佛道
又見菩薩 離諸戲笑 及癡眷屬 親近智者
一心除亂 攝念山林 億千万歲 以求佛道

千万億種　栴檀寶舍　衆妙臥具　施佛及僧
清淨園林　華菓茂盛　流泉浴池　施佛及僧
如是等施　種種微妙　歡喜无猒　求无上道
或有菩薩　說寂滅法　種種教照　无數衆生
或見菩薩　觀諸法性　无有二相　猶如虚空
又見佛子　心无所著　以此妙慧　求无上道
文殊師利　又有菩薩　佛滅度後　供養舍利
又見佛子　造諸塔廟　无數恒沙　嚴飾國界
寶塔高妙　五千由旬　縱廣正等　二千由旬
一一塔廟　各千幢幡　珠交露幔　寶鈴和鳴
諸天龍神　人及非人　香華伎樂　常以供養
文殊師利　諸佛子等　為供舍利　嚴飾塔廟
國界自然　殊特妙好　如天樹王　其華開敷
佛放一光　我及衆會　見此國界　種種殊妙

佛放一光　我及衆會　見此國界　種種殊妙
諸佛神力　智慧希有　放一淨光　照無量國
我等見此　得未曾有　佛子文殊　願決衆疑
四衆欣仰　瞻仁及我　世尊何故　放斯光明
佛子時荅　決疑令喜　何所饒益　演斯光明
佛坐道場　所得妙法　爲欲說此　爲當授記
示諸佛土　衆寶嚴淨　及見諸佛　此非小緣
文殊當知　四衆龍神　瞻察仁者　爲說何等
尒時文殊師利語弥勒菩薩摩訶薩及諸大
士善男子等如我惟忖今佛世尊欲說大法
雨大法雨吹大法螺擊大法鼓演大法義諸
善男子我於過去諸佛曾見此瑞放斯光已
即說大法是故當知今佛現光亦復如是欲
令衆生咸得聞知一切世間難信之法故現

[illegible]
正遍知明行足善逝世間解无上士調御丈
夫天人師佛世尊演說正法初善中善後善
其義深遠其語巧妙純一无雜具足清白梵
行之相為求聲聞者說應四諦法度生老病
死究竟涅槃為求辟支佛者說應十二因緣
法為諸菩薩說應六波羅蜜令得阿耨多羅
三藐三菩提成一切種智復次有佛亦名日
月燈明次復有佛亦名日月燈明如是二万
佛皆同一字号日月燈明又同一姓姓頗羅
墮弥勒當知初佛後佛皆同一字名日月燈
明十号具足所可說法初中後善其最後佛
未出家時有八子一名有意二名善意三名
无量意四名寶意五名增意六名除疑意七
名響意八名法意是八王子威德自在各領

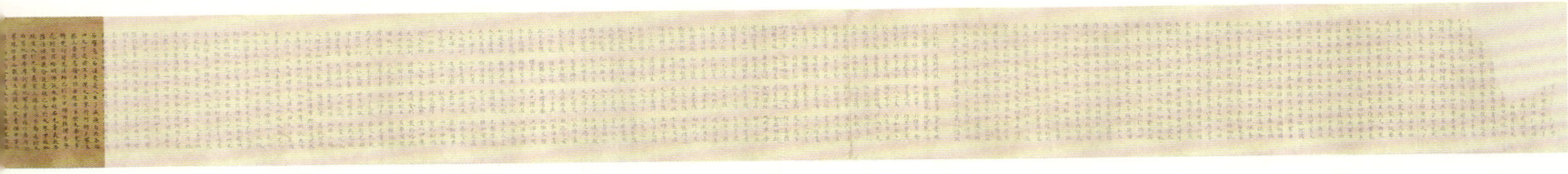

名響意八名法意是八王子威德自在各領
四天下是諸王子聞父出家得阿耨多羅三
藐三菩提悉捨王位亦隨出家發大乘意常
脩梵行皆為法師已於千万佛所植諸善本
是時日月燈明佛說大乘經名无量義教菩
薩法佛所護念說是經已即於大衆中結加
趺坐入於无量義處三昧身心不動是時天
雨曼陁羅華摩訶曼陁羅華曼殊沙華摩訶
曼殊沙華而散佛上及諸大衆普佛世界六
種震動尒時會中比丘比丘尼優婆塞優婆
夷天龍夜叉乾闥婆阿脩羅迦樓羅緊那羅
摩睺羅伽人非人及諸小王轉輪聖王等是
諸大衆得未曾有歡喜合掌一心觀佛尒時
如來放眉間白豪相光照東方万八千佛土

見此光明普照佛土得未曾有欲知此光所
為因緣時有菩薩名曰妙光有八百弟子是
時日月燈明佛從三昧起因妙光菩薩說大
乘經名妙法蓮華教菩薩法佛所護念六十
小劫不起于座時會聽者亦坐一處六十小
劫身心不動聽佛所說謂如食頃是時衆中
无有一人若身若心而生懈惓日月燈明佛
於六十小劫說是經已即於梵魔沙門婆羅
門及天人阿脩羅衆中而宣此言如來於今
日中夜當入无餘涅槃時有菩薩名曰德藏
日月燈明佛即授其記告諸比丘是德藏菩
薩次當作佛号曰淨身多陁阿伽度阿羅訶
三藐三佛陁佛授記已便於中夜入无餘涅
槃佛滅度後妙光菩薩持妙法蓮華經滿八

槃佛滅度後妙光菩薩持妙法蓮華經滿八
十小劫為人演說日月燈明佛八子皆師妙
光妙光教化令其堅固阿耨多羅三藐三菩
提是諸王子供養无量百千万億佛已皆成
佛道其最後成佛者名曰燃燈八百弟子中
有一人号曰求名貪著利養雖復讀誦衆經
而不通利多所忘失故号求名是人亦以種
諸善根因緣故得值无量百千万億諸佛供
養恭敬尊重讚歎彌勒當知尒時妙光菩薩
豈異人乎我身是也求名菩薩汝身是也今
見此瑞與本无異是故惟忖今日如来當說
大乘經名妙法蓮華教菩薩法佛所護念尒
時文殊師利於大衆中欲重宣此義而說偈
言

佛未出家時　所生八王子　見大聖出家　亦隨脩梵行
時佛說大乘　經名无量義　於諸大衆中　而為廣分別
佛說此經已　即於法座上　跏趺坐三昧　名无量義處
天雨曼陁華　天鼓自然鳴　諸天龍鬼神　供養人中尊
一切諸佛土　即時大震動　佛放眉間光　現諸希有事
此光照東方　万八千佛土　示一切衆生　生死業報處
有見諸佛土　以衆寶莊嚴　琉璃頗梨色　斯由佛光照
及見諸天人　龍神夜叉衆　乾闥婆那羅　各供養其佛
又見諸如來　自然成佛道　身色如金山　端嚴甚微妙
如淨琉璃中　內現真金像　世尊在大衆　敷演深法義
一一諸佛土　聲聞衆无數　因佛光所照　悉見彼大衆
或有諸比丘　在於山林中　精進持淨戒　猶如護明珠
又見諸菩薩　行施忍辱等　其數如恒沙　斯由佛光照
又見諸菩薩　深入諸禪定　身心寂不動　以求无上道
又見諸菩薩　知法寂滅相　各於其國土　說法求佛道

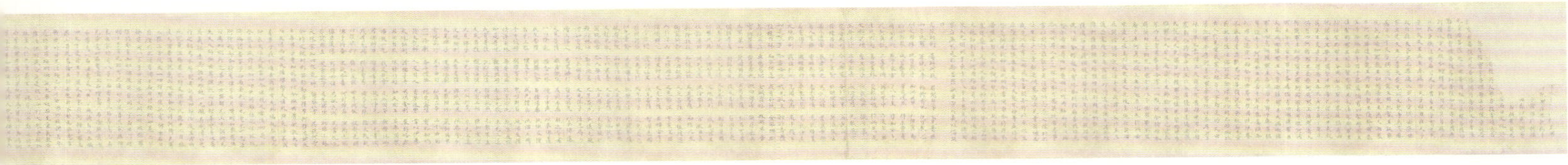

又見諸菩薩　深入諸禪定　身心寂不動　以求无上道
又見諸菩薩　知法寂滅相　各於其國土　説法求佛道
尒時四部衆　見日月燈佛　現大神通力　其心皆歡喜
各各自相問　是事何因緣　天人所奉尊　適從三昧起
讚妙光菩薩　汝爲世間眼　一切所歸信　能奉持法藏
如我所説法　唯汝能證知　世尊既讚歎　令妙光歡喜
説是法華經　滿六十小劫　不起於此座　所説上妙法
是妙光法師　悉皆能受持　佛説是法華　令衆歡喜已
尋即於是日　告於天人衆　諸法實相義　已爲汝等説
我今於中夜　當入於涅槃　汝一心精進　當離於放逸
諸佛甚難值　億劫時一遇　世尊諸子等　聞佛入涅槃
各各懷悲惱　佛滅一何速　聖主法之王　安慰无量衆
我若滅度時　汝等勿憂怖　是德藏菩薩　於无漏實相
心已得通達　其次當作佛　号曰爲淨身　亦度无量衆

是妙光法師　奉持佛法藏　八十小劫中　廣宣法華經
是諸八王子　妙光所開化　堅固无上道　當見无數佛
供養諸佛已　隨順行大道　相繼得成佛　轉次而授記
最後天中天　号曰燃燈佛　諸仙之道師　度脫无量衆
是妙光法師　時有一弟子　心常懷懈怠　貪著於名利
求名利无猒　多遊族姓家　棄捨所習誦　廢忘不通利
以是因緣故　号之爲求名　亦行衆善業　得見无數佛
供養於諸佛　隨順行大道　具六波羅蜜　今見釋師子
其後當作佛　号名曰弥勒　廣度諸衆生　其數无有量
彼佛滅度後　懈怠者汝是　妙光法師者　今則我身是
我見燈明佛　本光瑞如此　以是知今佛　欲說法華經
今相如本瑞　是諸佛方便　今佛放光明　助發實相義
諸人今當知　合掌一心待　佛當雨法雨　充足求道者
諸求三乘人　若有疑悔者　佛當爲除斷　令盡无有餘

諸求三乘人　若有疑悔者　佛當為除斷　令盡无有餘

妙法蓮華經方便品第二

尒時世尊從三昧安詳而起告舍利弗諸佛
智慧甚深无量其智慧門難解難入一切聲
聞辟支佛所不能知所以者何佛曾親近百
千万億无數諸佛盡行諸佛无量道法勇猛
精進名稱普聞成就甚深未曾有法隨宜所
說意趣難解舍利弗吾從成佛已來種種因
緣種種譬喻廣演言教无數方便引導衆生
令離諸著所以者何如來方便知見波羅蜜
皆已具足舍利弗如來知見廣大深遠无量
无礙力无所畏禪定解脫三昧深入无際成
就一切未曾有法舍利弗如來能種種分別
巧說諸法言辭柔軟悅可衆心舍利弗取要

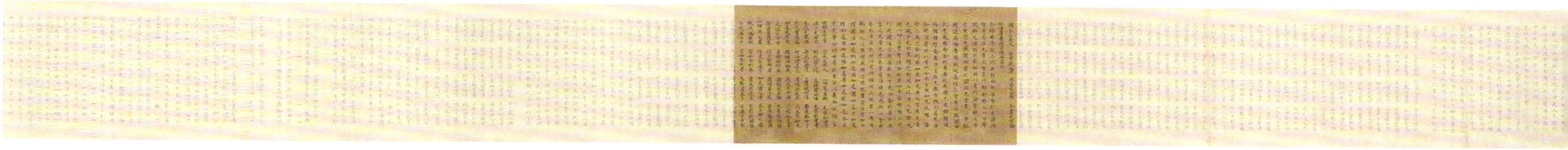

難解之法唯佛與佛乃能究盡諸法實相所
謂諸法如是相如是性如是體如是力如是
作如是因如是緣如是果如是報如是本末
究竟等尒時世尊欲重宣此義而說偈言
世雄不可量　諸天及世人　一切衆生類　无能知佛者
佛力无所畏　解脫諸三昧　及佛諸餘法　无能測量者
本從无數佛　具足行諸道　甚深微妙法　難見難可了
於无量億劫　行此諸道已　道場得成果　我已悉知見
如是大果報　種種性相義　我及十方佛　乃能知是事
是法不可示　言辞相寂滅　諸餘衆生類　无有能得解
除諸菩薩衆　信力堅固者　諸佛弟子衆　曾供養諸佛
一切漏已盡　住是最後身　如是諸人等　其力所不堪
假使滿世間　皆如舍利弗　盡思共度量　不能測佛智
正使滿十方　皆如舍利弗　及餘諸弟子　亦滿十方剎

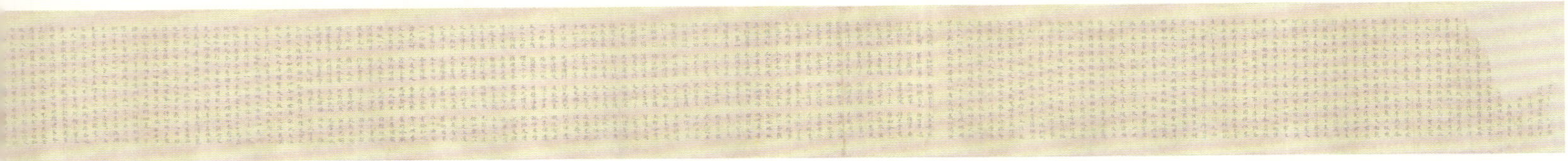

正使滿十方　皆如舍利弗　及餘諸弟子　亦滿十方剎
盡思共度量　亦復不能知　辟支佛利智　无漏㝡後身
亦滿十方界　其數如竹林　斯等共一心　於億无量劫
欲思佛實智　莫能知少分　新發意菩薩　供養无數佛
了達諸義趣　又能善說法　如稻麻竹葦　充滿十方剎
一心以妙智　於恒河沙劫　咸皆共思量　不能知佛智
不退諸菩薩　其數如恒沙　一心共思求　亦復不能知
又告舍利弗　无漏不思議　甚深微妙法　我今已具得
唯我知是相　十方佛亦然　舍利弗當知　諸佛語无異
於佛所說法　當生大信力　世尊法久後　要當說真實
告諸聲聞衆　及求緣覺乘　我令脫苦縛　逮得涅槃者
佛以方便力　示以三乘教　衆生處處著　引之令得出
尒時大衆中有諸聲聞漏盡阿羅漢阿若憍
陳如等千二百人及發聲聞辟支佛心比丘

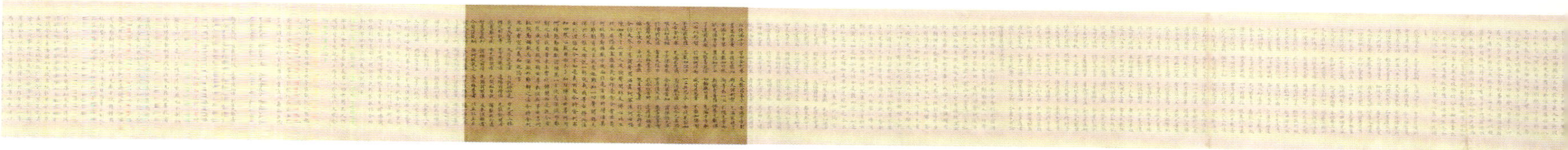

深難解有所言說意趣難知一切聲聞辟支
佛所不能及佛說一解脫義我等亦得此法
到於涅槃而今不知是義所趣尒時舍利弗
知四眾心疑自亦未了而白佛言世尊何因
何緣慇懃稱歎諸佛苐一方便甚深微妙難
解之法我自昔来未曾從佛聞如是說今者
四眾咸皆有疑唯願世尊敷演斯事世尊何
故慇懃稱歎甚深微妙難解之法尒時舍利
弗欲重宣此義而說偈言
慧日大聖尊　久乃說是法　自說得如是　力无畏三昧
禪定解脫等　不可思議法　道場所得法　无能發問者
我意難可測　亦无能問者　无問而自說　稱歎所行道
智慧甚微妙　諸佛之所得　无漏諸羅漢　及求涅槃者
今皆墮疑網　佛何故說是　其求緣覺者　比丘比丘尼
諸天龍鬼神　及乾闥婆等　相視懷猶豫　瞻仰兩足尊

今皆墮疑網　佛何故說是　其求緣覺者　比丘比丘尼
諸天龍鬼神　及乾闥婆等　相視懷猶豫　瞻仰兩足尊
是事為云何　願佛為解說　於諸聲聞眾　佛說我第一
我今自於智　疑惑不解了　為是究竟法　為是所行道
佛口所生子　合掌瞻仰待　願出微妙音　時為如實說
諸天龍神等　其數如恒沙　求佛諸菩薩　大數有八万
又諸万億國　轉輪聖王至　合掌以敬心　欲聞具足道
尒時佛告舍利弗止止不須復說若說是事
一切世間諸天及人皆當驚疑舍利弗重白
佛言世尊唯願說之唯願說之所以者何是
會无數百千万億阿僧祇眾生曾見諸佛諸
根猛利智慧明了聞佛所說則能敬信尒時
舍利弗欲重宣此義而說偈言
法王无上尊　唯說願勿慮　是會无量眾　有能敬信者

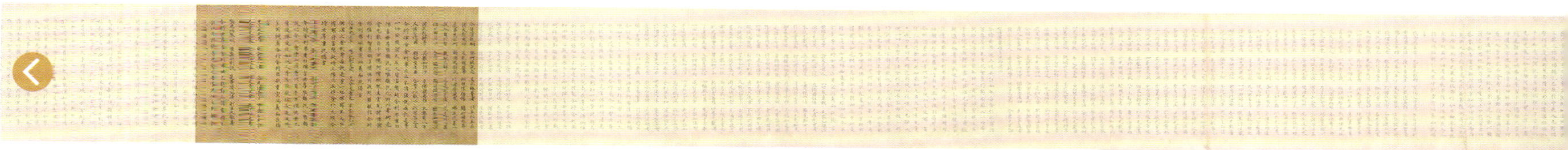

時世尊重說偈言

止止不須說　我法妙難思　諸增上慢者　聞必不敬信

尒時舍利弗重白佛言世尊唯願說之唯願說之今此會中如我等比百千万億世世已曾從佛受化如此人等必能敬信長夜安隱多所饒益尒時舍利弗欲重宣此義而說偈言

无上兩足尊　願說第一法　我為佛長子　唯垂分別說
是會无量衆　能敬信此法　佛已曾世世　教化如是等
皆一心合掌　欲聽受佛語　我等千二百　及餘求佛者
願為此衆故　唯垂分別說　是等聞此法　則生大歡喜

尒時世尊告舍利弗汝已慇懃三請豈得不說汝今諦聽善思念之吾當為汝分別解說說此語時會中有比丘比丘尼優婆塞優婆

說此語時會中有比丘比丘尼優婆塞優婆
夷五千人等即從座起禮佛而退所以者何
此輩罪根深重及增上慢未得謂得未證謂
證有如此失是以不住世尊默然而不制止
尒時佛告舍利弗我今此衆无復枝葉純有
貞實舍利弗如是增上慢人退亦佳矣汝今
善聽當為汝說舍利弗言唯然世尊願樂欲
聞佛告舍利弗如是妙法諸佛如来時乃說
之如優曇鉢華時一現耳舍利弗汝等當信
佛之所說言不虛妄舍利弗諸佛隨宜說法
意趣難解所以者何我以无數方便種種因
緣譬喻言辭演說諸法是法非思量分別之
所能解唯有諸佛乃能知之所以者何諸佛
世尊唯以一大事因緣故出現於世舍利弗

淨故出現於世欲示衆生佛知見故出現於
世欲令衆生悟佛知見故出現於世欲令衆
生入佛知見道故出現於世舍利弗是爲諸
佛以一大事因緣故出現於世佛告舍利弗
諸佛如來但教化菩薩諸有所作常爲一事
唯以佛之知見示悟衆生舍利弗如來但以
一佛乘故爲衆生說法无有餘乘若二若三
舍利弗一切十方諸佛法亦如是舍利弗過
去諸佛以无量无數方便種種因緣譬喻言
辭而爲衆生演說諸法是法皆爲一佛乘故
是諸衆生從諸佛聞法究竟皆得一切種智
舍利弗未來諸佛當出於世亦以无量无數
方便種種因緣譬喻言辭而爲衆生演說諸
法是法皆爲一佛乘故是諸衆生從佛聞法

法是法皆爲一佛乘故是諸衆生從佛聞法
究竟皆得一切種智舍利弗現在十方无量
百千万億佛土中諸佛世尊多所饒益安樂
衆生是諸佛亦以无量无數方便種種因緣
辟喻言辭而爲衆生演説諸法是法皆爲一
佛乘故是諸衆生從佛聞法究竟皆得一切
種智舍利弗是諸佛但教化菩薩欲以佛之
知見示衆生故欲以佛之知見悟衆生故欲
令衆生入佛之知見故舍利弗我今亦復如
是知諸衆生有種種欲深心所著隨其本性
以種種因緣辟喻言辭方便力故而爲説法
舍利弗如此皆爲得一佛乘一切種智故舍
利弗十方世界中尚无二乘何况有三舍利
弗諸佛出於五濁惡世所謂劫濁煩惱濁衆

便力於一佛乘分別說三舍利弗若我弟子
自謂阿羅漢辟支佛者不聞不知諸佛如來
但教化菩薩事此非佛弟子非阿羅漢非辟
支佛又舍利弗是諸比丘比丘尼自謂已得
阿羅漢是㝡後身究竟涅槃便不復志求阿
耨多羅三藐三菩提當知此輩皆是增上慢
人所以者何若有比丘實得阿羅漢若不信
此法无有是處除佛滅度後現前无佛所以
者何佛滅度後如是等經受持讀誦解義者
是人難得若遇餘佛於此法中便得決了舍
利弗汝等當一心信解受持佛語諸佛如來
言无虛妄无有餘乘唯一佛乘尒時世尊欲
重宣此義而說偈言
比丘比丘尼　有懷增上慢　優婆塞我慢　優婆夷不信

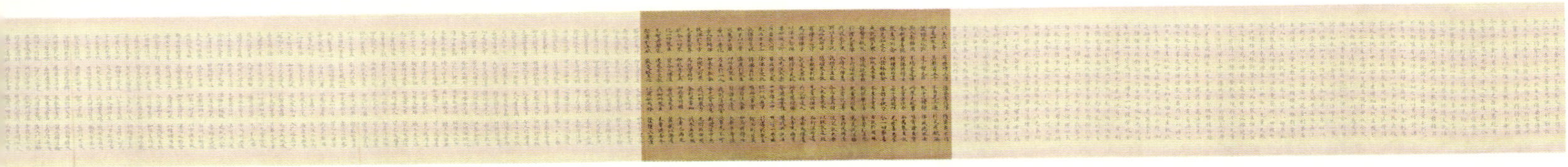

比丘比丘尼　有懷增上慢　優婆塞我慢　優婆夷不信
如是四衆等　其數有五千　不自見其過　於戒有缺漏
護惜其瑕疵　是小智已出　衆中之糟糠　佛威德故去
斯人尠福德　不堪受是法　此衆无枝葉　唯有諸貞實
舍利弗善聽　諸佛所得法　无量方便力　而為衆生說
衆生心所念　種種所行道　若干諸欲性　先世善惡業
佛悉知是已　以諸緣譬喻　言辭方便力　令一切歡喜
或說脩多羅　伽陀及本事　本生未曾有　亦說於因緣
譬喻并祇夜　優波提舍經　鈍根樂小法　貪著於生死
於諸无量佛　不行深妙道　衆苦所惱亂　為是說涅槃
我設是方便　令得入佛慧　未曾說汝等　當得成佛道
所以未曾說　說時未至故　今正是其時　決定說大乘
我此九部法　隨順衆生說　入大乘為本　以故說是經
有佛子心淨　柔軟亦利根　无量諸佛所　而行深妙道

佛知彼心行　故為説大乘　聲聞若菩薩　聞我所説法
乃至於一偈　皆成佛无疑　十方佛土中　唯有一乘法
无二亦无三　除佛方便説　但以假名字　引導於衆生
説佛智慧故　諸佛出於世　唯此一事實　餘二則非真
終不以小乘　濟度於衆生　佛自住大乘　如其所得法
定慧力莊嚴　以此度衆生　自證无上道　大乘平等法
若以小乘化　乃至於一人　我則墮慳貪　此事為不可
若人信歸佛　如來不欺誑　亦无貪嫉意　斷諸法中惡
故佛於十方　而獨无所畏　我以相嚴身　光明照世間
无量衆所尊　為説實相印　舍利弗當知　我本立誓願
欲令一切衆　如我等无異　如我昔所願　今者已滿足
化一切衆生　皆令入佛道　若我遇衆生　盡教以佛道
无智者錯亂　迷惑不受教　我知此衆生　未曾脩善本
堅著於五欲　癡愛故生惱　以諸欲因緣　墜墮三惡道

堅著於五欲　癡愛故生惱　以諸欲因緣　墜墮三惡道
輪迴六趣中　備受諸苦毒　受胎之微形　世世常增長
薄德少福人　衆苦所逼迫　入邪見稠林　若有若无等
依止此諸見　具是六十二　深著虛妄法　堅受不可捨
我慢自矜高　諂曲心不實　於千万億劫　不聞佛名字
亦不聞正法　如是人難度　是故舍利弗　我為設方便
說諸盡苦道　示之以涅槃　我雖說涅槃　是亦非真滅
諸法從本来　常自寂滅相　佛子行道已　来世得作佛
我有方便力　開示三乘法　一切諸世尊　皆說一乘道
今此諸大衆　皆應除疑惑　諸佛語无異　唯一无二乘
過去无數劫　无量滅度佛　百千万億種　其數不可量
如是諸世尊　種種緣譬喻　无數方便力　演說諸法相
是諸世尊等　皆說一乘法　化无量衆生　令入於佛道
又諸大聖主　知一切世間　天人羣生類　深心之所欲

如是諸人等　皆已成佛道　諸佛滅度已　若人善軟心
如是諸衆生　皆已成佛道　諸佛滅度已　供養舍利者
起万億種塔　金銀及頗梨　車璖與馬瑙　玫瑰琉璃珠
清淨廣嚴飾　莊校於諸塔　或有起石廟　栴檀及沉水
木櫁并餘材　甎瓦泥土等　若於曠野中　積土成佛廟
乃至童子戲　聚沙為佛塔　如是諸人等　皆已成佛道
若人為佛故　建立諸形像　刻雕成衆相　皆已成佛道
或以七寶成　鍮石赤白銅　白鑞及鉛錫　鐵木及與泥
或以膠漆布　嚴飾作佛像　如是諸人等　皆已成佛道
采畫作佛像　百福莊嚴相　自作若使人　皆已成佛道
乃至童子戲　若草木及筆　或以指爪甲　而畫作佛像
如是諸人等　漸漸積功德　具足大悲心　皆已成佛道
但化諸菩薩　度脫无量衆　若人於塔廟　寶像及畫像
以華香旛蓋　敬心而供養　若使人作樂　擊鼓吹角貝

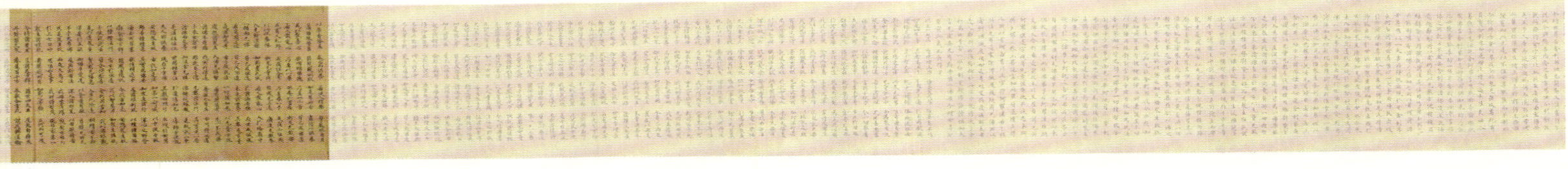

以華香幡蓋　敬心而供養　若使人作樂　擊鼓吹角貝
簫笛琴箜篌　琵琶鐃銅鈸　如是衆妙音　盡持以供養
或以歡喜心　歌唄頌佛德　乃至一小音　皆已成佛道
若人散亂心　乃至以一華　供養於畫像　漸見无數佛
或有人礼拜　或復但合掌　乃至舉一手　或復小低頭
以此供養像　漸見无量佛　自成无上道　廣度无數衆
入无餘涅槃　如薪盡火滅　若人散亂心　入於塔廟中
一稱南无佛　皆已成佛道　於諸過去佛　在世或滅後
若有聞是法　皆已成佛道　未來諸世尊　其數无有量
是諸如來等　亦方便說法　一切諸如來　以无量方便
度脫諸衆生　入佛无漏智　若有聞法者　无一不成佛
諸佛本誓願　我所行佛道　普欲令衆生　亦同得此道
未來世諸佛　雖說百千億　无數諸法門　其實為一乘
諸佛兩足尊　知法常无性　佛種從緣起　是故說一乘

安隱衆生故　亦說如是法　知第一寂滅　以方便力故
雖示種種道　其實為佛乘　知衆生諸行　深心之所念
過去所習業　欲性精進力　及諸根利鈍　以種種因緣
譬喻亦言辭　隨應方便說　今我亦如是　安隱衆生故
以種種法門　宣示於佛道　我以智慧力　知衆生性欲
方便說諸法　皆令得歡喜　舍利弗當知　我以佛眼觀
見六道衆生　貧窮无福慧　入生死險道　相續苦不斷
深著於五欲　如犛牛愛尾　以貪愛自蔽　盲瞑无所見
不求大勢佛　及與斷苦法　深入諸邪見　以苦欲捨苦
為是衆生故　而起大悲心　我始坐道場　觀樹亦經行
於三七日中　思惟如是事　我所得智慧　微妙最第一
衆生諸根鈍　著樂癡所盲　如斯之等類　云何而可度
尒時諸梵王　及諸天帝釋　護世四天王　及大自在天
并餘諸天衆　眷屬百千万　恭敬合掌礼　請我轉法輪

及諸天帝釋　護世四天王　及大自在天
并餘諸天眾　眷屬百千万　恭敬合掌礼　請我轉法輪
我即自思惟　若但讚佛乘　眾生沒在苦　不能信是法
破法不信故　墜於三惡道　我寧不說法　疾入於涅槃
尋念過去佛　所行方便力　我今所得道　亦應說三乘
作是思惟時　十方佛皆現　梵音慰喻我　善哉釋迦文
第一之導師　得是无上法　隨諸一切佛　而用方便力
我等亦皆得　最妙第一法　為諸眾生類　分別說三乘
少智樂小法　不自信作佛　是故以方便　分別說諸果
雖復說三乘　但為教菩薩　舍利弗當知　我聞聖師子
深淨微妙音　稱南无諸佛　復作如是念　我出濁惡世
如諸佛所說　我亦隨順行　思惟是事已　即趣波羅柰
諸法寂滅相　不可以言宣　以方便力故　為五比丘說
是名轉法輪　便有涅槃音　及以阿羅漢　法僧差別名
從久遠劫來　讚示涅槃法　生死苦永盡　我常如是說

我即作是念　所以出於世　爲說佛慧故　今正是其時
舍利弗當知　鈍根小智人　著相憍慢者　不能信是法
今我喜无畏　於諸菩薩中　正直捨方便　但說无上道
菩薩聞是法　疑網皆已除　千二百羅漢　悉亦當作佛
如三世諸佛　說法之儀式　我今亦如是　說无分別法
諸佛興出世　懸遠值遇難　正使出于世　說是法復難
无量无數劫　聞是法亦難　能聽是法者　斯人亦復難
譬如優曇華　一切皆愛樂　天人所希有　時時乃一出
聞法歡喜讚　乃至發一言　則爲已供養　一切三世佛
是人甚希有　過於優曇華　汝等勿有疑　我爲諸法王
普告諸大衆　但以一乘道　教化諸菩薩　无聲聞弟子
汝等舍利弗　聲聞及菩薩　當知是妙法　諸佛之祕要
以五濁惡世　但樂著諸欲　如是等衆生　終不求佛道
當來世惡人　聞佛說一乘　迷惑不信受　破法墮惡者

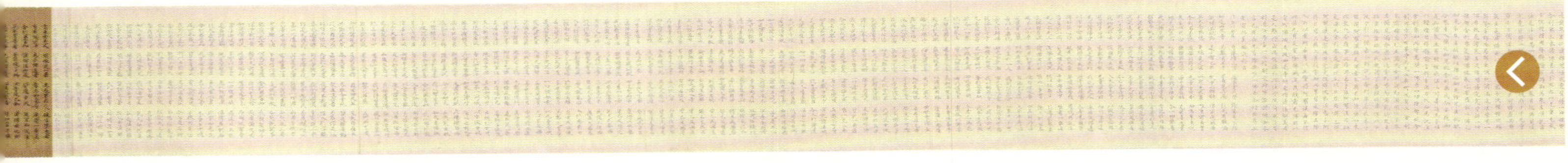

當来世惡人　聞佛說一乘　迷惑不信受　破法墮惡者
有慚愧清淨　志求佛道者　當為如是等　廣讚一乘道
舍利弗當知　諸佛法如是　以萬億方便　隨宜而說法
其不習學者　不能曉了此　汝等既已知　諸佛世之師
隨宜方便事　无復諸疑惑　心生大歡喜　自知當作佛

妙法蓮華經卷苐一

BD00657 金光明最勝王經卷六

（唐）義净 譯

742.3cm × 25.5cm

若有人王恭敬供養此金光明最勝經典汝
等應當勤加守護令得安隱汝諸四王及餘
眷屬无量无數百千藥叉護是經者即是護
持去來現在諸佛正法汝等四王及餘天衆
并諸藥叉與阿蘇羅共鬪戰時常得勝利汝
等若能護持是經由經力故能除衆苦怨
賊飢饉及諸疾疫是故汝等若見四衆受持
讀誦此經王者亦應勤心共加守護為除
惱施與安樂
尒時四天王即從座起偏袒右肩右膝著地
合掌恭敬白佛言世尊此金光明最勝經王
於未來世若有國土城邑聚落山林曠野隨
所至處流布之時若彼國王於此經典至心
聽受稱歎供養并復供給受持是經四部之

命威德具足世尊若彼國王見於四衆受持
經者恭敬守護猶如父母一切所須悉皆供
給我等四王常爲守護令諸有情无不尊敬
是故我等并與无量藥叉諸神隨此經王所流
布處潛身擁護令无留難亦當護念聽是經人
諸國王等除其衰患悉令安隱他方怨賊皆
使退散若有人王聽是經時鄰國怨敵興如是
念當具四兵壞彼國土世尊以是經王威神
力故是時鄰敵更有異怨而來侵擾於
其境界多諸灾變疫病流行時王見已即嚴
四兵發向彼國欲爲討罰我等尒時當與眷
屬无量无邊藥叉諸神各自隱形爲作護助
令彼怨敵自然降伏尚不敢來至其國界豈
復得有兵戈相害

BD00657　金光明最勝王經卷六

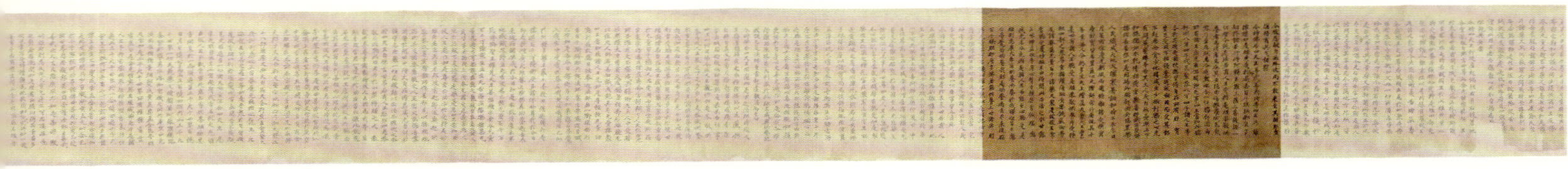

令彼惡敵自然降伏尚不敢来至其國界豈
復得有兵戈相罸
尒時佛告四天王善哉善哉汝等四王乃能
擁護如是經典我於過去百千俱胝那庾多
劫修諸苦行得阿耨多羅三藐三菩提證一
切智今說是法若有人王受持是經恭敬供
養者為消衰患令其安隱亦復擁護城邑聚
落乃至惡賊悉令退散亦令一切贍部洲内
所有諸王永无衰惱鬪諍之事四王當知此贍
部洲八万四千城邑聚落八万四千諸人王等
各於其國受諸快樂皆得自在所有財寶
豐足受用不相侵奪隨彼宿因而受其報
不起惡念貪求他國咸生少欲利樂之心无
有鬪戰繫縛等苦其土人民自然受樂上下

人民熾盛大地沃壤寒暑調和時不乖序日
月星宿常度无虧風雨隨時離諸災橫資
産財寶皆悉豊盈心无慳鄙常行惠施具十
善業若人命終多生天上增益天衆大王若未
来世有諸人王聽受是經恭敬供養并受持
經四部之衆尊重稱讚復欲安樂饒益汝等
及諸眷屬无量百千諸藥叉衆是故彼王常
當聽受是妙經王由得聞此正法之水甘露
上味增益汝等身心勢力精進勇猛福德
威光悉令充滿是諸人王若能至心聽受是
經則為廣大希有供養供養於我釋迦牟尼應
正等覺若供養我則是供養過去未来現在
百千俱胝那庾多佛若能供養三世諸佛則

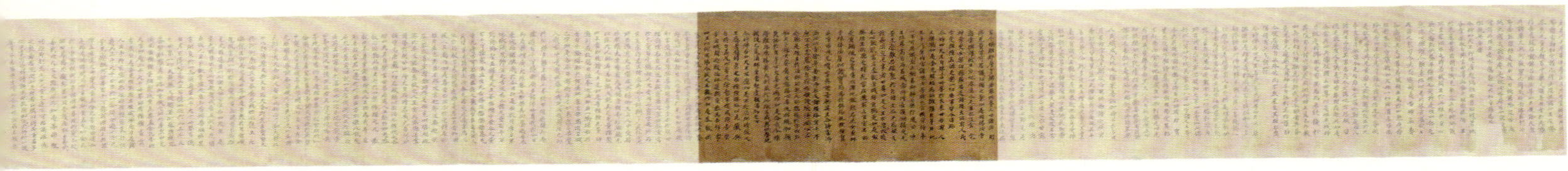

百千俱胝那庾多佛若能供養三世諸佛財
得无量不可思議功德之聚以是因緣汝等
應當擁護彼王后妃眷屬令无衰惱及宮宅
神常受安樂功德難思是諸國土所有人民
亦受種種五欲之樂一切惡事皆令消殄
尒時四天王白佛言世尊於未來世若有人
王樂聽如是金光明經為欲擁護自身后妃
王子乃至内宮諸婇女等城邑宮殿皆得第
一不可思議最上歡喜寂靜安樂於現世中
王位尊高自在昌盛常得增長復欲攝受无
量无邊難思福聚於自國土令无怨敵及
諸憂惱災厄事者世尊如是人王不應放逸
令心散亂當生恭敬至誠慇重聽受如是最
勝經王欲聽之時先當莊嚴最上宮室王所

殊勝法座以諸寶而[illegible]
蓋幢幡燒无價香奏諸音樂其王尒時當淨
澡浴以香塗身著新淨衣及諸瓔珞坐小卑
座不生高舉捨自在位離諸憍慢端心正
念聽是經王於法師所起大師想復於宮內后
妃王子婇女眷屬生慈愍心喜悅相視和顏
耎語於自身心大喜充遍作如是念我今獲
得難思殊勝廣大利益於此經王盛興供養既
敷設已見法師至當起虔敬渴仰之心
尒時佛告四天王不應如是不迎法師時彼人
王應著鮮潔之衣種種瓔珞以為嚴飾
自持白蓋及以香花備整軍儀盛陳音樂
步出城闕迎彼法師運想虔恭為吉祥事
四王以何因緣令彼人王親作如是恭敬供

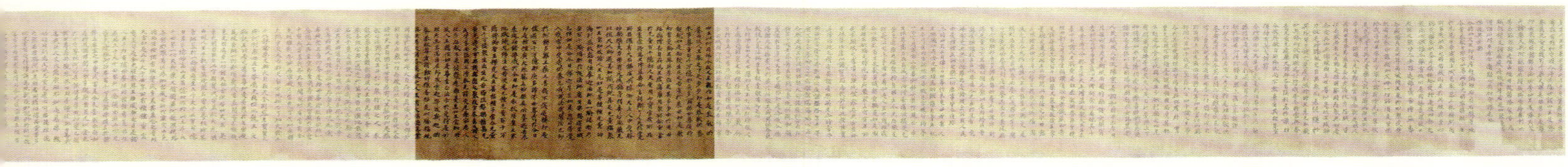

四王以何因緣令彼人王親作如是恭敬供
養由彼人王舉足下足步步即是恭敬供養
承事尊重百千万億那庾多諸佛世尊復得
超越如是劫數生死之苦復於來世如是數
劫當受輪王殊勝尊位隨其步步亦於現世
福德增長自在為王感應難思衆所欽重當
於无量百千億劫人天受用七寶宫殿所在
生處常得為王增益壽命言詞辯了人天信受无
所畏懼有大名稱咸共瞻仰天上人中受勝
妙樂獲大力勢有大威德身相奇妙端嚴无
比值天人師遇善知識成就具足无量福聚
四王當知彼諸人王見如是等種種无量功
德利益故應自往奉迎法師若一踰繕那乃
至百千踰繕那於說法師應生佛想還至城

於阿耨多羅三藐三菩提不復退轉即是
值遇百千万億那庚多諸佛世尊我於今日
即是種種廣大殊勝上妙樂具供養過去未
来現在諸佛我於今日即是永拔琰摩王界
地獄餓鬼傍生之苦便為已種无量百千万
億轉輪聖王釋梵天主善根種子當令无量
百千万億衆生出生死苦得涅槃樂積集无
量无邊不可思議福德之聚後宮眷屬及諸人
民皆蒙安隱國土清泰无諸灾厄毒害惡人
他方怨敵不来侵擾遠離憂患四王當知時
彼人王應作如是尊重正法亦於受持是妙
經典苾芻苾芻尼鄔波索迦鄔波斯迦供
養恭敬尊重讚歎所獲善根先以勝福迴
與汝等及諸眷屬彼之人王有大福德善業

養恭敬尊重讚歎所獲善根先以勝福施
與汝等及諸眷屬彼之人王有大福德善業
因緣於現世中得大自在增益威光吉祥妙
相皆悉莊嚴一切怨敵能以正法而摧伏之尒
時四天王白佛言世尊若有人王能作如是恭
敬正法聽此經王并於四衆持經之人恭
敬供養尊重讚歎時彼人王欲為我等生
歡喜故當在一邊近於法座香水灑地散衆
名花安置處所設四王座我與彼王共聽正
法其王所有自利善根亦以福分施及我等
世尊時彼人王請說法者昇座之時便為我
等燒衆名香供養是經世尊時彼香烟於一
念頃上昇虛空即至我等諸天宮殿於虛空
中變成香蓋我等天衆聞彼妙香香有金

十八部諸藥叉神大自在天金剛密主寶賢大
將訶利底母五百眷屬无熱惱池龍王大
海龍王所居之處世尊如是等衆於自宮殿
見彼香烟一刹那頃變成香蓋聞香芬馥覩
色光明遍至一切諸天神宮佛告四天王是
香光明非但至此宮殿變成香蓋放大光明
由彼人王手執香爐燒衆名香供養經時其
香烟氣於一念頃遍至三千大千世界百億
日月百億妙高山王百億四洲於此三千大
千世界一切天龍藥叉健闥婆阿蘇羅揭路
荼緊那羅莫呼洛伽宮殿之所於虚空中充
滿而住種種香烟變成雲蓋其蓋金色普照
天宮如是三千大千世界所有種種香雲

天宮如是三千大千世界所有種種香雲
香蓋皆是金光明最勝王經威神之力是諸
人王手持香爐供養經時種種香氣非但
遍此三千大千世界於一念頃亦遍十方无
量无邊恒河沙等百千万億諸佛國土於諸
佛上虚空之中變成香蓋金色普照亦復如
是時彼諸佛聞此妙香覩斯雲蓋及以金色
於十方界恒河沙等諸佛世尊現神變已彼
諸世尊悉共觀察異口同音讚法師曰善哉
善哉汝大丈夫能廣流布如是甚深微
妙經典則為成就无量无邊不可思議福德
之聚若有聽聞如是經者所獲功德其量甚多
何況書寫受持讀誦為他敷演如說修行何以故
善男子若有衆生聞此金光明最勝王經者

河沙等諸佛剎土彼諸剎土一切如來異口
同音於法座上讚彼法師言善哉善哉善
男子汝於來世以精勤力當修无量百千苦
行具足資糧超諸聖衆出過三界為冣勝尊
當坐菩提樹王之下殊勝莊嚴能救三千大
千世界有緣衆生善能降伏可畏形儀諸
魔軍衆覺了諸法冣勝清淨甚深无上正等
菩提善男子汝當坐於金剛之座轉於无
上諸佛所讚十二妙行甚深法輪能擊无上
冣大法鼓能吹无上極妙法蠡能建无上殊
勝法幢能然无上極明法炬能降无上甘露法
雨能斷无量煩惱惡結能令无量百千万億那
庾多有情度於无涯可畏大海解脫生死无
際輪迴值遇无量百千万億那庾多

庚多有情度於无涯可畏大海解脫生死无
際輪迴值遇无量百千万億那庚多佛
尒時四天王復白佛言世尊是金光明㝡勝
王經能於未來現在成就如是无量功德是
故人王若得聞是微妙經典即是已於百千万
億无量佛所種諸善根於彼人王我當護念
復見无量福德利故我等四王及餘眷屬无
量百千万億諸神於自宮殿見是種種香烟
雲蓋神變之時我當隱蔽不現其身為聽
法故當至是王清淨嚴飾所止宮殿講法之
處如是乃至梵宮帝釋大辯才天大吉祥天
堅牢地神正了知神大將二十八部諸藥叉
神大自在天金剛密主寶賢大將訶利底母
五百眷屬无熱惱池龍王大海龍王无量百千

之所世尊我等四王及餘眷屬藥叉諸神皆
當一心共彼人王為善知識因是无上大法施
主以甘露味充足於我是故我等當護是王
除其衰患令得安隱及其宮殿城邑國土諸
惡災變悉令消滅尒時四天王俱共合掌白
佛言世尊若有人王於其國土雖有此經未
嘗流布心生捨離不樂聽聞亦不供養尊重
讚歎見四部衆持經之人亦復不能尊重
供養遂令我等及餘眷屬无量諸天不得聞
此甚深妙法背甘露味失正法流无有威光
及以勢力增長惡趣損減人天墜生死河乖
涅槃路世尊我等四王并諸眷屬及藥叉等
見如斯事捨其國土无擁護心非但我等捨

見如斯事捨其國土无擁護心非但我等捨
棄是王亦有无量守護國土諸大善神悉
皆捨去既捨離已其國當有種種災禍喪失
國位一切人衆皆无善心唯有繫縛煞害瞋
諍互相讒諂枉及无辜疾疫流行慧星數出
兩日並現博蝕无恒黑白二虹表不祥相星
流地動井內發聲暴雨惡風不依時節常
遭飢饉苗實不成多有他方怨賊侵掠國
內人民受諸苦惱土地无有可樂之處世尊我
等四王及與无量百千天神并護國土諸舊
善神遠離去時生如是等无量百千災恠惡
事世尊若有人王欲護國土常受快樂欲令
衆生咸蒙安隱欲得摧伏一切外敵於自國
境永得昌盛欲令正教流布世間苦惱惡法

及餘无量天衆以是聽法善根威力得服
无上甘露法味增益我等所有眷屬并餘天
神皆得勝利何以故以是人王至心聽受是經
典故世尊如大梵天於諸有情常為宣說世
出世論帝釋復說種種諸論五通神仙亦說諸論
世尊梵天帝釋五通仙人雖有百千俱胝那
庾多无量諸論然佛世尊慈悲哀愍為人天
衆說金光明微妙經典比前所說勝彼百
千俱胝那庾多倍不可為喻何以故由此能令
諸贍部洲所有王等以正法化世能與衆生安
樂之事為護自身及諸眷屬令无苦惱又无
他方怨賊侵害所有諸惡悉皆遠去亦令國
土灾厄屏除化以正法无有諍訟是故人王

BD00657 金光明最勝王經卷六

他方惡賊侵害所有諸惡悉皆遠去亦令國
土災厄屏除化以正法无有諍訟是故人王
各於國土當然法炬明照无邊增益天衆并
諸眷屬世尊我等四王无量天神藥叉之
衆贍部洲內所有天神以是因緣得服无上
甘露法味獲大威德勢力光明无不具足一
切衆生皆得安隱復於來世无量百千不可
思議那庾多劫常受快樂復得值遇无量諸
佛種諸善根然後證得阿耨多羅三藐三菩
提如是无量无邊勝利皆是如來應正等覺以
大慈悲過梵衆以大智慧逾帝釋修諸苦行
勝五通仙百千万億那庾多倍不可稱計為
諸衆生演說如是微妙經典令贍部洲一切
國主及諸人衆明了世間所有法式治國化

通慈悲力故世尊以是因緣諸人王等皆應
受持供養恭敬尊重讚歎此妙經王何以故以
如是等不可思議殊勝功德利益一切是故名
曰最勝經王
尒時世尊復告四天王汝等四王及餘眷屬
无量百千俱胝那庾多諸天大衆見彼人王
若能至心聽是經典供養恭敬尊重讚歎者
應當擁護除其衰患能令汝等亦受安樂若
四部衆能廣流布是經王者於人天中廣作
佛事普能利益无量衆生如是之人汝等四
王常當擁護如是四衆勿使他緣共相侵擾
令彼身心寂靜安樂於此經王廣宣流布令不
斷絶利益有情盡未來際

斷絶利益有情盡未来際
尒時多聞天王從座而起白佛言世尊我有
如意寶珠陁羅尼法若有衆生樂受持者功
德无量我常擁護令彼衆生離苦得樂能成
福智二種資糧欲受持者先當誦此護身之
呪即說呪曰
南謨薜室羅末拏也 莫訶曷羅闍也 但是也上之字皆須引聲
怛姪他 囉囉囉囉 矩怒 矩怒
區怒 區怒 窶怒 窶怒 颯縛 颯縛
羯囉羯囉 莫訶毗羯喇麼 莫訶毗羯喇麼
莫訶曷羅社 曷路叉曷路叉 覩漫 自稱己名
薩婆薩埵難者 莎訶 此之二字皆長引聲
世尊誦此呪者當以白線呪之七遍一遍一結
繫之肘後其事必成應取諸香所謂安息旃

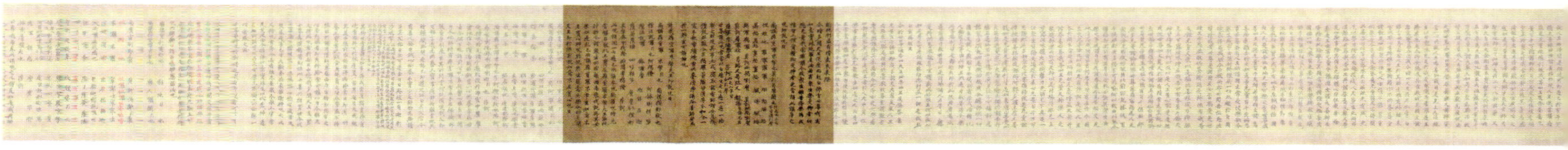

於一靜室可誦神呪

請我薜室羅末拏天王即說呪曰

南謨薜室囉 末拏引也 南謨檀那馱也

檀泥說囉引也 阿揭檐 阿鉢喇弭 哆

檀泥說囉 鉢囉麼 迦留 尼 迦

薩婆薩埵 呬哆振哆 麼 麼名已 檀那

末拏鉢喇栰檐 碎闍摩揭檐 莎訶

此呪誦滿一七遍已次誦本呪欲誦呪時先

當稱名敬礼三寶及薜室羅末拏天王能施

財物令諸衆生所求願滿悉能成就與其安

樂如是礼已次誦薜室羅末拏王如意末

尼寶心神呪能施衆生隨意安樂尒時多聞

天王即於佛前說如意末尼寶心呪曰

天王即於佛前說如意末尼寶心呪曰
南謨曷喇怛娜 怛喇夜引 也
南謨薜室囉末拏引 也 莫訶 囉闍引 也
怛 姪 他 四弭四弭 蘇母蘇母
旃 荼 旃 荼 折囉折囉 薩囉薩囉
羯 囉 羯 囉 枳哩枳哩 矩嚕矩嚕
母 嚕 母 嚕 主嚕主嚕 娑大也頻貪
我名某甲 眤店頻他 達達都莎訶
南謨薜室囉末拏也 莎訶 檀那馱也 莎訶
曼奴喇他鉢喇脯喇迦引 也 莎訶
受持呪時先誦千遍然後於淨室中瞿摩
塗地作小壇場隨時飲食一心供養常然妙
香令烟不絕誦前心呪晝夜繫心唯自耳聞
勿令他解時有薜室囉末拏王子名禪膩師

時禪膩師聞是語已即還父所白其父言今有善人發至誠心供養三寶少乏財物爲斯請召其父報曰汝可速去日日與彼一百迦利沙波拏

此是根本梵音唯目貝齒而隨方不定或是貝齒
或是金銀銅鐵等錢然摩揭陁現今通用一迦利沙波
拏有一千六百貝齒總數可以准知若准物直隨處不定若人持呪
得成就者獲物之時自知其數有本云每日与一百陳那羅即金
金錢也乃至盡形日日常得西方
求者多有神驗除不至心也

其持呪者見是相已知事得成當須獨處淨室燒香而卧可於牀邊置一香篋每至天曉觀其篋中獲所求物每得物時當日即須供養三寶香花飲食兼施貧乏皆令罄盡不得停留於諸有情起慈悲念勿生瞋誑諂害之心若起瞋者即失神驗常可護心勿令瞋恚又持此呪者於每日中憶我多聞天王及男

又持此呪者於每日中憶我多聞天王及男
女眷屬稱揚讚歎恒以十善共相資助令彼
天等福力增明衆善普臻證菩提處彼諸天
衆見是事已皆大歡喜共来擁衛持呪之人
又持呪者壽命長遠經无量歲永離三塗常
无災厄亦令獲得如意寶珠及以伏藏神通
自在所願皆成若求官榮无不稱意亦解一
切禽獸之語
世尊若持呪時欲得見我自身現者可於月
八日或十五日於白疊上畫佛形像當用木
膠雜彩莊飾其畫像人為受八戒於佛左邊作
吉祥天女像於佛右邊作我多聞天像并畫
男女眷屬之類安置坐處咸令如法布烈
花彩燒衆名香然燈續明晝夜无歇上妙

南謨室利健那也　勃陁引也
南謨薜室囉末拏也　藥叉囉闍引也
莫訶囉闍　阿地囉闍也
南麼室唎耶囊　莫訶揵辭引囊
怛姪他　怛囉怛囉咄魯咄嚕
末囉末囉　窣窣咥窣窣咥
漢娜漢娜　末尼羯諾迦
跋折囉薜琉璃也　目底迦楞訖㗚哆
設唎囉囊　蒲引薩婆薩埵
呬哆迦引摩　薜室囉末拏
室唎夜提鼻　跋攞婆引也
醫呬醫呬麼毗藍婆　瞿㗚拏瞿㗚拏
秣麼八反喇婆秣喇婆　達歇呬麼麼

枳□反 喇娑枳喇娑 達臥吽麼 麼
阿目迦那末寫自稱已名 達哩設那迦末寫
達哩 設 南 麼 麼 末 那
鉢喇遏羅大也 莎訶
世尊我若見此誦呪之人復見如是盛興供
養即生慈愛歡喜之心我即變身作小兒形
或作老人苾芻之像手持如意末尼寶珠并
持金囊入道場內身現恭敬口稱佛名 語
持呪者曰隨汝所求皆令如願或隱林藪或
造寶珠或欲衆人愛寵或求金銀等物欲持
諸呪皆令有驗或欲神通壽命長遠及 勝
妙樂无不稱心我今且說如是之事若更 求
餘皆隨所願悉得成就寶藏无盡功德无窮
假使日月墜墮于地或可大地有時移轉我

假疲勞法速成就世尊我今爲彼貧窮困厄
苦惱衆生說此神呪令獲大利皆得富樂自
在无患乃至盡形我當擁護隨逐是人爲除
衰厄亦復令此持金光明最勝王經流通之
者及持呪人於百步内光明照燭我之所有
千藥叉神亦常侍衛隨欲驅使无不遂心我說實
語无有虛誑唯佛證知時多聞天王說此呪
已佛言善哉大王汝能破裂一切衆生貧
窮苦網令得富樂說是神呪復令此經廣行
於世時四天王俱從座起偏袒一肩頂礼雙
足右膝著地合掌恭敬以妙伽他讚佛功德
佛面猶如淨滿月　亦如千日放光明
目淨脩廣若青蓮　齒白齊密猶珂雪

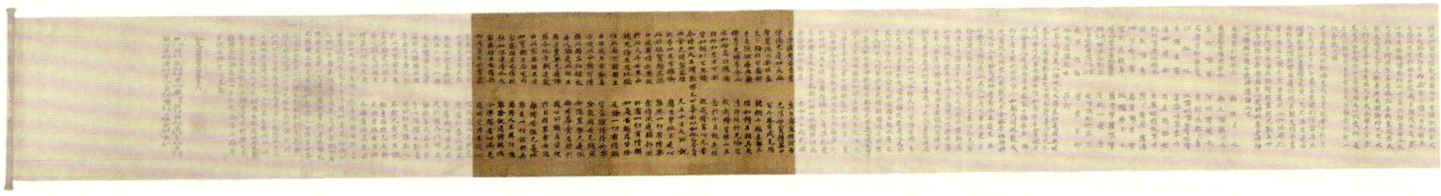

目淨脩廣若青蓮　齒白齊密猶珂雪
佛德无邊如大海　无限妙寶積其中
智慧德水鎮恒盈　百千勝定咸充滿
足下輪相皆嚴飾　轂輞千輻悉齊平
手足鞔網遍莊嚴　猶如鵝王相具足
佛身光曜等金山　清淨殊特无倫匹
亦如妙高功德滿　故我稽首佛山王
相好如空不可測　逾於千月放光明
皆如焰幻不思議　故我稽首心无著
尒時四天王讚歎佛已世尊亦以伽他而荅之曰
此金光明最勝經　无上十力之所說
汝等四王常擁衛　應生勇猛不退心
此妙經寶極甚深　能與一切有情樂
由彼有情安樂故　常得流通贍部洲

住此南洲諸國王　及餘一切有情類
由經威力常歡喜　皆蒙擁護得安寧
亦使此中諸有情　除衆病苦无賊盜
賴此國土弘經故　安隱豐樂无違惱
若人聽受此經王　欲求尊貴及財利
國土豐樂无違諍　隨心所願悉皆從
能令他方賊退散　於自國界常安隱
由此最勝經王力　離諸苦惱无憂怖
如寶樹王在宅內　能生一切諸樂具
最勝經王亦復然　能與人王勝功德
譬如澄潔清泠水　能除飢渴諸熱惱
最勝經王亦復然　令樂福者心滿足
如人室有妙寶篋　隨所受用悉從心

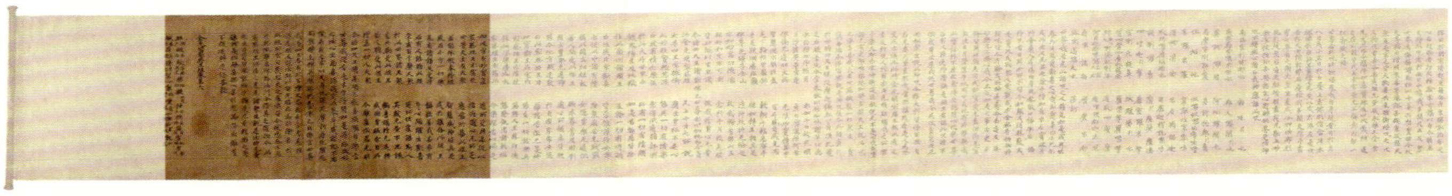

如人室有妙寶篋　隨所受用悉從心
最勝經王亦復然　福德隨心无所乏
汝等天主及天衆　應當供養此經王
若能依教奉持經　智慧威神皆具足
現在十方一切佛　咸共護念此經王
見有讀誦及受持　稱歎善哉甚希有
若有人能聽此經　身心踊躍生歡喜
常有百千藥叉衆　隨所住處護斯人
於此世界諸天衆　其數无量不思議
悉共聽受此經王　歡喜護持无退轉
若人聽受此經王　威德勇猛常自在
增益一切人天衆　令離衰惱益光明
尒時四天王聞是頌已歡喜踊躍白佛言
世尊我從昔來未曾得聞如是甚深微妙

說[illegible]

而散佛上作是殊勝供養佛已白佛言世尊

我等四王各有五百藥叉眷屬常當處處擁
護是經及說法師以智光明而為助衛若於
此經所有句義忘失之處我皆令彼憶念不忘
并與陀羅尼殊勝法門令得具足復欲令此
最勝經王所在之處為諸眾生說是法時无量
眾生皆得大智聰叡辯才攝受无量福德之聚
離諸憂惱發喜樂心善明眾論登出離道
不復退轉速證菩提

金光明最勝王經卷第六

胝陟尸 敍昌雨 敵亭歷從文 整征郢 殿田見 蝕乘力 𢡟良构 譏士咸 塞勒 麼摩可

颯合 藾 薛 薄 擔 車 擎 叫奴 殺 蒜 黨 盧 四 運 乾 法 叡 以

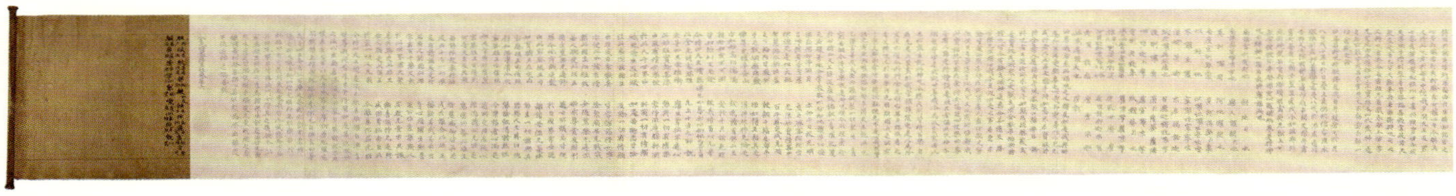

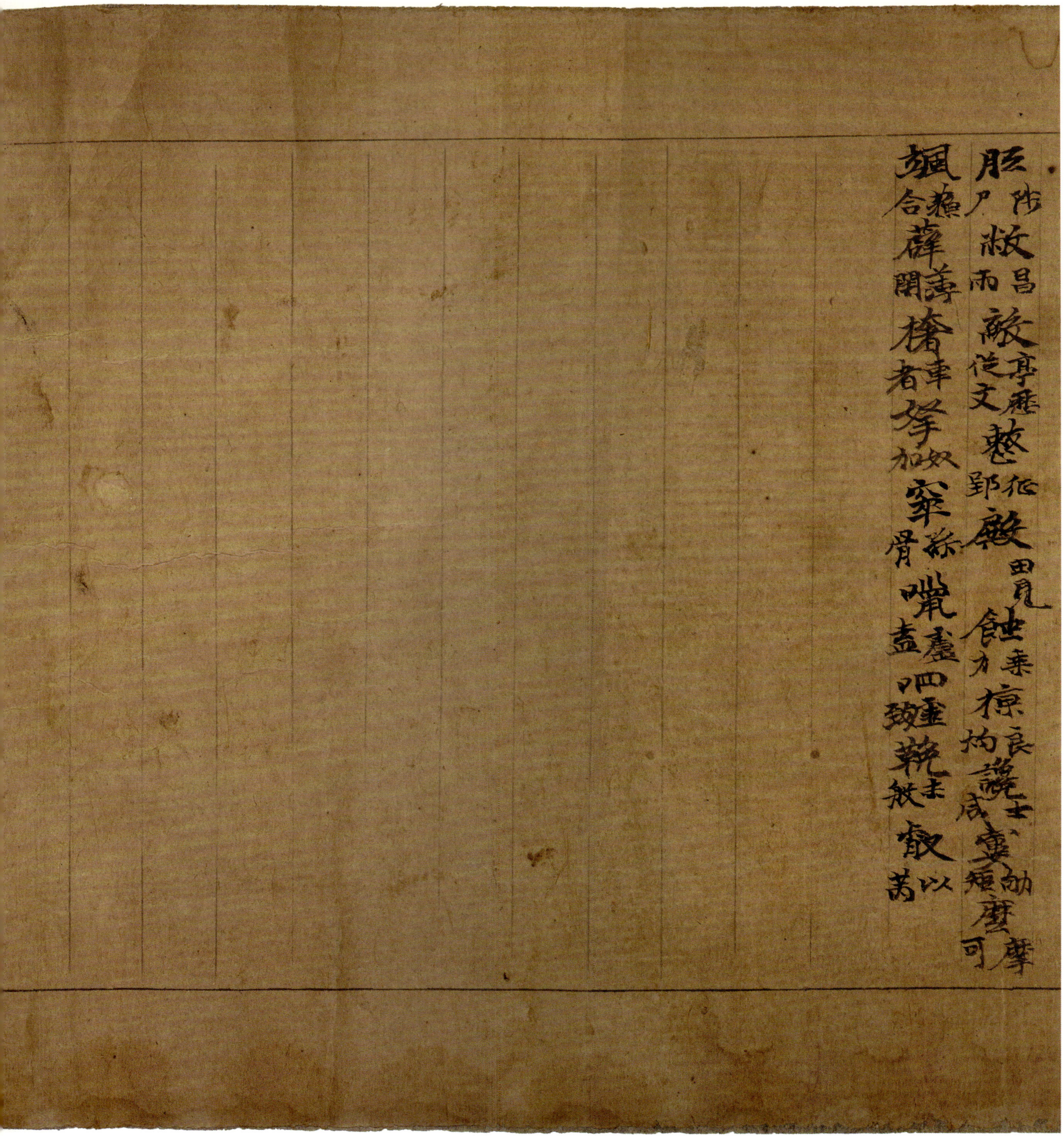

胣陟尸 㪙昌兩 敵亭歷從文 憨征郢 畋田見 蝕乘力 椋良灼 譊士咸 寠動短 麼摩可
颯蘓合 薛蒲閑 檜車者 拏奴加 窣蘇骨 嘴臺盡 吧口四 致 鞔未般 𢿘以苦

BD00658A 大般若波羅蜜多經卷二五九

（唐）玄奘 譯

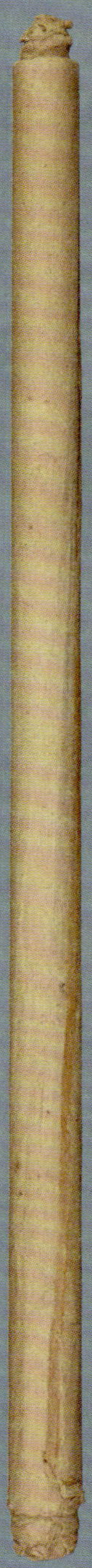

60cm × 29.7cm

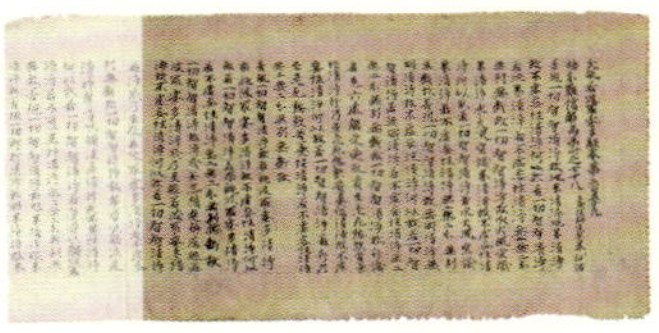

大般若波羅蜜多經卷第二百五十九

初分難信解品第卅四之七十八　三藏法師玄奘奉詔譯

善現一切智智清淨故地界清淨地界清淨
故不虛妄性清淨何以故若一切智智清淨
若地界清淨若不虛妄性清淨無二無二分
無別無斷故一切智智清淨故水火風空識
界清淨水火風空識界清淨故不虛妄性清
淨何以故若一切智智清淨若水火風空識
界清淨若不虛妄性清淨無二無二分無別
無斷故善現一切智智清淨故無明清淨無
[illegible]

智清淨若無明清淨若不虛妄性清淨
無二無二分無別無斷故一切智智清淨故行識
名色六處觸受愛取有生老死愁歎苦憂
惱清淨行乃至老死愁歎苦憂惱清淨故不虛
妄性清淨何以故若一切智智清淨若行乃
至老死愁歎苦憂惱清淨若不虛妄性清淨
無二無二分無別無斷故
善現一切智智清淨故布施波羅蜜多清淨
布施波羅蜜多清淨故不虛妄性清淨何以
故若一切智智清淨若布施波羅蜜多清淨
若不虛妄性清淨無二無二分無別無斷故
一切智智清淨故淨戒安忍精進靜慮般若
波羅蜜多清淨淨戒乃至般若波羅蜜多清
淨故不虛妄性清淨何以故若一切智智清淨

淨故不虛妄性清淨何以故若一切智智清淨
若淨戒乃至般若波羅蜜多清淨若不虛妄
別無斷故一切智智清淨故聲香味觸法處
清淨聲香味觸法處清淨故不異性清淨
何以故若一切智智清淨若聲香味觸法處
清淨若不變異性清淨無二無二分無別無
斷故善現一切智智清淨故眼界清淨眼界
清淨故善現一切智智清淨故眼界清淨眼界

BD00658B

大般若波羅蜜多經卷五九一

（唐）玄奘 譯

48.9cm × 28.8cm

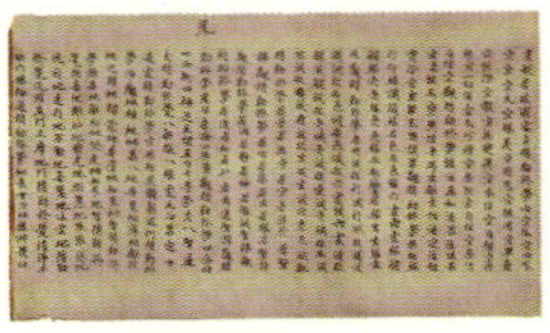

慮般若波羅蜜多精勤修學內空外空內外
空空大空勝義空有為空無為空畢竟
空無際空散空無變異空本性空自相空共
相空一切法空不可得空無性空自性空無性
自性空觀精勤修學諸法真如法界法性不
虛妄性不變異性平等性離生性法定法住
實際虛空界不思議界觀精勤修學無明緣
行行緣識識緣名色名色緣六處六處緣觸
觸緣受受緣愛愛緣取取緣有有緣生生緣老
死觀精勤修學無明滅故行滅行滅故識滅
識滅故名色滅名色滅故六處滅六處滅故
觸滅觸滅故受滅受滅故愛滅愛滅故取滅
取滅故有滅有滅故生滅生滅故老死滅觀

充

觀精勤修學若滅若靜若妙若離滅聖諦觀
精勤修學若道若如若行若出道聖諦觀精
勤修學慈悲喜捨四無量觀精勤修學四念住
四正斷四神足五根五力七等覺支八聖道
支精勤修覺八解脫八勝處九次第定十
遍處精勤修學空無相無願解脫門精勤修
學淨觀地種姓地第八地具見地薄地離欲
地已辦地獨覺地菩薩地如來地智精勤修
學極喜地離垢地發光地如來地智精勤修
覺極喜地離垢地發光地焰慧地極難勝地
現前地遠行地不動地善慧地法雲地精勤
修覺陀羅尼門三摩地門精勤修覺清淨五
眼六神通精勤修學如來十力四無所畏四

BD00659

四分律戒本疏卷三

沙門慧述

93cm × 27cm

[illegible]
去若使彼去若不避明相似應明相出至未四日旦即犯一提若避明相
星時未犯於未四夜隨宿轉側一々提罪今戒本中直對不避明相表說
一邊而結故言過二宿至三宿從若避明相過三未犯未四夜秖若三夜
犯竟未懺悔无二夜開隨宿々結罪若懺竟得開二夜　十誦若通夜
坐若病得与沙弥過宿病人卧者開餘不病比丘不應卧四言彼迯
者是犯名毋論云若至未三夜比丘无去受者不應卧坐至明相現若
至未四宿又无去受明相欲現時若自去若遣彼去若不尔者犯提
罪若与非人畜生男共過三宿一切吉羅餘不犯緣並同前戒　並未
受具人同誦戒第六　制意者多論四種義故佛制此戒一為異外
道故二為師与弟子位別故三分別言語明了故四為依實義不貴音聲
故　別緣有五一是佛所說法二字句味三未受具人四齊聲同誦五言說
了々便犯　文下云明戒本此戒因六群比丘与諸長者在講堂高
聲同誦經語惱亂坐禪比丘佛便制戒　若比丘与未受
具戒人同誦者波逸提　此滿足戒本文有四句一犯人二受具
三同誦四結罪前二句知三言同誦法者誦謂名文不前
不後同時而誦或抄前抄後二誦皆名同誦所言法者
[illegible]

仏所説聲聞所説仙人所説諸天所説者是也正法四言彼逆
提者是遠犯罪故律云若聲聞弟子餘人等説爲〻
印可取名爲法此法若抄前抄後而説皆犯提罪故律云共誦者謂誦
句義句味字義非句義而名亦言句義者二人齊誦聲所句表三行
理周名句爲義犯提　十誦云齊聲句異吉羅言非句義者前人説
諸惡莫作未竟後人抄前言諸惡莫作使前人言教表正行不圓
故曰非句義名犯提罪以句同聲相接故言句味者句表无常理周有
資神之益名曰句味抄集前言表理不周无資神之用故曰非句義
言字義者齊聲同誦表名體理圓名爲字義抄集前言名體不圓
故曰非字義見論云一切律藏阿毗曇脩多羅是仏所説後五百羅漢
造集此法誦悉犯提罪　十誦道一品一章一偈各得提罪若自以己意撰集
文字乃至一言非仏所説故无罪不犯　中律云應言我説竟汝説若一
人誦竟一人言若二人同業所誦若錯説彼此皆不犯　向未受具人説
他麁罪戒第七　制意者出家僧衆理宜清頭善名外彰生人信敬以
此比丘麁惡事向俗人説前人聞己於彼僧實情生薄淡失其敬信棄
重之意恐損壞受業故須聖制　別緣有七一是比丘二犯初二篇罪三
知犯麁罪四无僧法開五向未受具人説言六時了了七前人聞知已下

知犯麁罪四无僧々開五向未受具人說言六諱了々七前人聞知已下
正明戒本此戒六辟比丘向白衣說犯僧殘比丘過彼犯者聞聲慚乃餘比
丘白佛々便制戒　若比丘知他犯麁惡罪向未受大戒人說除僧羯磨波
逸提　此滿足戒本文有五句一犯人二知麁罪三向未受人說四除僧羯
磨五結犯罪初句可知弟二句言知他麁罪者律云犯初二兩篇名爲
麁惡罪弟三句言向未受戒人說者律云除比丘比丘尼餘人是弟四句言
除僧羯磨者是開限文弟五句言波逸提者是遠犯罪故多論云寧
破塔壞像不說他麁罪若破塔其罪有限說他麁罪破壞法身
罪同五逆故律云不問前人有罪无罪衆僧不作羯磨向一人說一音
墮　五六尼向白衣說僧說尔小々罪過害頃僧祇若人問言某甲比丘犯
婬飲酒答云彼自當知除上二篇說餘罪一々犯吉又々若說名字々若種姓
若衣服々若房舍々若得自見犯提罪說下三篇得吉々若自說麁罪知
犯吉罪不犯者々々若不知々若僧差々若非麁惡想若白衣先已聞不犯非
不犯不有小罪　實得道向未受具戒人說弟八　論云二義故制一爲
大人法故理宜一切德覆藏諸惡發露今日說德行隱屋罪過非大人之
法二自顯聖德則賢愚有異前人聞之偏心專敬失於平等淨善之
心是故聖制　別緣有五一內有實德緡去僧上揚人境虛不犯二自言

已有三向未受具人說四言竟了了五前人聞知然後此戒不別有緣
舉大妄語中或有實得者以制斷或此聖人制竟不更復犯謂是
制聖遮亢 若比丘向未受大戒說過人法言我見是我知是實者
波逸提 此戒文有四句一人二前境三已所得四罪結言比丘者義如
上弁言未受具戒者除比丘尼餘人是言過人法者是聖所證法是言
波逸提者是遠犯罪故十律云比丘實是四果四向或得四禪四空或成就
慈悲喜捨不淨阿那等說者皆犯提罪或見實諸天龍鬼來至我
所說者名提 問說已得罪別表提所以現通但有吉羅 答若論口說
義通凡聖事問虛實虛則過重實則愆微故別表提神通聖能更
无有濫但得吉羅 問表罪境所對據七衆犯齊實除二具現神足者唯
二俗犯所以不同 答咸據過有增微故此階降然後此戒不別有緣舉
大妄語中 與女人說法過五六語戒第九 制意者凡說法生善事
須應時不請而說理无纏棲本无信敬情懷奢慢脫因斯次到與過
非不免世呵又女人形身相緣難愚若全不說无由生善然法長隱永
淪苦海故復聽說齊五六義過則制犯 別緣有六一是人女三不請四无
有智俗人男子五言竟了了云過語便犯 已下四朋戒本此戒因迦留陀夷
在姑前与兒婦耳語說法便起譏謗佛便制斷後因請說故聽齊五六

在姑前与兒婦耳語說法便起譏謗仏便制斷後因請說故聽齊五六
語及有智男子開過限說　若比丘与女人說法過五六語除有男子
[illegible]……五因一[illegible]人二所為女人三說過限四除開五結

BD00660 藥師琉璃光如來本願功德經

（唐）玄奘 譯

BD00660v 藥師琉璃光如來本願功德經外題

491.2cm×26.5cm

(11-1)

藥師瑠璃光如来本願功德經

如是我聞一時薄伽梵遊化諸國至廣嚴城住
樂音樹下與大苾蒭衆八千人俱菩薩摩訶
薩三万六千及國王大臣婆羅門居士天龍
藥叉人非人等无量大衆恭敬圍遶而為說法
尒時曼殊室利法王子承佛威神從座而起
偏袒一肩右膝著地向薄伽梵曲躬合掌白
言世尊唯願演說如是相類諸佛名号及本
願殊勝功德令諸聞者業鄣銷除為欲利
樂像法轉時諸有情故
尒時世尊讚曼殊室利童子言善哉善哉曼
殊室利汝以大悲勸請我說諸佛名号本願

BD00660　藥師琉璃光如來本願功德經

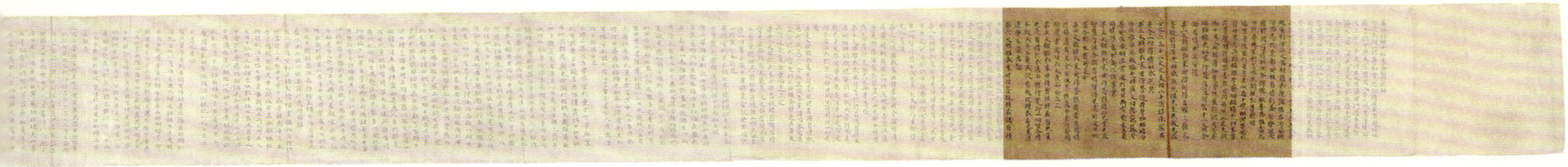

殊室利汝以大悲勸請我說諸佛名号本願
功德為拔業鄣所纏有情利益安樂像法
轉時諸有情故汝今諦聽極善思惟當為
汝說曼殊室利言唯然願說我等樂聞
佛告曼殊室利東方去此過十殑伽沙等佛土
有世界名淨瑠璃佛号藥師瑠璃光如來應
正等覺明行圓滿善逝世間解無上丈夫調
御士天人師佛薄伽梵曼殊室利彼世尊藥
師瑠璃光如來行菩薩道時發十二大願令
諸有情所求皆得
第一大願願我來世得阿耨多羅三藐三
菩提時自身光明熾然照曜无量无數无邊
世界以三十二大丈夫相八十隨好莊嚴其

外明徹淨無瑕穢光明廣大功德巍巍身
善安住燄網庄嚴過於日月幽冥眾生悉蒙
開曉隨意所趣作諸事業
第三大願願我來世得菩提時以无量无邊
智慧方便令諸有情皆得无盡所受用物
莫令眾生有所乏少
第四大願願我來世得菩提時若有諸情
行邪道者悉令安住菩提道中若行聲聞
獨覺乘者皆以大乘而安立之
第五大願願我來世得菩提時若有无量
无邊有情於我法中脩行梵行一切皆令得
不缺戒具三聚戒設有毀犯聞我名已還得
清淨不墮惡趣
第六大願願我來世得菩提時若諸有情

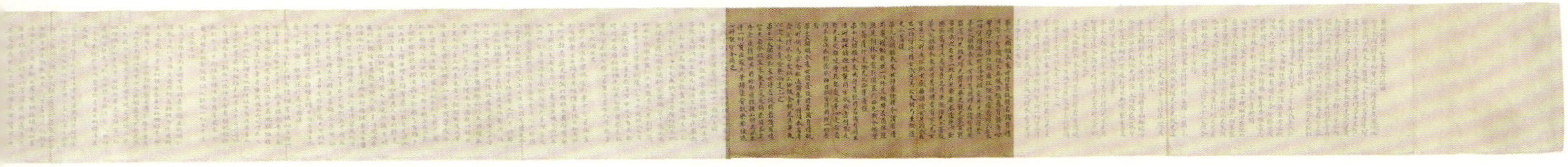

第六大願願我来世得菩提時若諸有情
其身下劣諸根不具醜陋頑愚盲聾瘖瘂
攣躄背僂白癩癲狂種種病苦聞我名已
一切皆得端正黠慧諸根完具无諸疾苦
第七大願願我来世得菩提時若諸有情衆
病逼切无救无歸无醫无藥无親无家貧窮
多苦我之名号一經其耳衆病悉除身心安
樂家屬資具悉皆豊足乃至證得无上菩提
第八大願願我来世得菩提時若有女人為女
百惡之所逼惱極生厭離願捨女身聞我名
已一切皆得轉女成男具丈夫相乃至證得
无上菩提
第九大願願我来世得菩提時令諸有情
出魔羂網解脫一切外道纏縛若墮種種

諸菩薩行速證无上正等菩提

第十大願我来世得菩提時若諸有情王
法所縲縛錄鞭撻繫閉牢獄或當刑戮及
餘无量災難陵辱悲愁煎迫身心受苦若
聞我名以我福德威神力故皆得解脫一切憂
苦

第十一大願我来世得菩提時若諸有情飢
渴所惱為求食故造諸惡業得聞我名專
念受持我當先以上妙飲食飽足其身後
以法味畢竟安樂而建立之

第十二大願我来世得菩提時若諸有情
貧无衣服蚊虻寒熱晝夜逼惱若聞我名
專念受持如其所好即得種種上妙衣服亦
得一切寶莊嚴具華鬘塗香鼓樂衆伎隨
心所翫皆令滿足

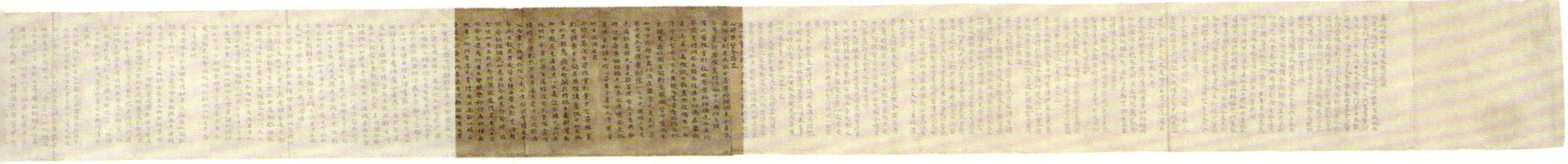

得一切寶莊嚴具華鬘塗香鼓樂衆伎隨
心所翫皆令滿足
曼殊室利是為彼世尊藥師瑠璃光如來應
正等覺行菩薩道時所發十二微妙上願
復次曼殊室利彼世尊藥師瑠璃光如來行
菩薩道時所發大願及彼佛土功德莊嚴我
若一劫若一劫餘說不能盡然彼佛土一向
清淨无有女人亦无惡趣及苦音聲瑠璃為地
金繩界道城闕宮閣軒窓羅網皆七寶成亦
如西方極樂世界功德莊嚴等无差別於其
國中有二菩薩摩訶薩一名日光遍照二名月
光遍照是彼无量无數菩薩衆之上首悉能
持彼世尊藥師瑠璃光如來正法寶藏是故
曼殊室利諸有信心善男子善女人等應當

尒時世尊復告曼殊室利童子言曼殊室
利有諸衆生不識善惡唯懷貪悋不知布施
及施果報愚癡无智闕於信根多聚財寶勤
加守護見乞者來其心不憙設不獲已而行布
施時如割身肉深生痛惜復有无量慳貪有
情積集資財於其自身尚不受用何況能與
父母妻子奴婢作使及來乞者彼諸有情從此
命終生餓鬼界或傍生趣由昔人間曾得暫
聞藥師瑠璃光如來名故今在惡趣暫得憶
念彼如來名即於念時從彼處沒還生人中得
宿命念畏惡趣苦不樂欲樂好行惠施讚歎
施者一切所有悉无貪惜漸次尚能以頭目
手足血肉身分施來求者況餘財物復次曼

施者一切所有悉无貪惜漸次尚能以頭目
手足血肉身分施來求者況餘財物復次曼
殊室利若諸有情雖於如來受諸學處而
破尸羅有雖不破尸羅而破軌則有於尸羅
軌則雖得不壞然毀正見有雖不毀正見而棄
多聞於佛所說契經深義不能解了有雖多
聞而增上慢由增上慢覆蔽心故自是非他
嫌謗正法為魔伴黨如是愚人自行耶見
復令无量俱胝有情墮大火坑此諸有情
應於地獄傍生鬼趣流轉无窮若得聞此藥
師瑠璃光如來名号便捨惡行修諸善法不墮
惡趣設有不能捨諸惡行修行善法墮惡趣者
以彼如來本願威力令其現前暫聞名号從彼

捨家趣於非家如來法中受持學處無有毀犯
正見多聞解甚深義離增上慢不謗正法不為
魔伴漸次修行諸菩薩行速得圓滿
復次曼殊室利若諸有情慳貪嫉妬自讚毀
他當墮三惡趣中無量千歲受諸劇苦受劇
苦已從彼命終還生人間作牛馬駝驢恒被
鞭撻飢渴逼惱又常負重隨路而行或得為人
生居下賤作人奴婢受他驅使恒不自在若昔人
中曾聞世尊藥師瑠璃光如來名号由此善因
今復憶念至心歸依以佛神力衆苦解脫諸根
聡利智慧多聞恒求勝法常遇善友永斷
魔羂破無明殼竭煩惱河解脫一切生老病
死憂悲苦惱
復次曼殊室利若諸

[illegible]
死憂悲苦惱
復次曼殊室利若諸有情好喜乖離更相鬬訟
惱亂自他以身語意造作增長種種惡業展轉
常為不饒益事互相謀害告召山林樹塚等神
殺諸衆生取其血宍祭祀藥叉羅剎婆等書怨
人名作其形像以惡呪咀之厭媚蠱道呪起屍鬼
令斷彼命及壞其身是諸有情若得聞此藥
師瑠璃光如來名号彼諸惡事悉不能害一切
展轉皆起慈心利益安樂無損惱意及嫌恨
心各各歡悅於自所受生於喜足不相侵淩互
為饒益
復次曼殊室利若有四衆苾芻苾芻尼鄔波索
[illegible]

根願生西方極樂世界无量壽佛所聽聞正
法而未定者若聞世尊藥師瑠璃光如来
名号臨命終時有八菩薩乘神通来示
其道路即於彼界種種雜色衆寶華中
自然化生或有因此生於天上雖生天中而
本善根亦未窮盡不復更生諸餘惡趣天
上壽盡還生人間或為輪王統攝四洲威德
自在安立无量百千有情於十善道或生刹
帝利婆羅門居士大家多饒財寶倉庫盈溢
形相端嚴眷屬具足聰明智慧勇健威猛如
大力士若是女人得聞世尊藥師瑠璃光如来
名号至心受持於後不復更受女身
復次曼殊室利童子白佛言世尊我當誓於像

名号至心受持於後不復更受女身
尒時曼殊室利童子白佛言世尊我當誓於像
法轉時以種種方便令諸淨信善男子善女
人等得聞世尊藥師瑠璃光如來名号乃至
睡中亦以佛名覺悟其耳世尊若於此經受
持讀誦或復為他演説開示若自書若使人
書恭敬尊重以種種華香塗香末香燒香花
鬘瓔珞幡蓋伎樂而為恭養以五色綵作囊
盛之掃灑淨處敷設高座而用安處尒時
四大天王與其眷屬及餘无量百千天衆皆
詣其所供養守護世尊若此經寶流行之
處有能受持以彼世尊藥師瑠璃光如來本
願功德及聞名号當知是處无復横死亦復

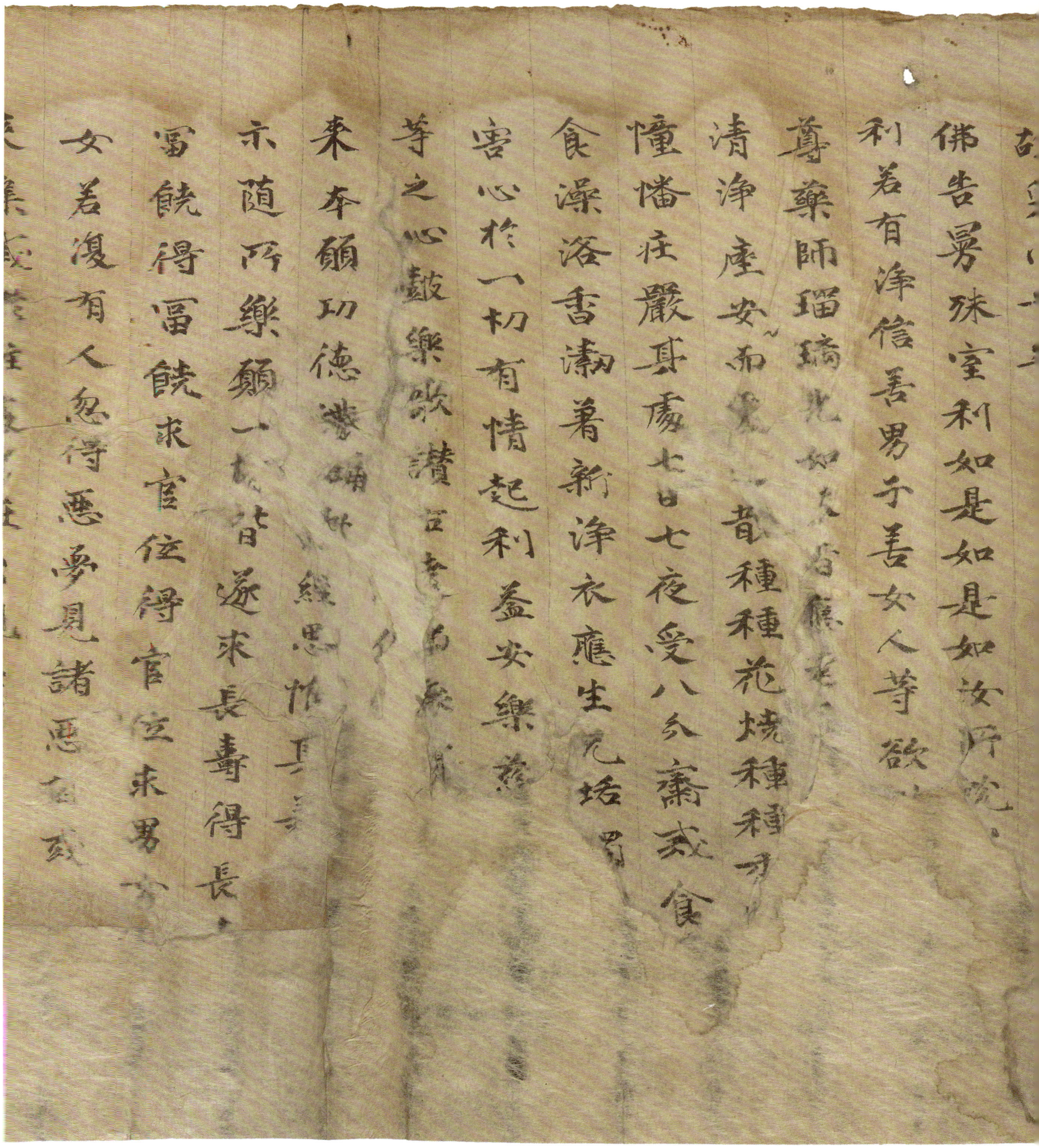

佛告曼殊室利如是如是如汝所說
利若有淨信善男子善女人等欲
尊藥師瑠璃光如來者應
清淨座安而處之散種種花燒種種香
幢幡莊嚴其處七日七夜受八分齋戒食
食澡浴香潔着新淨衣應生无垢
害心於一切有情起利益安樂慈
等之心鼓樂歌讚右遶佛像
來本願功德讀誦此經思惟其
示隨所樂願一切皆遂求長壽得長
富饒得富饒求官位得官位求男
女若復有人忽得惡夢見諸惡相或

BD00560 藥師琉璃光如來本願功德經

……官位求男……
女若復有人忽得惡夢見諸惡相或
來集或於住處百怪出現此人……
具恭敬供養彼世尊藥師琉璃光如來者
夢惡想諸不吉祥皆悉隱沒不在爲患或
水火刀毒懸嶮惡象師子虎狼熊羆……
惡蝎蜈蚣蚰蜒蚊盲等怖若能至心憶念彼
佛敬供養一切怖畏皆得解脫若他……
賊反亂憶念恭敬彼如來者亦皆解脫
復次曼殊室利若有淨信善男子善女人等
乃至盡形不事餘天唯當一心歸依佛法
持禁戒若五戒十戒菩薩四百戒
戒苾芻尼五百戒於所受中或有毀

若能至心稱名礼讚恭敬供養彼如来者衆
苦皆除所生之子身分具足形色端正見者歡
喜利根聰明安隱少病無有非人奪其精氣
尒時世尊告阿難言如我稱揚彼世尊藥師
瑠璃光如来所有功德此是諸佛甚深行處難
可解了如為信不阿難白言大德世尊我
如来所説契經不生疑惑所以者何一切如来身
語意業無不清淨世尊此日月輪可令墮
妙高山王可使傾動諸佛所言無有異也世尊
有諸衆生信根不具聞説諸佛甚深行處
作是思惟云何但念藥師瑠璃光如来一
号便獲尒所功德勝利由此不信返生誹謗彼
於長夜失大利樂墮諸惡趣流轉無窮

於長夜失大利樂墮諸惡趣流轉无窮
告阿難是諸有情若聞世尊藥師琉璃光如
来名号至心受持不生疑惑墮惡趣者无有
是處阿難此是諸佛甚深所行難可解信
汝今能受當知皆是如来威力阿難一切聲
聞獨覺及未登地諸菩薩等皆悉不能如實
信解唯除一生所繫菩薩阿難人身難得於三
寶中信敬尊重亦難可得得聞世尊藥師
瑠璃光如来名号復難於是阿難彼藥師
琉璃光如来无量菩薩行无量善巧方便无量
大願我若一劫若二劫餘而廣說者劫可
速盡彼佛行願善巧方便无有盡也尔時衆中有

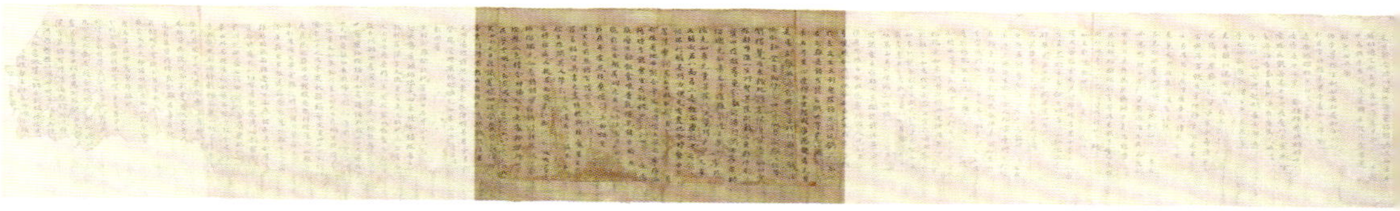

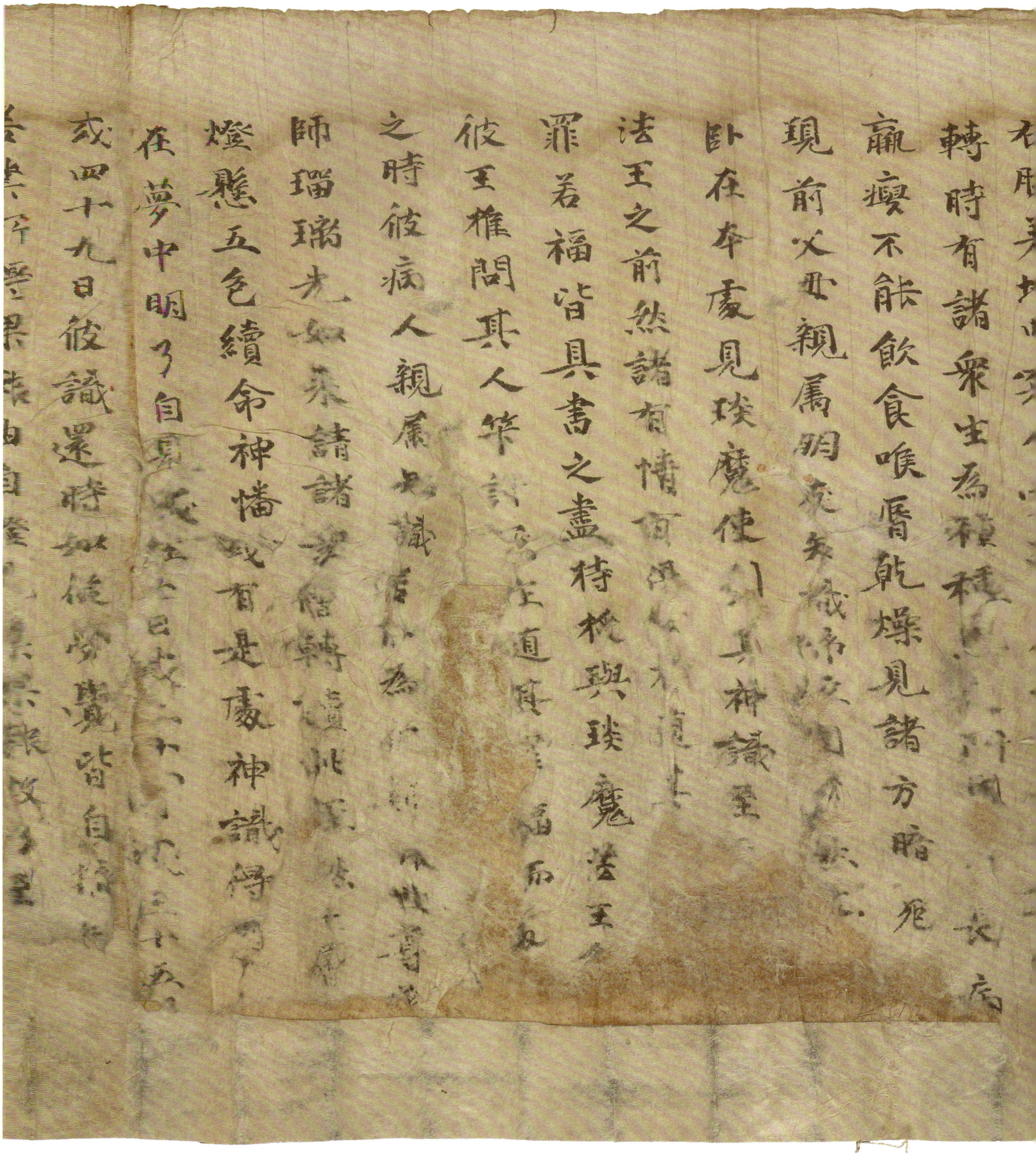

[illegible]
轉時有諸衆生為種種[illegible]病
羸瘦不能飲食喉脣乾燥見諸方暗死
現前父母親屬朋友知識啼泣圍遶
卧在本處見琰魔使引其神識至
法王之前然諸有情有俱生神隨
罪若福皆具書之盡持授與琰魔法王
彼王推問其人筭計所作隨其罪福而處
之時彼病人親屬知識若能為彼歸依世尊
師瑠璃光如來請諸衆僧轉讀此經然七層
燈懸五色續命神幡或有是處彼識得還
在夢中明了自見或經七日或二十一日或三十五
或四十九日彼識還時如從夢覺皆自憶知
善不善業所得果報由自[illegible]

ED00663　藥師琉璃光如來本願功德經

或四十九日彼識還時如從夢覺皆自憶知
善業所得果報由自證見業果報故乃至
亦不造作諸惡之業是故淨信善男子善女
皆應受持藥師瑠璃光如来名號隨力所
敬供養
尒時阿難問救脫菩薩曰善男子應云何恭敬供
彼世尊藥師瑠璃光如来續命幡燈復云
救脫菩薩言大德若有病人欲脫病苦當為
人七日七夜受持八分齋戒應以飲食及餘
隨力所辦供養苾芻僧晝夜六時礼拜供
世尊藥師瑠璃光如来讀誦此經四十九遍燃四
十九燈造彼如来形像七軀一一像前各置七
一燈量大如車輪乃至四十九日光明不絕造五色

度危厄之難不爲諸橫
帝利灌頂王等灾難起時所謂人衆疾疫難
侵逼難自界叛逆難星宿變怪難日月薄蝕
難非時風雨難過時不雨難彼刹帝利灌頂
等尒時應於一切有情起慈悲心赦諸繫
前所說供養之法供養彼世尊藥師琉
來由此善根及彼如來本願力故令其國
得安隱風雨順時穀稼成熟一切有情無病
樂於其國中无有暴惡藥叉等神
惡相皆即隱沒而刹帝利灌頂王等
病自在皆得增益阿難若帝后妃
臣輔相中宮綵女百官黎庶爲病
應造立五色神幡然燈續明放諸生命
散雜色華

BD00666 藥師琉璃光如來本願功德經

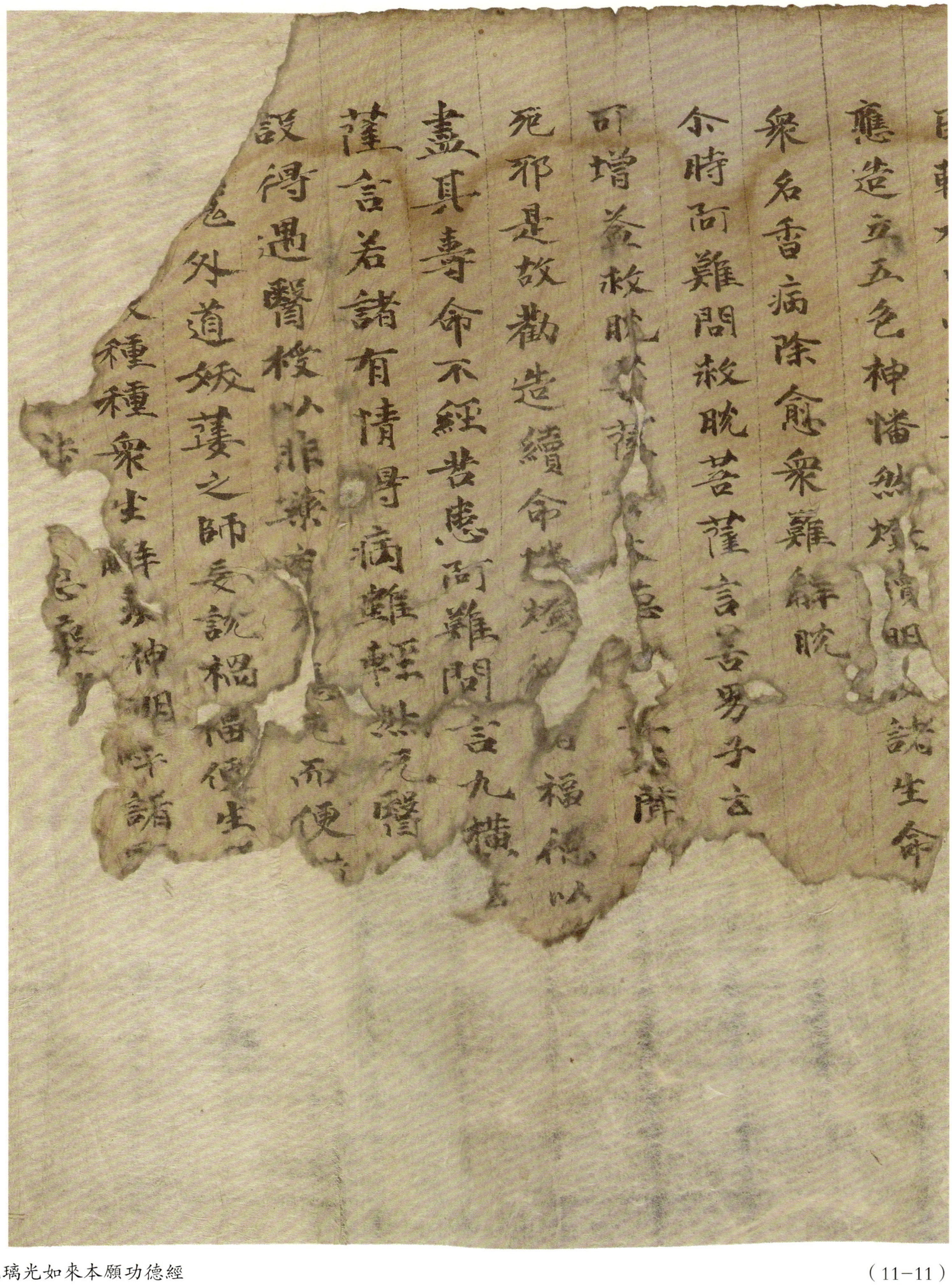

□輔……
應造五色神旛然燈續明□諸生命
衆名香病除愈衆難解脫
尒時阿難問救脫菩薩言善男子云
何增益救脫菩□□□□□□□聞
死耶是故勸造續命幡燈□□福德以
盡其壽命不經苦患阿難問言九横云
薩言若諸有情得病雖輕然無醫
設得遇醫授以非藥□□□□而便横
邪外道妖孽之師妄說禍福便生
又種種衆生解奏神明呼諸
法……

BD00660v 藥師琉璃光如來本願功德經外題

BD00661 金光明經卷二

（北凉）曇無讖 譯

133.9cm × 26.3cm

尒時四天王白佛言世尊是金光明微妙
經典能得未來現在種種无量功德是故人
王若得聞是微妙經典則爲已於百千万億
无量佛所種諸善根我以敬念是人王故復
見无量福德利故我等四王及餘眷屬无量
百千万億鬼神於自宮殿見是種種香烟雲
蓋瑞應之時我當隱蔽不現其身爲聽法故
當至是王所止宮殿講法之處大梵天王釋
提桓因大辯天神功德天神堅牢地神散脂
鬼神大將軍等二十八部鬼神大將摩醯首
羅金剛密迹摩尼跋陀鬼神大將鬼子母及
五百鬼子周匝圍繞阿耨達龍王娑竭羅龍
王无量百千万億那由他鬼神諸天如是等

无量鬼神悉當同心以是人王爲善知識同
共一行善相應行能爲无上大法施主以甘
露味充足我等應當擁護是王除其衰
患令得安隱及其宫宅國土城邑諸惡災患
悉令消滅世尊若有人王於此經典心生捨離
不樂聽聞其心不欲恭敬供養尊重讚嘆若
四部衆有受持讀誦講說之者亦復不能恭
敬供養尊重讚嘆我等四王及餘眷屬无量
鬼神即使不得聞此正法背甘露味失大法
利无有勢力及以威德減損天衆增長惡趣
世尊我等四王及无量鬼神捨其國土不但
我等亦有无量守護國土諸舊善神皆悉捨
去我等諸天及諸鬼神既捨離已其國當有

我等亦有无量守護國土諸舊善神皆悉捨
去我等諸天及諸鬼神既捨離已其國當有
種種灾異一切人民失其善心唯有繫縛瞋
恚鬪諍互相破壞多諸疾疫彗星現怪流星
崩落五星諸宿違失常度兩日並現日月薄蝕
白黑惡虹數出現大地震動發大音聲暴
風惡雨无日不有穀米勇貴飢饉凍餓多
有他方怨賊侵掠其國人民多受苦惱其地
无有可愛樂處世尊我等四王及諸无量
百千鬼神并守國土諸舊善神遠離去時
生如是等无量事世尊若有人王欲得自
護及王國土多受安樂欲令國土一切衆生悉
皆成就具足快樂欲得摧伏一切外敵欲得
擁護一切國土欲以正法正治國土欲得除滅

四王及无量鬼神以是法食善根因緣得服
甘露无上法味增長身力心進勇銳增益諸
天何以故由是人王至心聽受是經典故知
諸梵王說出欲論釋提桓因種種善論五通
之人神仙之論世尊梵天釋提桓因五通神人
雖有百千億那由他无量勝論是金光明於
中最勝所以者何如來說是金光明經爲
衆生故爲令一切閻浮提内諸人王等以正法
治爲與一切衆生安樂爲欲愛護一切衆生
欲令衆生无諸苦惱无有他方怨賊棘刺
所有諸惡背而不向欲令國土无有憂惱
以正法教无有諍訟是故人王各於其國土
應然法炬熾然正法增益天衆我等四王及

應然法炬熾然正法增益天衆我等四王及
无量鬼神閻浮提内諸天善神以是因緣得
服甘露法味充足得大威德進力具足閻浮
提内安隱豐樂人民熾盛安樂其處復於未來
世无量百千不可思議那由他劫常受微妙
第一快樂復得值遇无量諸佛種諸善根然
後證成阿耨多羅三藐三菩提得如是等无量
功德悉是如來正遍知說如來過於百千億
那由他諸梵天等以大悲力故亦過无量百千
億那由他釋提桓因以苦行力故是故如來
為諸衆生演說如是金光明經若閻浮提一
切衆生及人王世間出世間所作國事所造
世論皆因此經欲令衆生得安樂故釋迦
如來示現是經……

[illegible]應當[illegible]受供養恭敬尊
重讚嘆是經尒時佛復告四天王汝等四王及
餘眷屬无量百千那由他鬼神是諸人王若
能至心聽是經典恭養供敬尊重讚嘆汝等
四王亦應擁護滅其衰患而與安樂若有人
能廣宣流布如是妙典於人天中大作佛事能
大利益无量衆生如是之人汝等四王亦當
擁護莫令他緣而得擾乱令心澹淨受於快
樂續復當得廣宣是經尒時四天王即從
坐起偏袒右肩右膝著地長跪合掌以[illegible]

BD00662 觀世音三昧經

332.6cm × 26cm

尒時阿難白佛言世尊如向所説甚難思
議亦難惻度如佛所説實將无虛令便問佛
云何名斯経佛告阿難此経名觀世音三
昧経我於往昔為菩薩時常見過去諸佛
讀誦斯経令吾成佛亦復讀誦未曽休息
我今成佛良由此経此経明聖難可比度
喻如日光能照幽冥此経亦尒若有比丘比丘
尼優婆塞優婆夷受持此経者真我弟子
流通正法法将明矣三寶不滅興隆正覺旨
冥受悟若有衆生得聞此経念如不忘五劫
不墮阿鼻地獄當知此觀世音三昧経正是
良藥救人苦難拔除煩惱千劫万劫不墮惡

盛照百千界人見歡喜都无憂惱此經亦尒
若人得聞必離惡道
尒時阿難重白佛言云何行此經復何應現
佛言阿難若欲行此經應淨房舍中懸諸
幡蓋散華燒香端坐七日念无異想誦此觀
世音三昧經尒時觀世音即自現身其形紫金
色身長丈二項背日光其色似白銀手捉蓮
華現其人前七日之中日有一事初一日時現
栴檀勳陸香使行人見之二日之時於夜半
中現大光明行人得見心大歡喜三日之時
現一蓮華大如車輪其華甚盛猶如白銀色
四日之時現天人身長丈一身被天衣現
彼人前行人見已同共娛樂論說諸法五日
之時即自現身證得三昧自見過去生死劫

之時即自現身證得三昧自見過去生死劫
數六日之時復現天宮五色雜寶所作有四
菩薩端坐說法行人見已漸漸心明明徹十方
即大歡喜奉心敬礼七日之時觀世音菩薩
即自現身其光晃曜明過於日行人見已心
甚迮迫觀世音菩薩即舉左手摩行人頂心
得安隱復舉右手指於西方妙樂國土行人
尋時即見西方无量壽國國土清淨瑠璃寶
樹華蘭浴池處處皆有行人見已煩惱消除
无明根拔此諸行人等世世所生常與觀世
音相值復見閻浮提雜類國土猶如掌中
阿摩勒菓復見東方阿閦佛國不動如来
登王高坐其諸菩薩多有眷屬為人說法其
地平正名華浴池處處皆有復見北方鬱單

蓮華林菀經行禪窟悉爲香華多饒菩薩
復見下方百千万國金剛精舍金剛諸園
金剛城金剛坐其諸菩薩悉在坐上爲人
說法行人見已即得六通具八解脫得无㝵
智飛到十方隨意即至千劫万劫百千億
劫度人无量得神通力具陁羅尼辯才无
滯樂說甚多當知此經是大威力七日七
夜讀誦此經如前所說都无虛事若有虛
者我即妄語諸餘經典皆不可信阿難從
坐而起合掌讚佛

世尊金剛慧　出語皆真實　一切諸衆生
頗有能信者　若不信此經　將墮惡道中
巍巍天中天　頗有不歸佛　我見魔波旬

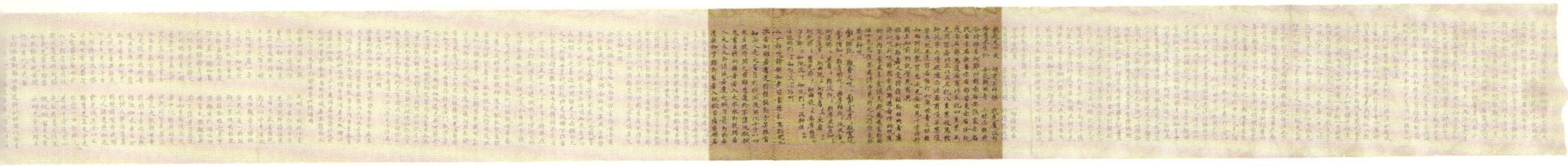

巍巍天中天　頗有不歸佛　我見魔波旬
稽首來宗仰　今說觀世音　三昧正經典
尒時佛告阿難此經亦名安隱處亦名
脫告亦名歡喜亦名離苦患亦名除疑
惑亦名離惡道若有比丘犯四重禁五
无間罪若比丘比丘尼犯八重禁放恣精
神從串六情破壞正法若有優婆塞優
婆夷犯五逆罪若能行此觀世音三昧經
如向所說衆罪悉滅无餘亦見十方淨妙
國土如前所說等无有異
佛告阿難若人受持讀誦斯經典者應
持此呪此呪難聞亦復難遇若持此呪應
斷酒肉不食五辛貪瞋恚癡悉當斷諸
婬女色悉復不為清淨梵行之人乃能受持

南无佛陀……南无達摩……

四南无僧伽五觀音明呪六拘摩賴陁七陁波當八
阿違鄧九亘唐十賴波陁十一賴摩尼伽尼伽十二
陁多達多十三阿由陁十四阿霞唐十五丘唐十六
阿兜耶十七霞兜耶十八阿由提十九斯摩賴陁廿
浮多耶廿一伽陁波廿二伽陁利廿三波神佉廿四
佉陁那利廿五伽陁波廿六沙呵
如此神呪諸佛如來皆當讀誦不獨我也
佛告阿難若有受持讀誦斯方等經當
知此人是大菩薩於我滅後開化十方一切
衆生使得聞之皆離惡道終不墮地獄餓
鬼畜生持此經者若入大水水即乾竭若
入大火火即消滅若遭大賊刀箭即折若
遭縣枷官鏁即裂若入地獄苦痛變樂若

遶縣枷官鏁即裂若入地獄苦痛變樂若
有衆生欲得天眼通者天耳通者他心智
通者宿命通者漏盡通者身中通者當持
此經七日七夜自觀身中内外穢惡流迸不淨
即得六通无㝵解脫者得離地獄者不作
畜生者欲得見十方世界者欲得長壽者
欲得值佛聞法者欲得淨妙國土生者欲得
捨惡身者欲得捨女人身者欲得遠離八難
者欲得作沙門者欲得中國生者欲得生
天者當持此經讀誦受持是經者慎莫放
逸也如所願
尒時阿難從坐而起而白佛言觀世音有
何神力威神乃尒佛尒稱嘆其德不輕佛
告阿難我今道實其事不虛我念觀世音

夫天人師佛世尊我於彼時為彼佛下作苦
行弟子受持斯經七日七夜讀誦不忘復
不念食不念五欲即見十方百千諸佛在
我前立於斯悟道令得成佛号釋迦文佛
受持斯經猶故讀誦況復今日汝等諸
人宜應受持莫令懈怠何以故觀世音菩
薩有大威神力故現神通力故救衆生故
度苦難現紫磨身故欲使行人得成道故
當知此觀世音三昧經甚難思議叵可分別
汝等阿難於我滅後急應流通此經出時
當有衆魔比丘及比丘尼毀破諸戒无法自持
猶如天牛犢無无法自持徒為沙門飲酒食肉
昏燃五欲不自制斷猶如外道无戒可持命

昏婬五欲不自制斷猶如外道无異可恃命
終當墮阿鼻地獄億劫受罪出為畜生如斯
人輩不信此經自相謂言此經非佛所說魔所
說耳便相告語焚燒此經競共破壞如斯人背
增益惡道千劫万劫終无有得復人身時諸三
昧經何其復聞唯有須陁洹人乃至十住菩
薩當信此經流通此經
佛告阿難此經出時當法明時白衣賢者生
天无量受道万億當有出家比丘比丘尼甚不
精進多貪財物聚積穀帛多作生業養育
畜生常與獵師婬女國王沽酒屠兒魁膾以
為親厚如斯人輩永不見佛若能讀誦受持
斯經典者罪漸漸自然消滅若不讀誦此
經必當墮惡道尒時世尊以偈頌曰
佛告阿難[illegible]

普現一切大神通　受持斯經讀誦書
不墮惡道離諸見　七日七夜菩薩現
手摩行人頂上時　行人心中无有疑
掃地清淨嚴一方　思惟觀音三昧經
即現十方如眼前　備足六通一時間
受持斯經解苦空　觀三界理明眼徹
永離苦難三惡道　讀誦斯經是真實
除五蓋心離四魔　得離生死煩惱河
於時踊躍得身通　稽首礼佛觀世音
三昧方等度諸人　其不信者墮惡道
說此偈時有一樹　葉如車輪枝敷茂
普覆十方蓋大千　華中化佛異同音
其形甚好身紫金　演說法味義甚深
各各賫華下散佛　普及大衆觀世音

各各賫華下散佛　普及大衆觀世音
作天伎樂出妙音　於時十方佛來聽
魔王芒迫心中驚　釋迦如來垂空行
觀音菩薩即現身　於時大衆悟道真
度脱衆生果報息　同時讚嘆奇哉佛
現金色身作十力　行人脩道得如是
向難稽首過去佛　於先滅度今以出
号觀世音大菩薩　稽首无上天中天
大勢菩薩觀世音　能度十力苦難人
我今稽首難思議　普現十方魔皆知
摧滅魔宮碎殿時　是故稽首正法王
哀哉无量事難當　扶地獄苦生天堂
今故稽首現世間　威神无量淨國土
得離生死未来苦

當得五種果報何等為五一者離生死苦
滅煩惱賊二者常與十方諸佛同生一處出
則隨出滅則隨滅生生之處不離佛邊三者
弥勒出世之時常為三會初首不墮惡道
地獄餓鬼畜生阿脩羅中五者生處常值
淨妙國土是為五種果報佛告阿難世有
五種人不得成佛一者邊地國王常懷惡
興衰相代國國自相戰鬪共相煞害晝夜思
惟念欲相欺以是之故常生難處二者旃陁
羅人心中常念食噉人血肉行塚間見人死
尸充時傳息三者破戒比丘及比丘尼於佛
法中是破戒賊心懷嫉妬加誣他人狂生是
非自稱諭好道他人惡見善不說自惡不道
猶無一念心生悔情四者多婬之人不避親

猶無一念心生悔情四者多婬之人不避親
踈道俗尊卑晝夜思念无時停息无有
一念念衆善法五者出家還俗毁壞道法
向世間人稱説言語道佛无聖佛无神力
佛不能得度人由毁謗故墮惡道中逕歷諸
趣常懷苦惱若能受持觀世音三昧經者
改往脩來受持斯經七日七夜讀誦通利
衆罪消滅如向果報復能終身行道讀誦
習經未曾廢忘若忘失者我於夢中即教
此人還令得故即説偈言
佛告諸比丘　我念過去世　苦行超九劫　初得菩提心
誦習此經典　於其七日間　即得見十方　過去未來佛
悉見在我前　受持觀世音　三昧方等經　是由成正覺
悉見金剛身　觀見三界事　猶若如掌中　有見地獄苦

尒時大衆諸天帝精及於天人聞斯經已
恭敬起立遶佛三匝即悟須陁洹道五千
比丘道成阿羅漢二百五十比丘比丘尼道成
阿那含時衆人民皆悟无上正真之道天龍
鬼神四輩弟子咸皆歡喜作礼

觀世音三昧經

BD00663 大般涅槃經卷五

（北涼）曇無讖 譯

884.5cm × 26cm

如

之祕藏善男子譬如長者

念憐愛无已將詣師所欲

尋便將還以愛念故晝夜殷勤

不教誨毗伽羅論何以故以其幼稚

堪故善男子假使長者教半字已

能得以知毗伽羅論不不也世尊

於是子所有祕藏不不也

年幼故不為說不以祕吝而不說所以者

何若有嫉妬祕悋之心乃名為藏如來不尒

云何當言如來祕藏佛言善哉善哉善男子

如汝所言若有瞋心嫉妬慳悋乃名為藏如

來无有瞋心嫉妬云何名藏善男子長者者

謂

子半字者謂九部經毗伽羅論者所謂方等
大乘經典以諸聲聞无有慧力是故如來為
說半字九部經典而不為說毗伽羅論方等
大乘善男子如彼長者子既長大堪任讀學
若不為說毗伽羅論可名為藏若諸聲聞有
堪任力能受大乘毗伽羅論如來秘惜不為
說者可言如來有秘密藏如來不尒是故如
來无有秘藏如彼長者教半字已次為演說
毗伽羅論我今亦尒為諸弟子說於半字九
部經已次為演說毗伽羅論所謂如來常存
不變復次善男子譬如夏月興大雲雷降澍
大雨令諸農夫下種之者多獲果實不下種
者无所收穫无所獲者非龍王咎而此龍王
亦无所藏我今如來亦復如是降大法雨大

者无所尅獲无所獲者非龍王咎而此龍王
亦无所藏我今如來亦復如是降大法雨大
涅槃經若諸衆生種善子者得慧牙果无善
子者則无所獲无所獲者非如來咎然佛如
來實无所藏迦葉復言我今定知如來世尊
无所祕藏如佛所說毗伽羅論謂佛如來常
存不變是義不然何以故佛昔說偈
諸佛與緣覺　及以弟子衆　猶捨无常身　何況諸凡夫
今者乃說常存无變是義云何佛言善男子
我為一切聲聞弟子教半字故而說是偈善
男子波斯匿王其母命終悲號戀慕不能自
勝來至我所我即問言大王何故悲啼懊惱
乃至於此王言世尊國大夫人是日命終假
使有能令我母命還如本者我當捨國象馬

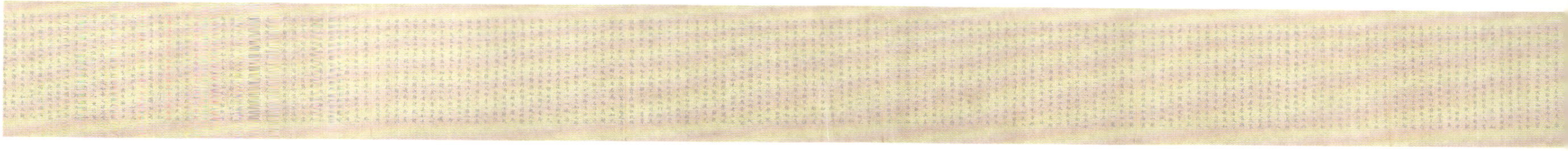

為死諸佛緣覺聲聞弟子尚捨此身況復凡
夫善男子我為波斯匿王教半字故而說是
偈我今為諸聲聞弟子說毗伽羅論謂如
來常存无有變易若有人言如來无常云何是
人舌不墮落迦葉復言如佛所說
无所聚積　於食知足　如鳥飛空　跡不可尋
是義云何世尊於此衆中誰得名為无所積
聚誰復得名於食知足誰行於空跡不可尋
而此去者為至何方佛言迦葉夫積聚者名
為財寶善男子積聚有二種一者有為二者无
為有為積聚者即聲聞行无為積聚者即
如來行善男子僧亦有二種有為无為有為
僧者名曰聲聞聲聞僧者无有積聚所謂奴

僧者名曰聲聞聲聞僧者无有積聚所謂奴
婢非法之物庫藏穀米鹽豉胡麻大小諸豆
若有說言如來聽畜奴婢僕使如是之物舌
則卷縮我諸所有聲聞弟子名无積聚亦得
名為於食知足若有貪食名不知足不貪食
者是名知足跡難尋者則近无上菩提之道
我說是人雖去无至迦葉復言若有為僧尚
无積聚況无為僧无為僧者即是如來如來
云何當有積聚夫積聚者名為藏匿是故如
來凡有所說无所悋惜云何名藏跡不可尋
者所謂涅槃涅槃之中无有日月星辰諸宿
寒熱風雨生者病死廿五有離諸憂苦及諸
煩惱如是涅槃如來住處常不變易以是因
緣如來至是娑羅樹間於大涅槃而般涅槃

中勝如我所説八大人覺為一人有為多人
有若一人具八則為冣勝所言涅槃者无諸
瘡疣善男子辟如有人為毒箭所射多受苦
痛值遇良醫為扳毒箭傅以妙藥令其離苦
得受安樂是醫即便遊於城邑及諸聚落隨
有患苦瘡疣之處即往其所為療衆苦善男
子如来亦尒成等正覺為大醫王見閻浮提
苦惱衆生无量劫中被婬怒癡煩惱毒箭受
大苦切為如是等説大乘經甘露法藥療治
此已復至他方諸有煩惱毒箭之處示現作
佛為其療治是故名曰大般涅槃大般涅槃
者名解脫處隨有調伏衆生之處如来於中
而作示現以是真實甚深義故名大涅槃迦
葉菩薩復白佛言世尊世間醫師悉能療治

而作亦現以是真實甚深義故名大涅槃迦
葉菩薩復白佛言世尊世間醫師悉能療治
一切衆生瘡疣病不善男子世間瘡疣凡有
二種一者可治二不可治凡可治者醫則能
治不可治者則不能治迦葉復言如佛言者
如來則為於閻浮提治衆生已若言治已是
諸衆生其中云何復有未能得涅槃者若未
悉得云何如來說言治竟欲至他方善男子
閻浮提內衆生有二種一者有信二者无信
有信之人則名可治何以故定得涅槃无瘡
疣故是故我說治閻浮提諸衆生已无信之
人名一闡提一闡提者名不可治除一闡提
餘悉治已是故涅槃名无瘡疣世尊何等名
涅槃善男子夫涅槃者名為解脫迦葉復言

覺解脫言是色者即是諸佛如來解脫善男
子是故解脫亦色非色如來為諸聲聞弟子
說為非色世尊聲聞緣覺若非色者云何得
住善男子如非想非非想天亦色非色我亦
說為非色若人難言非想非非想天若非色
者云何得住去來進止如是之義諸佛境界
非諸聲聞緣覺所知解脫亦尒亦色非色說
為非色亦想非想說為非想如是之義諸佛
境界非諸聲聞緣覺所知尒時迦葉菩薩復
白佛言世尊唯願哀愍重垂廣說大涅槃行
解脫之義佛讚迦葉善哉善哉善男子真解
脫者名曰遠離一切繫縛若真解脫離諸繫
縛則无有生亦无和合譬如父母和合生子

ED00663　大般涅槃經卷五

縛則无有生亦无和合譬如父母和合生子
真解脫者則不如是是故解脫名曰不生迦
葉譬如醍醐其性清淨如來亦尒非因父母
和合而生其性清淨所以示現有父母者為
欲化度諸衆生故真解脫者即是如來如來
解脫无二无別譬如春月下諸種子得暖氣
已尋便出生真解脫者則不如是又解脫者
名曰虛无虛无即是解脫解脫即是如來如
來即是虛无非作所作凡是作者猶如城郭
樓觀却敵真解脫者則不如是是故解脫即
是如來又解脫者即无為法譬如陶師作已
還破解脫不尒真解脫者不生不滅是故解
脫即是如來如來亦尒不生不滅不老不死
不破不壞非有為法以是義故名曰如來入

无以无是事故名解脫如来亦无髮白面皺
有為之法是故如来无有老也无有老故則
无有死又解脫者名曰无病所謂病者四百
四病及餘外来侵損身者是處无故故名解
脫无疾病者即真解脫真解脫者即是如来
如来无病是故法身亦无有病如是无病即
是如来死者名曰身壞命終是處无死即是
甘露是甘露者即真解脫真解脫者即是如
来如来成就如是功德云何當言如来无常
若言无常无有是處是金剛身云何无常是
故如来不名命終如来清淨无有垢穢如来
之身非胎所汙如分陁利本性清淨如来解
脫亦復如是如是解脫即是如来是故如来

脫亦復如是如是解脫即是如來是故如來
清淨无垢又解脫者諸漏瘡疣永无遺餘如
來亦尒无有一切諸漏瘡疣又解脫者无有
鬪諍辟如飢人見他飲食生貪奪想解脫不
尒又解脫者名曰安靜凡夫人言夫安靜者
謂摩醯首羅如是之言即是虛妄真安靜者
畢竟解脫畢竟解脫即是如來又解脫者名
曰安隱如多賊處不名安隱清夷之處乃名
安隱是解脫中无有怖畏故名安隱是故安
隱即真解脫真解脫者即是如來如來者即
是法也又解脫者无有等侶有等侶者如有
國王有隣國等夫解脫者則无如是无等侶
者謂轉輪聖王无有能與作齊等者解脫亦
尒无有等侶无等侶者即真解脫真解脫者

愁者譬如國王畏難強隣而生憂愁夫解脫
者則无是事譬如壞怨則无憂慮解脫亦尒
是无憂畏无憂畏者即是如来又解解脫者名
无憂喜譬如女人止有一子從役遠行卒得
凶問聞之愁苦後復聞活便生歡喜夫解脫
中无如是事无憂喜者即真解脫真解脫者
即是如来又解脫者无有塵垢譬如春月日
没之後風起塵霧夫解脫中无如是事无塵
霧者喻真解脫真解脫者即是如来譬如聖
王髻中明珠无有垢穢夫解脫性亦復如是
无有垢穢无垢穢者喻真解脫真解脫者即
是如来如真金性不雜沙石乃名真寶有人
得之生於財想夫解脫性亦復如是如彼真
寶彼真寶者喻真解脫真解脫者即是如来

得之生於財想夫解脫者亦復如是如彼真
寶彼真寶者喻真解脫真解脫者即是如來
譬如凡瓶破而聲覺金剛寶瓶則不如是夫
解脫者亦无覺破金剛寶瓶喻真解脫真解
脫者即是如來是故如來身不可壞其聲覺
者如萞麻子盛熱之時置之日暴出聲振爆
夫解脫者无如是事如彼金剛真寶之瓶无
覺破聲假使无量百千之人悉共射之无能
壞者无覺破聲喻真解脫真解脫者即是如
來如貧窮人負他物故為他所繫枷鏁策罰
受諸苦毒夫解脫中无如是事无有負責喻
如長者多有財寶无量億數勢力自在不負
他物夫解脫者亦復如是多有无量法財珎
寶勢力自在无所負也无所負者喻真解脫

如是不適意事无遍切者喻真解脫
者即是如来又无遍切者辟如有人飽食魚
肉而復飲乳是人則為近死不久真解脫中
无如是事是人若得甘露良藥所患得除真
解脫者亦復如是甘露良藥喻真解脫真解
脫者即是如来云何遍切不遍切也辟如凡夫
我慢自高而作是念一切衆中誰能害我即
便携持虵虎毒虫當知是人不盡壽命則為
横死真解脫中无如是事不遍切者如轉輪
王所有神珠能伏蚖蝮九十六種諸毒虫等
若有聞是神珠香者諸毒消滅真解脫者亦
復如是皆悉遠離廿五有毒消滅者喻真解
脫真解脫者即是如来又不遍切者辟如虛
空解脫亦尒彼虛空者喻真解脫真解脫者

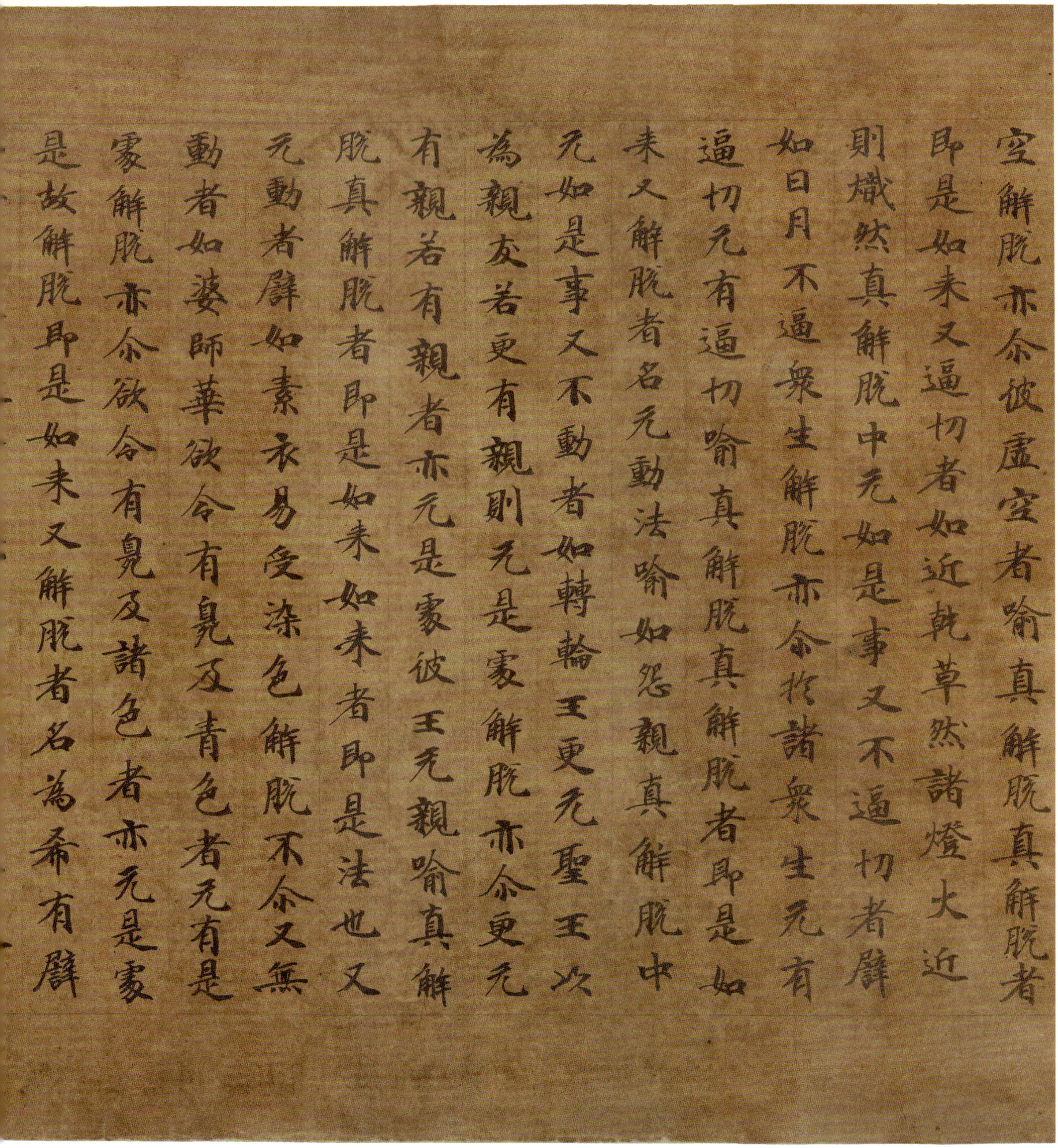

空解脫亦尒彼虛空者喻真解脫真解脫者
即是如來又遍切者如近乾草然諸燈大近
則熾然真解脫中无如是事又不遍切者譬
如日月不遍衆生解脫亦尒於諸衆生无有
遍切无有遍切喻真解脫真解脫者即是如
來又解脫者名无動法喻如怨親真解脫中
无如是事又不動者如轉輪王更无聖王次
為親友若更有親則无是處解脫亦尒更无
有親若有親者亦无是處彼王无親喻真解
脫真解脫者即是如來如來者即是法也又
无動者譬如素衣易受染色解脫不尒又無
動者如婆師華欲令有臭及青色者无有是
處解脫亦尒欲令有臭及諸色者亦无是處
是故解脫即是如來又解脫者名為希有譬

是其有見者心生歡喜彼希有者喻真解脫
真解脫者即是如來其如來者即是法身又
希有者譬如嬰兒其齒未生漸漸長大然後
乃生解脫不尒无有生與不生又解脫者名
曰虚寂无有不定不定者如一闡提究竟不
移犯重禁者不成佛道无有是處何以故是
人若於佛正法中心得淨信尒時即便滅一
闡提若復得作優婆塞者亦得斷滅於一闡
提犯重禁者滅此罪已則得成佛是故若言
畢定不移不成佛道无有是處真解脫中都
无如是滅盡之事又虚寂者墮於法界如法
界性即真解脫真解脫者即是如來又一闡
提若盡滅者則不得稱一闡提也何等名為

提若盡滅者則不得稱一闡提也何等名爲
一闡提耶一闡提者斷滅一切諸善根本心
不攀緣一切善法乃至不生一念之善真解
脫中都无是事无是事故即真解脫真解脫
者即是如來又解脫者名不可量譬如穀聚
其量可知真解脫者則不如是譬如大海不可
度量解脫亦尒不可度量不可量者即真解
脫真解脫者即是如來又解脫者名无量法
如一切衆生多有業報解脫亦尒有无量報
无量報者即真解脫真解脫者即是如來又
解脫者名爲廣大譬如大海无與等者解脫
亦尒无能與等无與等者即真解脫真解脫
者即是如來又解脫者名曰最上譬如虛空
最高无比解脫亦尒最高无比高无比者即

者解脫亦尒无有能過无能過者即真解脫
真解脫者即是如來又解脫者名爲无上譬
如北方諸方中上解脫亦尒爲无有上无有
上者即真解脫真解脫者即是如來又解脫
者名无上上譬如北方之於東方爲无上上
解脫亦尒无有上上无上上者即真解脫真
解脫者即是如來又解脫者名曰恒法譬如
人天身壞命終是名曰恒非不恒也解脫亦
尒非是不恒非不恒者即真解脫真解脫者
即是如來又解脫者名曰堅住如佉陀羅旃
檀沉水其性堅實解脫亦尒其性堅實性堅
實者即真解脫真解脫者即是如來又解脫
者名曰不虛譬如竹葦其體空疏解脫不尒

者名曰不虛譬如竹葦其體空疏解脫不尒
當知解脫即是如来又解脫者名不可汙譬
如壚壁未見塗治蚊虻在上止住遊戲若以
塗治綵畫雕錺虻聞綵香即便不住如是不
住喻真解脫真解脫者即是如来又解脫者
名曰无邊譬如村落皆有邊表解脫不尒譬
如虛空无有邊際解脫亦尒樂无邊際如是
解脫即是如来又解脫者名不可見譬如空
中鳥跡難見如是難見喻真解脫真解脫者
即是如来又解脫者名曰甚深何以故聲聞
緣覺所不能入不能入者即真解脫真解脫
者即是如来又甚深者諸佛菩薩之所恭敬
譬如孝子供養父母功德甚深功德甚深喻
真解脫真解脫者即是如来又解脫者名不

者即是如來又解脫者名屋宅譬如虛空无
有屋宅解脫亦尒言屋宅者喻二十五有无有
屋宅喻真解脫真解脫者即是如來又解脫
者名不可取如阿摩勒菓人可取持解脫不
尒不可取持不可取持即真解脫真解脫者
即是如來又解脫者名不可執譬如幻物不
可執持解脫亦尒不可執持不可執持即真
解脫真解脫者即是如來又解脫者无有身
體譬如有人體生瘡癬及諸癰疽癲狂乾枯
真解脫中无如是病无如是病喻真解脫真
解脫者即是如來又解脫者名為一味如乳
一味解脫亦尒唯有一味如是一味即真解
脫真解脫者即是如來又解脫者名曰清淨

脫真解脫者即是如來又解脫者名曰清淨
如水无泥澄靜清淨解脫亦尒澄靜清淨澄
靜清淨即真解脫真解脫者即是如來又解
脫者名曰一味如空中雨一味清淨一味清
淨喻真解脫真解脫者即是如來又解脫者
名曰除却譬如滿月无諸雲翳解脫亦尒无
諸雲翳无諸雲翳即真解脫真解脫者即
是如來又解脫者名曰寂靜譬如有人熱病除
愈身得寂靜解脫亦尒身得寂靜身得寂靜
即真解脫真解脫者即是如來又解脫者即
是平等譬如野田毒虵鼠狼俱有殺心解脫
不尒无有殺心无殺心者即真解脫真解脫
者即是如來又平等者譬如父母等心於子
解脫亦尒其心平等心平等者即真解脫真
解脫者即是如來又解脫者

无有異處无異處者即真解脫真解脫者即
是如来又解脫者名曰知足譬如飢人值遇
甘饌食之无猒解脫不尒如食乳糜更无所
須更无所須喻真解脫真解脫者即是如来
又解脫者名曰斷絶如人被縛斷縛得脫解
脫亦尒斷絶一切疑心結縛如是斷疑即真
解脫真解脫者即是如来又解脫者名到彼
岸譬如大河有此彼岸解脫不尒雖无此岸
而有彼岸有彼岸者即真解脫真解脫者即
是如来又解脫者名曰默然譬如大海其水
汎長多諸音聲解脫不尒如是解脫即是如
来又解脫者名曰美妙譬如衆藥雜呵梨勒
其味則苦解脫不尒味如甘露味如甘露喻

其味則苦解脫不尒味如甘露味如甘露喻
真解脫真解脫者即是如來又解脫者除諸煩
惱譬如良醫和合諸藥善療衆病解脫亦尒
能除煩惱除煩惱者即真解脫真解脫者即
是如來又解脫者名曰无迮譬如小舍不容
多人解脫不尒多所容受多所容受即真解
脫真解脫者即是如來又解脫者名滅諸愛
不雜婬欲譬如女人多諸愛欲解脫不尒如
是解脫即是如來如來如是无有貪欲瞋恚
愚癡憍慢等結又解脫者名曰无愛愛有二
種一餓鬼愛二者法愛真解脫者離餓鬼愛
憐愍衆生故有法愛如是法愛即真解脫真
解脫者即是如來又解脫者離我我所如是
解脫即是如來如來者即是法也又解脫者

切諸怖畏者如是解脫即是如來如來者即
是法也又解脫者即是歸處若有歸依如是
解脫不求餘依譬如有人依恃於王不求餘
依雖復依王則有動轉依解脫者无有動轉
无動轉者即真解脫真解脫者即是如來如
來者即法也又解脫者名為屋宅譬如有
人行於曠野則有嶮難解脫不尒无有嶮難
无嶮難者即真解脫真解脫者即是如來又
解脫者是无所畏如師子王於諸百獸不生
怖畏解脫亦尒於諸魔衆不生怖畏无怖畏
者即真解脫真解脫者即是如來又解脫者
无有迮陜譬如隘路乃至不受二人並行解
脫不尒如是解脫即是如來又有不迮譬如

脫不尒如是解脫即是如來又有不定譬如
有人畏虎墮井解脫不尒如是解脫即是如
來又有不定如大海中捨壞小舩得堅牢船
乘之度海到安隱處心得快樂解脫亦尒心
得快樂得快樂者即真解脫真解脫者即是
如來又解脫者拔諸因緣譬如因乳得酪因
酪得蘇因蘇得醍醐真解脫中都无是因无
是因者即真解脫真解脫者即是如來又解
脫者能伏憍慢譬如大王慢於小王解脫不
尒如是解脫即是如來如來者即是法也又
解脫者伏諸放逸謂放逸者多有貪欲真解
脫中无有是名无是名者即真解脫真解脫
者即是如來又解脫者能除无明如上妙蘇
除諸滓穢乃名醍醐解脫亦尒除无明滓生

為獨一无侶解脫亦尒獨一无二獨一无二
即真解脫真解脫者即是如来又解脫者名
為堅實如竹葦蓖麻莖幹虛空而子堅實除
佛如来其餘人天皆不堅實真解脫者遠離
一切諸有流等如是解脫即是如来又解脫
者名能覺了增益於我真解脫者亦復如是
如是解脫即是如来又解脫者名捨諸有
辟如有人食已而吐解脫亦尒捨於諸有捨
諸有者即真解脫真解脫者即是如来又解
脫者名曰決定如婆師華香七葉中无解脫
亦尒如是解脫即是如来又解脫者名曰水
大辟如水大於諸大勝能潤一切草木穀子
解脫亦尒能潤一切有生之類如是解脫即

解脱亦尒能潤一切有生之類如是解脱即
是如来又解脱者名曰爲入如有門户則通
入路金性之處金則可得解脱亦尒如彼門
户脩无我者則得入中如是解脱即是如来
又解脱者名曰爲善善譬如弟子隨逐於師善
奉教勅得名爲善解脱亦尒如是解脱即是
如来又解脱者名出世法於一切法最爲出
過如衆味中蘇乳最勝解脱亦尒如是解脱
即是如来又解脱者名曰不動譬如門閫風
不能動真解脱者亦復如是如是解脱即是
如来又解脱者名无濤波如彼大海其水濤
波解脱不尒如是解脱即是如来又解脱者
譬如宫殿解脱亦尒當知解脱即是如来又
解脱者名曰所用如閻浮檀金多有所任无

者捨嬰兒行辟如大人捨小兒行解脫亦尒除
捨五陰除捨五陰即真解脫真解脫者即
是如來又解脫者名曰究竟如被繫者從繫
得脫洗浴清淨然後還家解脫亦尒畢竟清
淨畢竟清淨即真解脫真解脫者即是如來
又解脫者名无作樂无作樂者貪欲瞋恚愚
癡吐故喻如有人誤飲虵毒為除毒故即服
吐藥既得吐已毒即除愈身得安樂解脫亦
尒吐於煩惱諸結縛毒身得安樂名无作樂
无作樂者即真解脫真解脫者即是如來又
解脫者名斷四種毒虵煩惱斷煩惱者即真
解脫真解脫者即是如來又解脫者名離諸
有滅一切苦得一切樂永斷貪欲瞋恚愚癡

有滅一切苦得一切樂永斷貪欲瞋恚愚癡
拔斷一切煩惱根本拔根本者即真解脫真
解脫者即是如來又解脫者名斷一切有為
之法出生一切无漏善法斷塞諸道所謂若
我无我非我非无我唯斷取著不斷我見我
見者名為佛性佛性者即真解脫真解脫者
即是如來又解脫者名不空空空空者名无
所有无所有者即是外道尼揵子等所計解
脫而是尼揵實无解脫故名空空真解脫者
則不如是不空空不空空者即真解脫真
解脫者即是如來又解脫者名曰不空如水
酒酪蘇蜜等瓶雖无水酒酪蘇蜜時猶故得
名為水等瓶而是瓶等不可說空及以不空
若言空者則不得有色香味觸若言不空而

有常樂我淨若言不空誰受是常樂我淨者
以是義故不可說空及以不空空者謂无廿
五有及諸煩惱一切苦一切相一切有爲行
如瓶无酪則名爲空不空者謂真實善色常
樂我淨不動不變猶如彼瓶色香味觸故名
不空是故解脫喻如彼瓶彼瓶遇緣則有破
壞解脫不尒不可破壞不可破壞即真解脫
真解脫者即是如來又解脫者名曰離愛譬
如有人愛心希望釋提桓因大梵天王自在
天王解脫不尒若得成於阿耨多羅三藐三
菩提已无愛无疑无愛无疑即真解脫真解
脫者即是如來若言解脫有愛疑者无有是
處又解脫者斷諸有貪斷一切相一切繫縛

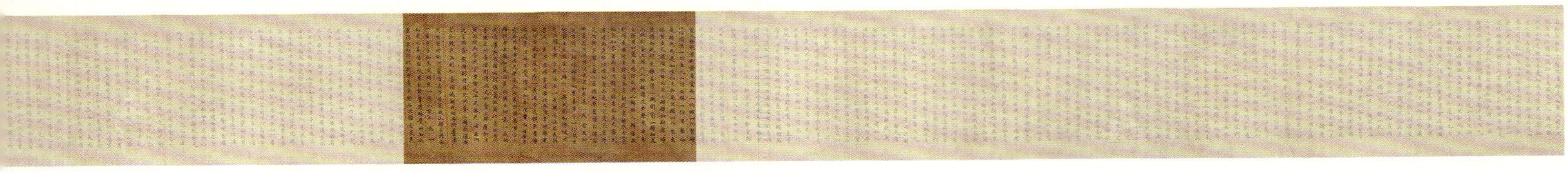

處又解脫者斷諸有貪斷一切相一切繫縛
一切煩惱一切生死一切因緣一切果報如
是解脫即是如來如來即是涅槃一切衆生
怖畏生死諸煩惱故受三歸譬如群鹿怖
畏獵師既得免離若得一跳則喻一歸如是
三跳則喻三歸以三跳故得受安樂衆生亦
尒怖畏四魔惡獵師故受三歸依三歸依故
則得安樂受安樂者即真解脫真解脫者即是
如來如來者即是涅槃涅槃者即是无盡无
盡者即是佛性佛性者即是決定決定者即
是阿耨多羅三藐三菩提迦葉菩薩白佛言
世尊若涅槃佛性決定如來是一義者云何
說言有三歸依佛告迦葉善男子一切衆生
怖畏生死故求三歸以三歸故則知佛性決

空皆亦是常是名名一義異名義俱異者佛
名為覺法名不覺僧名和合涅槃名解脫虛
空名非善亦名无㝵是名名義俱異善男子三
歸依者亦復如是名義俱異云何為一是故
我告摩訶波闍波提憍曇彌莫供養我當供
養僧若供養僧則得具足供養三歸摩訶波
闍波提即荅我言衆僧之中无佛无法云何
說言供養衆僧則得具足供養三歸我復告
言汝隨我語則供養佛為解脫故即供養法
衆僧受者則供養僧善男子是故三歸不得為
一善男子如來或時說一為三說三為一
如是之義諸佛境界非諸聲聞緣覺所知迦
葉復言如佛所說畢竟安樂名涅槃者是義

葉復言如佛所說畢竟安樂名涅槃者是義
云何夫涅槃者捨身捨智若捨身智誰當受
樂佛言善男子辟如有人食已心悶出外欲
吐既得吐已而復迴還同伴問之汝今所患
竟為差不而復來還荅言已差身得安隱
如來亦尒畢竟遠離二十五有永得涅槃安樂
之處不可動轉无有盡滅斷一切受名无受
樂如是无受名為常樂若言如來有受樂者
无有是處是故畢竟樂者即是涅槃涅槃者
即真解脫真解脫者即是如來迦葉復言不
生不滅是解脫耶如是如是善男子不生不
滅即是解脫如是解脫即是如來迦葉復言
若不生不滅是解脫者虛空之性亦无生滅
應是如來如如來性即是解脫佛告迦葉善男

不不世世尊烏鵲之聲比命命等百千万倍
不可為比迦葉復言迦蘭伽等其聲微妙身
亦不同如来云何比之烏鵲无異亭歷比須
弥山佛與虛空亦復如是迦蘭伽聲可喻佛
聲不可以喻烏鵲之音尒時佛讚迦葉菩薩
善哉善哉汝今善解甚深難解如来有時以
因緣故引彼虛空以喻解脫如是解脫即是
如来真解脫者一切人天无能為匹而此虛
空實非其喻為化衆生故以虛空非喻為喻
當知解脫即是如来如来之性即是解脫解
脫如来无二无別善男子非喻者如无比之
物不可引喻有因緣故可得引喻如經中說
面貌端正猶月盛滿白象鮮潔猶如雪山滿

面貌端正猶月盛滿白烏鮮潔猶如雪山滿
月不得即同於面雪山不得即是白烏善男
子不可以喻喻真解脫為化衆生故作喻耳
以諸譬喻知諸法性皆亦如是迦葉復言云何
如來作二種說佛言善男子譬如有人執持
刀劍以瞋恚心欲害如來如來和悅无恚根
色是人當得壞如來身成逆罪不不也世尊
何以故如來身界不可壞故所以者何以无
身聚唯有法性法性之性理不可壞是人云
何能壞佛身直以惡心故成无間以是因緣
引諸譬喻得知實法尒時佛讚迦葉菩薩善
哉善哉善男子我所欲說汝今已說又善男
子譬如惡人欲害其母住於野田在穀積下母
為送食其人見已尋生害心便前磨刀母時

於意云何是人成就无間罪不世尊不可定
說何以故若說有罪毋身應壞身若不壞云
何言有若說无罪生已煞想心懷歡喜云何
言无是人雖不具足逆罪而亦是逆以是因
緣引諸譬喻得知實法佛讚迦葉善哉善哉
善男子以是因緣我說種種方便譬喻以
喻解脫雖以无量阿僧祇喻而實不可以喻
爲比或有因緣亦可喻說或有因緣不可喻
說是故解脫成就如是无量功德趣涅槃者
涅槃如來亦有如是无量功德以如是等无
量功德成就滿故名大涅槃
迦葉菩薩白佛言世尊我今始知如來至處
爲无有盡處若无盡當知壽命亦應无盡佛

為无有盡家若无盡當知壽命亦應无盡佛
言善哉善哉善男子汝今善能護持正法若
有善男子善女人欲斷煩惱諸結縛者當
作如是護持正法

大般涅槃經卷第五

BD00664 金剛般若波羅蜜經

（後秦）鳩摩羅什 譯

486.1cm×26.5cm

金剛般若波羅蜜經
如是我聞一時佛在舍
與大比丘衆千二百五
時著衣持鉢入舍衛大
第乞已還至本處飯食
座而坐時長老須菩提
偏袒右肩右膝著地合
有世尊如來善護念諸
世尊善男子善女人發
提心應云何住云何降伏
哉須菩提如汝所說如來善護
付囑諸菩薩汝今諦聽當爲汝
女人發阿耨多羅三藐三菩提
如是降伏其心唯然世尊願樂欲
告須菩提諸菩薩摩訶薩應如

生若化生若有色若无色若有相若无相若
非有相若非无相我皆令入无餘涅槃而滅
度之如是滅度无量无數无邊衆生實无衆
生得滅度者何以故須菩提若菩薩有我相
人相衆生相壽者相即非菩薩
復次須菩提菩薩於法應无所住行於布施
所謂不住色布施不住聲香味觸法布施須
菩提菩薩應如是布施不住於相何以故若
菩薩不住相布施其福德不可思量須菩提
於意云何東方虛空可思量不不也世尊須
菩提南西北方四維上下虛空可思量不不
也世尊須菩提菩薩无住相布施福德亦復
如是不可思量須菩提菩薩但應如所教住
須菩提於意云何可以身相見如來不不也
世尊不可以身相得見如來何以故如來所

須菩提於意云何可以身相見如來不不也
世尊不可以身相得見如來何以故如來所
說身相即非身相佛告須菩提凡所有相皆
是虛妄若見諸相非相則見如來
須菩提白佛言世尊頗有衆生得聞如是言
說章句生實信不佛告須菩提莫作是說如
來滅後後五百歲有持戒脩福者於此章句
能生信心以此為實當知是人不於一佛二
佛三四五佛而種善根已於无量千万佛所
種諸善根聞是章句乃至一念生淨信者須
菩提如來悉知悉見是諸衆生得如是无量
福德何以故是諸衆生无復我相人相衆生
相壽者相无法相亦无非法相何以故是諸
衆生若心取相則為著我人衆生壽者若取
法相即著我人衆生壽者何以故若取非法

說法如筏喻者法尚應捨何況非法
須菩提於意云何如來得阿耨多羅三藐三
菩提耶如來有所說法耶須菩提言如我解
佛所說義无有定法名阿耨多羅三藐三菩
提亦无有定法如來可說何以故如來所說
法皆不可取不可說非法非非法所以者何
一切賢聖皆以无為法而有差別
須菩提於意云何若人滿三千大千世界七
寶以用布施是人所得福德寧為多不須菩
提言甚多世尊何以故是福德即非福德性
是故如來說福德多若復有人於此經中受
持乃至四句偈等為他人說其福勝彼何以故
須菩提一切諸佛及諸佛阿耨多羅三藐三菩
提法皆從此經出須菩提所謂佛法者即非佛
法須菩提於意云何須陁洹能作是念我得須

提法皆從此經出須菩提所謂佛法者即非佛
法須菩提於意云何須陁洹能作是念我得須
陁洹果不須菩提言不也世尊何以故須陁
洹名為入流而无所入不入色聲香味觸法
是名須陁洹須菩提於意云何斯陁含能作
是念我得斯陁含果不須菩提言不也世尊
何以故斯陁含名一往来而實无往来是名
斯陁含須菩提於意云何阿那含能作是念
我得阿那含果不須菩提言不也世尊何以
故阿那含名為不来而實无来是故名阿那
含須菩提於意云何阿羅漢能作是念我得
阿羅漢道不須菩提言不也世尊何以故實无
有法名阿羅漢世尊若阿羅漢作是念我得
阿羅漢道即為著我人衆生壽者世尊佛說
我得无諍三昧人中冣為第一是第一離欲

菩提是樂阿蘭那行者以須菩提實无所行
而名須菩提是樂阿蘭那行
佛告須菩提於意云何如来昔在然燈佛所於
法有所得不世尊如来在然燈佛所於法實无所
得須菩提於意云何菩薩莊嚴佛土不不也世
尊何以故莊嚴佛土者則非莊嚴是名莊嚴
是故須菩提諸菩薩摩訶薩應如是生清淨
心不應住色生心不應住聲香味觸法生心
應无所住而生其心須菩提譬如有人身如
須弥山王於意云何是身為大不須菩提言
甚大世尊何以故佛說非身是名大身須菩
提如恒河中所有沙數如是沙等恒河於意
云何是諸恒河沙寧為多不須菩提言甚多
世尊但諸恒河尚多无數何況其沙須菩提
我今實言告汝若有善男子善女人以七

世尊但諸恒河尚多无數何况其沙須菩提
我今實言告汝若有善男子善女人以七
寶滿尒所恒河沙數三千大千世界以用布
施得福多不須菩提言甚多世尊佛告須菩
提若善男子善女人於此經中乃至受持四
句偈等為他人說而此福德勝前福德
復次須菩提隨說是經乃至四句偈等當知
此處一切世間天人阿脩羅皆應供養如佛
塔廟何况有人盡能受持讀誦須菩提當知
是人成就最上第一希有之法若是經典所在
之處則為有佛若尊重弟子
尒時須菩提白佛言世尊當何名此經我等
云何奉持佛告須菩提是經名為金剛般若
波羅蜜以是名字汝當奉持所以者何須菩
提佛說般若波羅蜜則非般若波羅蜜須菩
提於意云何如來有所說法不須菩提白佛

言世尊如來無所說須菩提於意云何三千
大千世界所有微塵是為多不須菩提言甚
多世尊須菩提諸微塵如來說非微塵是名
微塵如來說世界非世界是名世界須菩提
於意云何可以三十二相見如來不不也世
尊不可以三十二相得見如來何以故如來說
三十二相即是非相是名三十二相須菩提
若有善男子善女人以恒河沙等身命布施
若復有人於此經中乃至受持四句偈等為
他人說其福甚多尒時須菩提聞說是經深
解義趣涕淚悲泣而白佛言希有世尊佛說
如是甚深經典我從昔來所得慧眼未曾得
聞如是之經世尊若復有人得聞是經信心
清淨則生實相當知是人成就第一希有功
德世尊是實相者則是非相是故如來說名
實相世尊我今得聞如是經典信解受持不

德世尊是實相者則是非相是故如來說名
實相世尊我今得聞如是經典信解受持不
足為難若當來世後五百歲其有衆生得聞
是經信解受持是人則為第一希有何以故
此人无我相人相衆生相壽者相所以者何
我相即是非相人相衆生相壽者相即是非
相何以故離一切諸相則名諸佛佛告須
菩提如是如是若復有人得聞是經不
驚不怖不畏當知是人甚為希有何以故須菩
提如來說第一波羅蜜非第一波羅蜜是名第
一波羅蜜
須菩提忍辱波羅蜜如來說非忍辱波羅蜜
何以故須菩提如我昔為歌利王割截身體
我於尒時无我相无人相无衆生相无壽者相
何以故我於往昔節節支解時若有我相人

无人相无衆生相无壽者相是故須菩提菩
薩應離一切相發阿耨多羅三藐三菩提心
不應住色生心不應住聲香味觸法生心應
生无所住心若心有住則為非住是故佛說菩
薩心不應住色布施須菩提菩薩為利益
一切衆生應如是布施如来說一切諸相即
是非相又說一切衆生則非衆生須菩提如来
是真語者實語者如語者不誑語者不異語
者須菩提如来所得法此法无實无虛
須菩提若菩薩心住於法而行布施如人入
闇則无所見若菩薩心不住法而行布施如
人有目日光明照見種種色
須菩提當来之世若有善男子善女人能於
此經受持讀誦則為如来以佛智慧悉知是
人悉見是人皆得成就无量无邊功德

BD00664　金剛般若波羅蜜經

此經受持讀誦則為如來以佛智慧悉知是
人悉見是人皆得成就无量无邊功德
須菩提若有善男子善女人初日分以恒河
沙等身布施中日分復以恒河沙等身布施
後日分亦以恒河沙等身布施如是无量百
千万億劫以身布施若復有人聞此經典信心
不逆其福勝彼何況書寫受持讀誦為人解說
須菩提以要言之是經有不可思議不可稱
量无邊功德如來為發大乘者說為發最上
乘者說若有人能受持讀誦廣為人說如來
悉知是人悉見是人皆得成就不可量不可
稱无有邊不可思議功德如是人等則為荷
擔如來阿耨多羅三藐三菩提何以故須菩
提若樂小法者著我見人見衆生見壽者見
則於此經不能聽受讀誦為人解說須菩提

礼圍遶以諸華香而散其處
復次須菩提善男子善女人受持讀誦此經
若為人輕賤是人先世罪業應墮惡道以今
世人輕賤故先世罪業則為消滅當得阿耨
多羅三藐三菩提須菩提我念過去无量阿
僧祇劫於然燈佛前得值八百四千万億那
由他諸佛悉皆供養承事无空過者若復有
人於後末世能受持讀誦此經所得功德於
我所供養諸佛功德百分不及一千万億分
乃至筭數譬喻所不能及須菩提若善男子
善女人於後末世有受持讀誦此經所得功德
我若具說者或有人聞心則狂亂狐疑不信須
菩提當知是經義不可思議果報亦不可思議
尒時須菩提白佛言世尊善男子善女人發
阿耨多羅三藐三菩提心云何應住云何降伏

BD00664　金剛般若波羅蜜經

阿耨多羅三藐三菩提心云何應住云何降伏
其心佛告須菩提善男子善女人發阿耨多
羅三藐三菩提者當生如是心我應滅度一
切衆生滅度一切衆生已而无有一衆生實
滅度者何以故若菩薩有我相人相衆生相
壽者相則非菩薩所以者何須菩提實无有
法發阿耨多羅三藐三菩提者
須菩提於意云何如來於然燈佛所有法得
阿耨多羅三藐三菩提不不也世尊如我解
佛所説義佛於然燈佛所无有法得阿耨多
羅三藐三菩提佛言如是如是須菩提實无
有法如來得阿耨多羅三藐三菩提須菩提
若有法如來得阿耨多羅三藐三菩提者然
燈佛則不與我受記汝於來世當得作佛号
釋迦牟尼以實无有法得阿耨多羅三藐三

法如義若有人言如來得阿耨多羅三藐三
菩提須菩提實无有法佛得阿耨多羅三藐
三菩提須菩提如來所得阿耨多羅三藐三菩
提於是中无實无虛是故如來說一切法皆是
佛法須菩提所言一切法者即非一切法是故
名一切法
須菩提譬如人身長大須菩提言世尊如來
說人身長大則為非大身是名大身
須菩提菩薩亦如是若作是言我當滅度无
量衆生則不名菩薩何以故須菩提實无有法
名為菩薩是故佛說一切法无我无人无衆
生无壽者須菩提若菩薩作是言我當莊嚴
佛土是不名菩薩何以故如來說莊嚴佛土者
即非莊嚴是名莊嚴須菩提若菩薩通達无
我法者如來說名真是菩薩

則非莊嚴是名莊嚴須菩提若菩薩通達无
我法者如來說名真是菩薩
須菩提於意云何如來有肉眼不如是世尊
如來有肉眼須菩提於意云何如來有天眼
不如是世尊如來有天眼須菩提於意云何如
來有慧眼不如是世尊如來有慧眼須菩提
於意云何如來有法眼不如是世尊如來有
法眼須菩提於意云何如來有佛眼不如
是世尊如來有佛眼須菩提於意云何恒河
中所有沙佛說是沙不如是世尊如來說是
沙須菩提於意云何如一恒河中所有沙有
如是等恒河是諸恒河所有沙數佛世界如
是寧為多不甚多世尊佛告須菩提尒所國
土中所有衆生若干種心如來悉知何以故
如來說諸心皆為非心是名為心所以者何

大千世界七寶以用布施是人以是因緣得
福多不如是世尊此人以是因緣得福甚多
須菩提若福德有實如来不說得福德多以
福德无故如来說得福德多
須菩提於意云何佛可以具足色身見不不
也世尊如来不應以具足色身見何以故如
来說具足色身即非具足色身是名具足色
身須菩提於意云何如来可以具足諸相見
不不也世尊如来不應以具足諸相見何以
故如来說諸相具足即非具足是名諸相具
足須菩提汝勿謂如来作是念我當有所說
法莫作是念何以故若人言如来有所說法
即為謗佛不能解我所說故須菩提說法者
无法可說是名說法
須菩提白佛言世尊佛得阿耨多羅三藐三

无法可說是名說法
須菩提白佛言世尊佛得阿耨多羅三藐三
菩提為无所得耶如是如是須菩提我於阿
耨多羅三藐三菩提乃至无有少法可得是
名阿耨多羅三藐三菩提復次須菩提是法
平等无有高下是名阿耨多羅三藐三菩提
以无我无人无衆生无壽者脩一切善法則
得阿耨多羅三藐三菩提須菩提所言善法
者如來說非善法是名善法
須菩提若三千大千世界中所有諸須弥山
王如是等七寶聚有人持用布施若人以此
般若波羅蜜經乃至四句偈等受持讀誦為
他人說於前福德百分不及一百千万億分
乃至筭數譬喻所不能及
須菩提於意云何汝等勿謂如來作是念我
當度衆生須菩提莫作是念何以故實无有

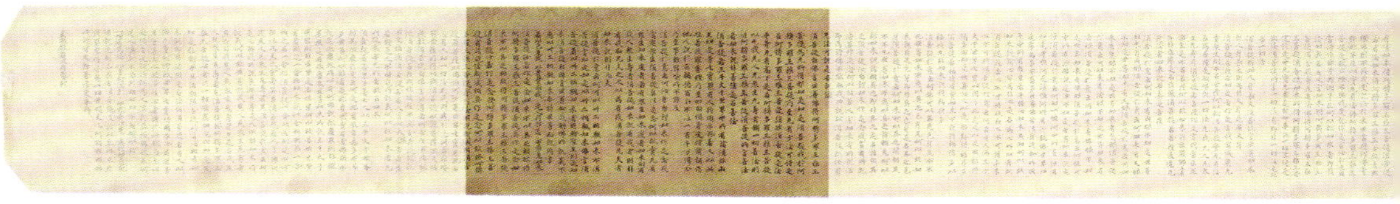

我人衆生壽者須菩提如来說有我者則非
有我而凡夫之人以為有我須菩提凡夫者
如来說則非凡夫
須菩提於意云何可以卅二相觀如来不須
菩提言如是如是以卅二相觀如来佛言須
菩提若以卅二相觀如来者轉輪聖王則是如
来須菩提白佛言世尊如我解佛所說義不
應以卅二相觀如来尒時世尊而說偈言
若以色見我　以音聲求我　是人行邪道　不能見如来
須菩提汝若作是念如来不以具足相故得
阿耨多羅三藐三菩提須菩提莫作是念如
来不以具足相故得阿耨多羅三藐三菩提
須菩提汝若作是念發阿耨多羅三藐三菩
提者說諸法斷滅相莫作是念何以故發阿耨
多羅三藐三菩提心者於法不說斷滅相須菩

BD00664　金剛般若波羅蜜經

提者諸說法斷滅相莫作是念何以故發阿耨
多羅三藐三菩提者於法不說斷滅相須菩
提若菩薩以滿恒河沙等世界七寶布施若
復有人知一切法无我得成於忍此菩薩勝
前菩薩所得功德須菩提以諸菩薩不受福
德故須菩提白佛言世尊云何菩薩不受福
德須菩提菩薩所作福德不應貪著是故說
不受福德須菩提若有人言如来若来若去若坐
若臥是人不解我所說義何以故如来者无
所從来亦无所去故名如来
須菩提若善男子善女人以三千大千世界
碎為微塵於意云何是微塵衆寧為多不甚
多世尊何以故若是微塵衆實有者佛則不
說是微塵衆所以者何佛說微塵衆則非微
塵衆是名微塵衆世尊如来所說三千大千

有者則是一合相如來說一合相則非
相是名一合相須菩提一合相者則是不可
說但凡夫之人貪著其事須菩提若人言佛說
我見人見衆生見壽者見須菩提於意云何
是人解我所說義不世尊是人不解如來所
說義何以故世尊說我見人見衆生見壽者
見即非我見人見衆生見壽者見是名我見
人見衆生見壽者見須菩提發阿耨多羅三
藐三菩提心者於一切法應如是知如是見
如是信解不生法相須菩提所言法相者如
來說即非法相是名法相須菩提若有人以
滿无量阿僧祇世界七寶持用布施若有善
男子善女人發菩薩心者持於此經乃至四
句偈等受持讀誦為人演說其福勝彼云何
為人演說不取於相如如不動何以故

BD00664　金剛般若波羅蜜經

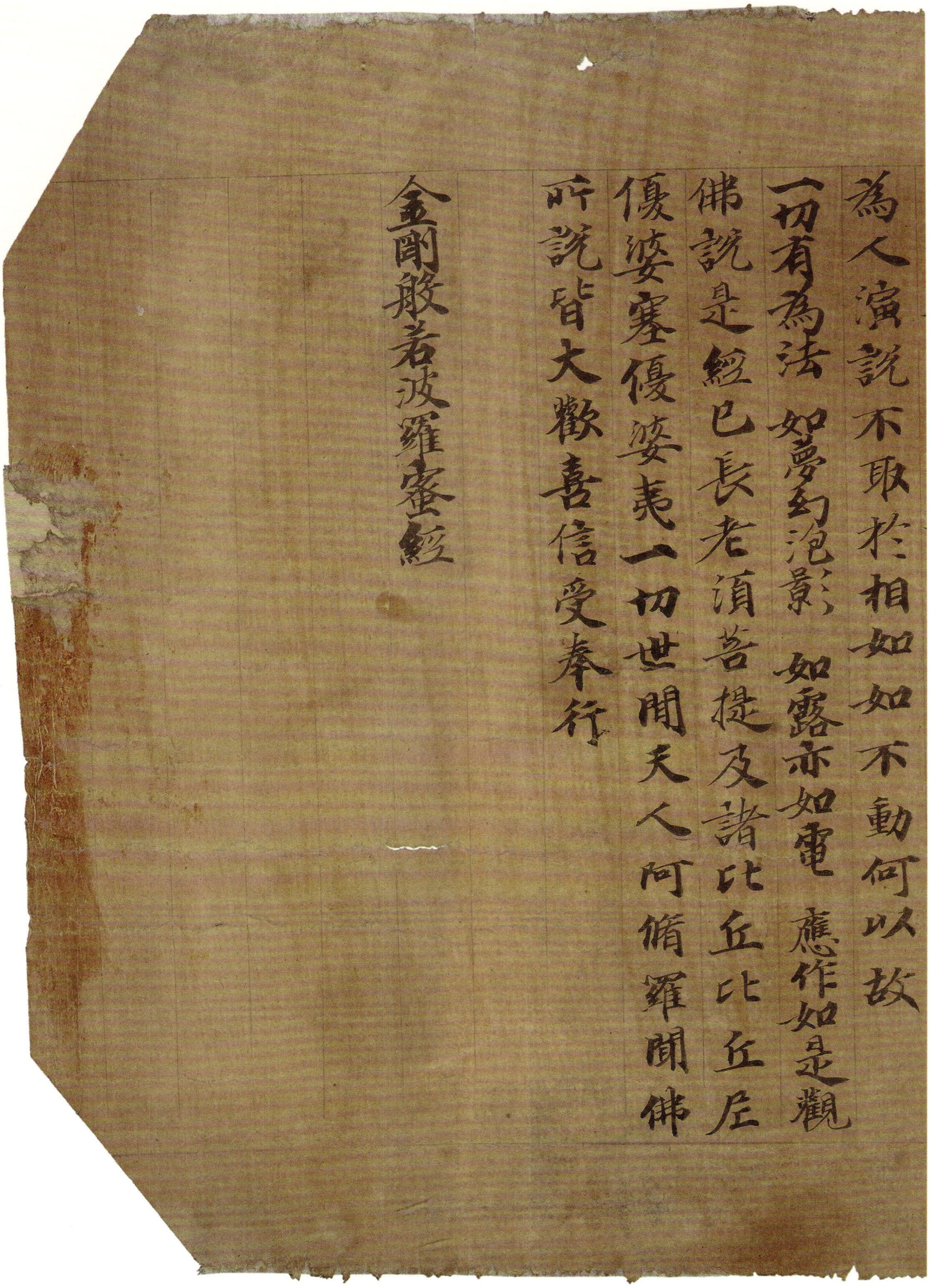

為人演說不取於相如如不動何以故
一切有為法　如夢幻泡影　如露亦如電　應作如是觀
佛說是經已長老須菩提及諸比丘比丘尼
優婆塞優婆夷一切世間天人阿脩羅聞佛
所說皆大歡喜信受奉行

金剛般若波羅蜜經

BD00664　金剛般若波羅蜜經

BD00665

大般若波羅蜜多經卷一三〇

（唐）玄奘 譯

50.7cm × 29cm

多靜慮波羅蜜多般若波羅蜜多施設可得
由此般若波羅蜜多秘密藏中所説法故世
間便有内空外空内外空空空大空勝義空
有爲空无爲空畢竟空无際空散空无變異
空本性空自相空共相空一切法空不可得
空无性空自性空无性自性空施設可得由
此般若波羅蜜多秘密藏中所説法故世間
便有真如法界法性不虚妄性不變異性平
等性離生性法定法住實際虚空界不思議
界施設可得由此般若波羅蜜多秘密藏中
所説法故世間便有苦聖諦集聖諦滅聖諦
道聖諦施設可得由此般若波羅蜜多秘密
藏中所説法故世間便有四靜慮四无量四无
[illegible]般若波羅蜜多秘密藏

剩雨
行光

藏中所說法故世間便有四靜慮四無量四無
色定施設可得由此般若波羅蜜多秘密藏
中所說法故世間便有四靜慮四無量四無
色定施設可得由此般若波羅蜜多秘密
藏中所說法故世間便有八解脫八勝處九
次第定十遍處施設可得由此般若波羅蜜
多秘密藏中所說法故世間便有四念住四
正斷四神足五根五力七等覺支八聖道支
施設可得由此般若波羅蜜多秘密藏中所
說法故世間便有空解脫門無相解脫門無
願解脫門施設可得由此般若波羅蜜多秘
密藏中所說法故世間便有五眼六神通施
設可得由此般若波羅蜜多秘密藏中所說
法故世間便有佛十力四無所畏四無礙解大

法故世間便有佛十力四无所畏四无礙解大
慈大悲大喜大捨十八佛不共法施設可
得由此般若波羅蜜多秘密藏中所説法故

BD00666A 大般若波羅蜜多經卷二三二

（唐）玄奘 譯

BD00666Av 題記

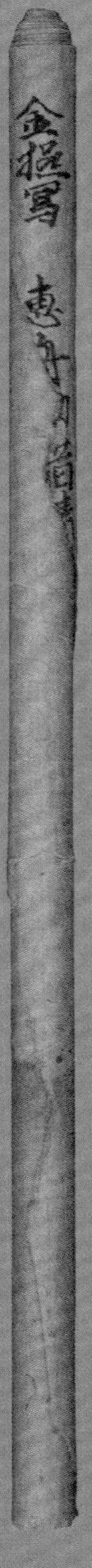

48.4cm × 28.2cm

大般若波羅蜜多經卷第二百卅二
初分難信解品第卅四之五十一　　三藏法師玄奘奉　詔譯
復次善現無相解脫門清淨故色清淨色清
淨故一切智智清淨何以故若無相解脫門
清淨若色清淨若一切智智清淨無二無二
分無別無斷故無相解脫門清淨故受想行
識清淨受想行識清淨故一切智智清淨何
以故若无相解脫門清淨若受想行識清淨
若一切智智清淨无二无二分无別無斷故
善現無相解脫門清淨故眼處清淨眼處
清淨故一切智智清淨何以故若无相解脫
門清淨若眼處清淨若一切智智清淨无二

鼻舌身意處清淨故
耳鼻舌身意處清淨若一切智智清淨无二无
二分无別无斷故善現无相解脫門清淨故
色處清淨色處清淨故一切智智清淨何以
故若无相解脫門清淨若色處清淨若一切
智智清淨无二無二分无別无斷故無相解
脫門清淨故聲香味觸法處清淨聲香味觸
法處清淨故一切智智清淨何以故若無相
解脫門清淨若聲香味觸法處清淨若一切
智智清淨无二无二分无別无斷故善現無
相解脫門清淨故眼界清淨眼界清淨故一
切智智清淨何以故若无相解脫門清淨若
眼界清淨若一切智智清淨无二无二分无

金拯寫　惠[illegible]

BD00666Av　題記

BD00666B 金剛般若波羅蜜經

（後秦）鳩摩羅什 譯

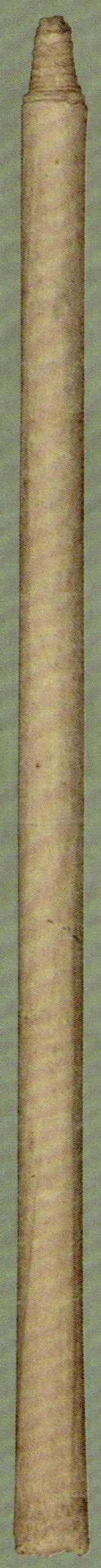

49cm × 27cm

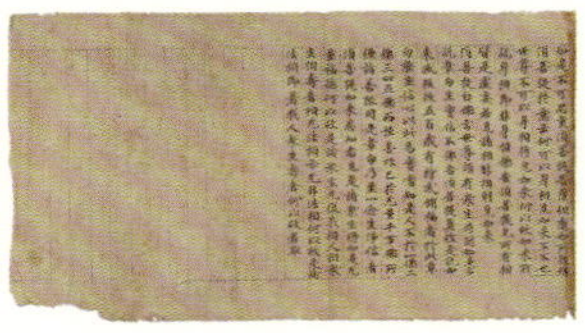

如是不可思量須菩提菩薩但應如所教住
須菩提於意云何可以身相見如来不不也
世尊不可以身相得見如来何以故如来所
說身相即非身相佛告須菩提凡所有相
皆是虛妄若見諸相非相則見如来
須菩提白佛言世尊頗有衆生得聞如是言
說章句生實信不佛告須菩提莫作是說如
来滅後後五百歲有持戒脩福者於此章
句能生信心以此為實當知是人不於一佛二
佛三四五佛而種善根已於无量千万佛所
種諸善根聞是章句乃至一念生淨信者
須菩提如来悉知悉見是諸衆生得如是无
量福德何以故是諸衆生无復我相人相衆

BD00667 大般若波羅蜜多經卷五四七

（唐）玄奘 譯

794.1cm×26.3cm

[illegible]五百卌七

三藏法師玄奘奉　詔譯

[illegible]事品第十一

復次善現能說法者欲往他方安隱豐樂无
難之處能聽法者欲隨其去能說法者方便
試言汝雖為利欲隨我往而汝至彼豈必遂
心宜善審思勿後憂悔時聽法者聞已念言
是師不欲令我去相設固隨往豈必聞法由
此因緣不隨其去兩不和合不獲教授聽受
書持讀誦脩習甚深般若波羅蜜多當知是
為菩薩魔事復次善現能說法者欲往他方
所經道路曠野險阻多諸賊難及栴荼羅惡
獸獵師毒虵等怖能聽法者欲隨其去能說
[illegible]

諸險難處宜善審思勿後憂[illegible]
聞已念言師應不欲令我隨往設固隨往何
必聞法由此因緣不隨其去兩不和合不獲
教授聽受書持讀誦脩習甚深般若波羅蜜
多當知是為菩薩魔事復次善現能說法者
多有施主數相追隨聽法者來請說般若波
羅蜜多或請書寫受持讀誦如說脩行彼多
緣身无暇教授能聽法者起嫌恨心後雖教
授而不聽受兩不和合不獲教授聽受書持
讀誦脩習甚深般若波羅蜜多當知是為菩
薩魔事復次善現有諸惡魔作種種形至菩
薩所方便破壞令於般若波羅蜜多相應經
典不得書寫受持讀誦脩習思惟為他演說
是故善現住菩薩乘善男子等於深般若波
[illegible]

是故善現住菩薩乘善男子等於深般若波
羅蜜多書寫等時所有留難當知皆是菩薩
魔事具壽善現便白佛言何緣惡魔作諸形
像至菩薩所方便破壞令於般若波羅蜜多
相應經典不得書寫乃至演說佛告善現甚
深般若波羅蜜多能生諸佛一切智智諸佛
所有一切智智能生佛教佛教能生無量無
數有情般若有情般若能證無邊諸煩惱斷
煩惱斷者一切惡魔不得其便一切惡魔不
得便故多生憂苦如箭入心勿我由斯甚深
般若波羅蜜多境界空缺是故惡魔作諸形
像至菩薩所方便破壞令於般若波羅蜜多
相應經典不得書寫乃至演說尒時善現復
白佛言云何惡魔作諸形像至菩薩所方便
佛告善現有諸惡魔作沙門像至菩薩

所方便破壞令其[illegible]
謂作是言汝所習誦無相經典非真般若波
羅蜜多我所習誦有相經典是真般若波羅
蜜多作是語時有諸菩薩未得受記新學大
乘智慧狹劣便於般若波羅蜜多相應經
典心生疑惑由疑惑故便於般若波羅蜜多而
生毀猒由毀猒故遂不書寫受持讀誦脩習
思惟為他演說甚深般若波羅蜜多當知是
為菩薩魔事復次善現有諸惡魔作苾芻像
至菩薩所語菩薩言若諸菩薩行深般若波
羅蜜多唯證實際得預流果乃至或得獨覺
菩提終不能證無上佛果何緣於此虛設劬
勞菩薩既聞便不書寫受持讀誦脩習思惟
為他演說甚深般若波羅蜜多當知是為菩
薩魔事[illegible]

為他演說甚深般若波羅蜜多當知是為菩
薩魔事如是善現甚深般若波羅蜜多書寫
等時多諸魔事菩薩應覺已精勤正念正
知方便遠離具壽善現便白佛言如是世尊
如是善逝甚深般若波羅蜜多書寫等時多
諸魔事譬如無價大寶神珠雖有勝能而多
怨賊如是般若波羅蜜多雖有勝德而多留
難住菩薩乘善男子等少福德故書寫等時
有諸惡魔為作留難雖有樂欲而不能成所
以者何有愚癡者為魔所惑住菩薩乘善男
子等於深般若波羅蜜多書寫等時為作留
難世尊彼愚癡者覺慧微昧不能思議廣
大佛法自於般若波羅蜜多不能書寫受持讀
誦脩習思惟聽聞演說復樂部他書寫等事

魔所使未種善根福慧薄少未於佛所發弘
誓願未為善友之所攝受自於般若波羅蜜
多不能書寫乃至演說新學大乘善男子等
於深般若波羅蜜多書寫等時為作留難於
當來世有善男子善女人等福慧薄劣善根
微少於諸如來廣大功德心不欣樂自於般若
波羅蜜多不能書寫受持讀誦修習思惟聽
問演說復樂鄣他書寫等事當知彼類獲罪
無邊復次善現有菩薩乘善男子等於深般
若波羅蜜多書寫等時多有魔事為作留難
令書寫等皆不得成由此不能圓滿功德善
根未熟福慧少故有菩薩乘善男子等於深
般若波羅蜜多書寫等時若無魔事當知
皆是諸佛神力慈悲護念所以者何惡魔眷
屬雖勤方便欲滅般若波羅蜜多諸佛世尊

皆是諸佛神力慈悲護念所以者何所魔眷
屬雖勤方便欲滅般若波羅蜜多諸佛世尊
亦勤方便慈悲護念令善薩衆善男子等於
深般若波羅蜜多書寫等時無諸留難速證
無上正等菩提

第四分現世間品第十二

復次善現譬如女人多有諸子或五或十二
十三十四十五十若百若千其母得病諸子
各別勤求醫藥咸作是念云何令我母病除
愈命無部難身名不滅久住安樂若受不生
諸如樂具咸歸我母所以者何生育我等亦
世間事甚大艱辛作是念已競設方便求安
隱事覆護母身勿為蚊虻蛇蠍風雨人非人
等非受所觸勤加脩飾令離衆病六根清淨
[illegible]以種種上妙樂具共養恭敬而

作是言我母慈悲生育我等示我世間一切
事業我等豈得不報母恩如是如來應正等
覺常以種種善巧方便護念般若波羅蜜多
若菩薩乘善男子等能於般若波羅蜜多書
寫受持讀誦修習思惟演說無懈倦者如來
亦以種種方便勤加護念令無損惱十方現
在餘世界中一切如來應正等覺哀愍利樂
諸有情者亦以種種善巧方便護念般若波
羅蜜多令諸惡魔不能毀滅久住利樂一切
世間如是如來應正等覺皆以種種善巧方
便護持般若波羅蜜多所以者何甚深般若
波羅蜜多能生如來應正等覺能正顯了一
切智智能示世間諸法實相一切智智亦從
彼生善現當知一切過去未來現在諸佛世
尊皆依如是甚深般若波羅蜜多精勤修學

彼生善現當知一切過去未來現在諸佛世
尊皆依如是甚深般若波羅蜜多精勤脩學
證得無上正等菩提我昔亦依甚深般若波
羅蜜多精勤脩學證得無上正等菩提是故
般若波羅蜜多能生如來應正等覺能正顯
了一切智智能示世間諸法實相尒時善現
便白佛言云何般若波羅蜜多能生如來應
正等覺能示世間諸法實相佛告善現甚深
般若波羅蜜多能生如來一切智智及餘功
德故説般若波羅蜜多能生如來應正等覺
能示世間諸法實相者謂能示世間五蘊實
相具壽善現復白佛言云何般若波羅蜜多
能示世間五蘊實相佛告善現甚深般若波
羅蜜多能示世間色等五蘊無變壞相故説
般若波羅蜜多能示世間諸法實相何以故

無造無作無生無滅即真法果非空等法可
有變壞故說般若波羅蜜多能示世間諸法
實相復次善現一切如來應正等覺皆依般
若波羅蜜多普能證知無量無數無邊有情
施設差別故說般若波羅蜜多能示世間諸
法實相復次善現一切如來應正等覺皆依
般若波羅蜜多如實證知無量數無邊有
情心行差別故說般若波羅蜜多能示世間
諸法實相復次善現一切如來應正等覺皆
依般若波羅蜜多如實證知無量無數無邊
有情自性非有故說般若波羅蜜多能示世
間諸法實相復次善現一切如來應正等覺
皆依般若波羅蜜多如實證知無量無數無
邊有情心無所住猶如虛空無所依止故說

BD00667　大般若波羅蜜多經卷五四七

皆依般若波羅蜜多如實證知無量無數無
邊有情心無所住猶如虛空無所依止故說
般若波羅蜜多能示世間諸法實相復次善
現一切如來應正等覺皆依般若波羅蜜多
如實證知無量無數無邊有情所有略心盡
故離故無略心性故說般若波羅蜜多能示
世間諸法實相復次善現一切如來應正等
覺皆依般若波羅蜜多如實證知無量無數
無邊有情所有散心由法性故無散心性故
說般若波羅蜜多能示世間諸法實相復次
善現一切如來應正等覺皆依般若波羅蜜
多如實證知無量無數無邊有情諸染汙心
不可示故無染心性故說般若波羅蜜多能
示世間諸法實相復次善現一切如來應正
等覺皆依般若波羅蜜多如實證知無量無

數無邊有情不染污心本性淸淨无染污故
說般若波羅蜜多能示世間諸法實相復次
善現一切如來應正等覺皆依般若波羅蜜
多如實證知无量无數无邊有情所有下心
不可隱故無下心性故說般若波羅蜜多能
示世間諸法實相復次善現一切如來應正
等覺皆依般若波羅蜜多如實證知无量无
數无邊有情所有舉心不可集故无舉心性
故說般若波羅蜜多能示世間諸法實相復
次善現一切如來應正等覺皆依般若波羅
蜜多如實證知无量无數无邊有情諸有漏
心无自性故无分別故无有漏性故說般若
波羅蜜多能示世間諸法實相復次善現一
切如來應正等覺皆依般若波羅蜜多如實
證知无量无數无邊有情諸无漏心无自性

切如来應正等覺皆依般若波羅蜜多如實
證知无量无數无邊有情諸无漏心无自性
故无警覺故非无漏性故說般若波羅蜜多
能示世間諸法實相復次善現一切如来應
正等覺皆依般若波羅蜜多如實證知无量
無數无邊有情諸有貪心如實之性非有貪
心故說般若波羅蜜多能示世間諸法實相
復次善現一切如来應正等覺皆依般若波
羅蜜多如實證知无量无數无邊有情諸離
貪心如實之性非離貪心故說般若波羅蜜
多能示世間諸法實相復次善現一切如来
應正等覺皆依般若波羅蜜多實證知无
量无數无邊有情諸有瞋心如實之性非有
瞋心故說般若波羅蜜多能示世間諸法實
相復次善現一切如来應正等覺皆依般若

波羅蜜多如實證知无量无數无邊有情諸
離瞋心如實之性非離瞋心故說般若波羅
蜜多能示世間諸法實相復次善現一切如
來應正等覺皆依般若波羅蜜多如實證知
无量无數无邊有情諸有癡心如實之性非
有癡心故說般若波羅蜜多能示世間諸法
實相復次善現一切如來應正覺皆依般
若波羅蜜多如實證知无量无數无邊有
情諸離癡心如實之性非離癡心故說般若波
羅蜜多能示世間諸法實相復次善現一切
如來應正等覺皆依般若波羅蜜多如實證
知无量无數无邊有情所有小心无來无去
亦无繫屬无小心性故說般若波羅蜜多能
示世間諸法實相復次善現一切如來應正
等覺皆依般若波羅蜜多如實證知无量无

示世間諸法實相復次善現一切如来應正
等覺皆依般若波羅蜜多如實證知无量无
數无邊有情所有大心自性平等稱平等性
无大心性故說般若波羅蜜多能示世間諸
法實相復次善現一切如来應正等覺皆依
般若波羅蜜多如實證知无量无數无邊有
情所有狹心无起方便无所繫屬无狹心性
故說般若波羅蜜多能示世間諸法實相復
次善現一切如来應正等覺皆依般若波羅
蜜多如實證知无量无數无邊有情所有
廣心无增无減亦非遠離已遠離故无廣心性故
說般若波羅蜜多能示世間諸法實相復次
善現一切如来應正等覺皆依般若波羅蜜
多如實證知无量无數无邊有情諸有量心
[illegible]非有量性故說般若波羅蜜多能

示世間諸法實相復次善現一切如來應正
等覺皆依般若波羅蜜多如實證知无量无
數无邊有情諸无量心无生无滅无住无異
无所依止如太虛空非无量心故說般若波
羅蜜多能示世間諸法實相復次善現一切
如來應正等覺皆依般若波羅蜜多如實證
知无量无數无邊有情諸有見心自性平等
故三眼不行故非有見心故說般若波羅蜜
多能示世間諸法實相復次善現一切如來
應正等覺皆依般若波羅蜜多如實證知无
量无數无邊有情諸无見心无相可得故離
種種境故非无見心故說般若波羅蜜多能
示世間諸法實相復次善現一切如來應正
等覺皆依般若波羅蜜多如實證知无量无
數无邊有情諸有對心虛妄分別於所緣境

等覺皆依般若波羅蜜多如實證知无量无
數无邊有情諸有對心虛妄分別於所緣境
不自在故非有對心故說般若波羅蜜多能
示世間諸法實相復次善現一切如來應正
等覺皆依般若波羅蜜多如實證知无量无
數无邊有情諸无對心如實無盡亦无生起
非无對心故說般若波羅蜜多能示世間諸
法實相復次善現一切如來應正等覺皆依
般若波羅蜜多如實證知无量无數无邊有
情諸有上心如實之性无所思慮非有上心
故說般若波羅蜜多能示世間諸法實相復
次善現一切如來應正等覺皆依般若波羅
蜜多如實證知无量无數无邊有情諸无上
心離諸戲論少分心性亦不可得非无上心
故說般若波羅蜜多能示世間諸法實相復

次善現一切如來應正等覺皆依般若波
蜜多如實證知无量无數无邊有情諸不定
心如實之性无等等故非不定心故說般若
波羅蜜多能示世間諸法實相復次善現一
切如來應正等覺皆依般若波羅蜜多如實
證知无量无數无邊有情所有定心如實之
性平等平等猶若虛空无定心性故說般若
波羅蜜多能示世間諸法實相復次善現一
切如來應正等覺皆依般若波羅蜜多如實
證知无量无數无邊有情不解脫心自性遠
離故无性為性故非不解脫心故說般若波
羅蜜多能示世間諸法實相復次善現一切
如來應正等覺皆依般若波羅蜜多如實證
知無量無數無邊有情諸解脫心如實之性
非心性故三世推徵皆不可得非解脫心故

知無量無數無邊有情諸解脫心如實之相
非心性故三世推徵皆不可得非解脫心故
說般若波羅蜜多能示世間諸法實相復次
善現一切如來應正等覺皆依般若波羅蜜
多如實證知無量無數無邊有情不可見心
無自性故不可見故非真實故越根境故不
可了故非圓成故尚非慧眼天眼所取況肉
眼取以一切眼皆不能見名不可見此不可
見亦不可得故不可說不可見心故說般若
波羅蜜多能示世間諸法實相如是善現甚
深般若波羅蜜多能示如來應正等覺世間
實相
復次善現一切如來應正等覺皆依般若波
羅蜜多如實證知無量無數無邊有情若出

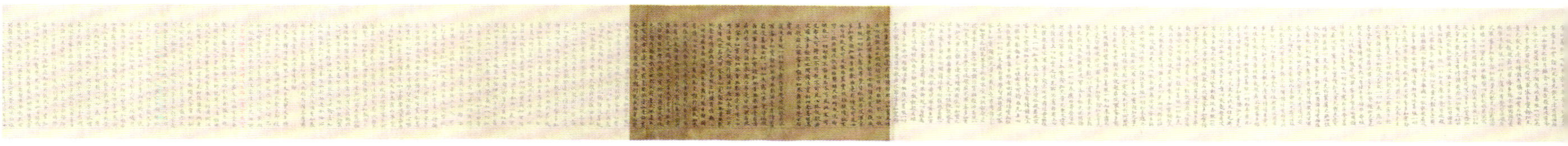

若出若没謂諸如來應正等覺皆依般若波
羅蜜多如實證知無量無數無邊有情心心
所法皆依色受想行識生如是如來應正等
覺皆依般若波羅蜜多如實證知無量無數
無邊有情若出若没善現云何諸有情類心
心所法若出若没皆依色受想行識生謂諸
有情心心所法或有依色受想行識執如來
死後或有或非有或亦有亦非有或非有非
非有此是諦實餘皆愚妄或有依色受想行
識執我及世間或常或無常或亦常亦無常
或非常非無常此是諦實餘皆愚妄或有依
色受想行識執我及世間或有邊或無邊或
亦有邊亦無邊或非有邊非無邊此是諦實
餘皆愚妄或有依色受想行識執命者即身

餘皆愚妄或有依色受想行識執命者即身
或復異身此是諦實餘皆愚妄如是善現一
切如來應正等覺皆依般若波羅蜜多如實
證知無量無數無邊有情心心所法若出若
沒皆依色受想行識生差別之想復次善現
一切如來應正等覺皆依般若波羅蜜多如
實證知無量無數無邊有情若出若沒善現
云何一切如來應正等覺皆依般若波羅蜜
多如實證知無量無數無邊有情若出若沒
謂諸如來應正等覺皆依般若波羅蜜多如
實知色受想行識皆如真如無二無別善現
當知如來真如即五蘊真如五蘊真如即世
間真如所以者何如世尊說依止五蘊立世
間名是故善現五蘊真如即世間真如世間
真如即預流果真如預流果真如即一

真如即[illegible]薩行真如即
諸佛無上正等菩提真如諸佛無上正等菩
提真如即一切如來應正等覺真如一切如
來應正等覺真如即一切有情真如善現當
知若一切如來應正等覺真如若一切有情
真如若一切法真如如是真如皆不相離非
一非異非一異故無盡無二亦無二分不可
分別善現當知一切如來應正等遍覺皆依
般若波羅蜜多證一切法真如究竟乃得無
上正等菩提由斯故說甚深般若波羅蜜多
能生諸佛是諸佛母能示諸佛世間實相善
現當知一切如來應正等覺皆依般若波羅
蜜多能如實覺諸法真如不虛妄性不變異
性由如實覺真如相故說名如來應正等覺
尒時善現便白佛言甚深般若波羅蜜多所

尒時善現便白佛言甚深般若波羅蜜多所
證真如不虛妄性不變異性撫為甚深難見
難覺一切如來應正等覺皆用真如顯示分
別諸佛無上正等菩提如是真如甚深甚妙難
能信解唯有不退轉菩薩摩訶薩及諸願滿
大阿羅漢并具正見善男子等聞佛說此甚
深真如能生信解如來為彼依自所證真如
之相顯示分別佛告善現如是如是如汝所
說所以者何真如無盡是故甚深唯有如來
現等正覺無盡真如甚深之相為諸菩薩摩
訶薩衆宣說開示令生信解
時天帝釋將領欲界十千天子大梵天王將
領色界二万天子俱詣佛所頂礼雙足却住
一面同白佛言如來所說諸甚深法以何為
[illegible]

以者何佛所說法無所依止譬如虛空不可
表示天子當知如來所說甚深法相不墮色
數亦不墮受想行識數不依於色亦復不依
受想行識天子當知如來所說甚深法相世
間天人阿素洛等不能安立亦不能壞何以
故世間天人阿素洛等皆是相故諸有相者
於無相相不能安立亦不能壞天子當知如
來所說甚深法相不可以手安立破壞亦不
可以所餘諸法安立破壞天子當知設有是
問誰立虛空誰復能壞作是問者為正問耶
諸天子言欲非正問何以故虛空無體無相
無為不可安立不可壞故尒時佛告諸天子
言如是如是如汝所說天子當知我所宣說
甚深法相亦復如是不可安立不可破壞有

甚深法相亦復如是不可安立不可破壞有
佛無佛法界法尒時佛於此相如實覺知故名
如來應正等覺時諸天子復白佛言如來所
覺如是諸相極為甚深難見難覺如來現覺
如是相故於一切法無㝵智轉一切如來應
正等覺住如是相分別開示甚深般若波羅
蜜多為諸有情集諸法相方便開示令於般
若波羅蜜多得無㝵智甚深般若波羅蜜多
是諸如來常所行處一切如來行是處故證得
無上正等菩提為諸有情分別開示尒時佛
告諸天子言如是如是如汝所說天子當知
一切法相如來如實覺為無相由此因緣我
說諸佛得無㝵智無與等者尒時佛告具壽
善現甚深般若波羅蜜多是諸佛母能示世

供養恭敬尊重讚歎攝受護持所依止
法即是甚深般若波羅蜜多一切如來應正
等覺無不依止甚深般若波羅蜜多供養恭
敬尊重讚歎攝受護持所以者何甚深般若
波羅蜜多能生諸佛能與諸佛作依止處能
示世間諸法實相善現當知一切如來應正
等覺是知恩者能報恩者若有問言誰是知
恩能報恩者應正荅言佛是知恩能報恩者
何以故一切世間知恩報恩無過佛故具壽
善現便白佛言云何如來應正等覺知恩報
恩佛告善現一切如來應正等覺乘如是乘
行如是道來至無上正等菩提得菩提已於
一切時供養恭敬尊重讚歎攝受護持是乘
是道曾無暫廢此乘此道當知即是甚深般
若波羅蜜多是名如來應正等覺知恩報恩

若波羅蜜多是名如來應正等覺知恩報恩
復次善現一切如來應正等覺無不皆依甚
深般若波羅蜜多覺一切法無實作用以能
作者無所有故一切如來應正等覺無不皆
依甚深般若波羅蜜多覺一切法無所成辦
以諸形質不可得故善現當知以諸如來應
正等覺知依如是甚深般若波羅蜜多覺一
切法皆無作用無所成辦於一切時供養恭
敬尊重讚歎攝受護持曾無間斷故名真實
知恩報恩復次善現一切如來應正等覺無
不皆依甚深般若波羅蜜多於一切法無作
無成無生智轉復能知此無轉因緣是故應
知甚深般若波羅蜜多能生如來應正等覺
亦能如實示世間相尒時善現便白佛言如
來所說一切法生無生無起無知無見口可

可說甚深般若波羅蜜多能生如來應正等
覺亦能如實示世間相佛告善現善哉善哉
能問如來如是深義如是如是如汝所說一
切法性無生無起無知無見依世俗說甚深
般若波羅蜜多能生如來應正等覺亦能如
實示世間相善現云何一切法性無生無起
無知無見以一切法空無所有無所依止無
所繫屬由此因緣無生無起無知無見善
現當知甚深般若波羅蜜多雖能生佛示世
間相而無所生亦無所示善現當知甚深般若
波羅蜜多不見色故名示色相不見受想行
識故名示受想行識相由如是義甚深般若
波羅蜜多能示世間諸法實相具壽善現便
白佛言云何如是甚深般若波羅蜜多不見
色故名示色相不見受相行識故名示受想

色故名亦色相不見受相行識故名亦受想
行識相佛告善現甚深般若波羅蜜多由
不緣色而起於識是爲不見色故名亦色相不
緣受想行識而起於識是爲不見受想行識
故名亦受想行識相由知是義甚深般若波
羅蜜多能示世間諸法實相復次善現甚深
般若波羅蜜多能示如來應正等覺世間
空故世間遠離故世間清淨故世間寂靜故說
名能示世間實相何以故以空遠離清淨寂
靜是諸世間如實相故
第四分不思議等品第十三
爾時具壽善現便白佛言世尊甚深般若波
羅蜜多爲大事故出現世間爲不可思議事
故出現世間爲不可稱量事故出現世間爲
無數量事故出現世間爲無等等事故

世間佛告善現如是如是如汝所說善現云
何甚深般若波羅蜜多為大事故出現世間
謂諸如來應正等覺皆以濟拔一切有情無
時暫捨而為大事甚深般若波羅蜜多為
此事故出現世間善現云何甚深般若波羅蜜
多為不可思議事故不可稱量事故無數量
事故無等等事故出現世間謂諸如來應正
等覺所有佛性如來性自然覺性一切智性
皆不可思議不可稱量無數量無等等甚
深般若波羅蜜多為此事故出現世間尒時善
現復白佛言為但如來應正等覺所有佛性
如來性自然覺性一切智性不可思議不可
稱量無數量無等等為色受想行識乃至一
切法亦不可思議不可稱量無數量無等等
佛告善現非但如來應正等覺所有佛性如

佛告善現非但如来應正等覺所有佛性如
来性自然覺性一切智性不可思議不可稱
量無數量無等等色受想行識乃至一切法
亦不可思議不可稱量無數量無等等所以
者何於一切法真實性中心及心所皆不可
得善現當知諸所有色受想行識及一切法
皆不可施設故不可思議不可稱量無數量
無等等何以故如是諸法無自性故不可得
故自性空故復次善現諸所有色受想行識
及一切法皆不可得故不可思議不可稱量
無數量無等等何以故如是諸法無限量故
無所有故自性空故復次善現諸所有色受
想行識及一切法皆無限量故不可思議不
可稱量無數量無等等具壽善現便白佛言
何因緣故所有諸色受想行識及一切法皆

無限量佛告善現於意云何虛空為有心心
所法能限量不善現對曰不也世尊佛告善
現諸所有色受想行識及一切法亦復如是
自性空故心心所法不能限量由此因緣諸
所有色受想行識及一切法無限量故皆不
可思議不可稱量無數量無等等善現當
智以一切法皆不可思議不可稱量無數量無
等等故一切如來應正等覺所有佛法如來
法自然覺法一切智法亦不可思議不可稱
量無數量無等等善現當知如是諸法皆
不可思議思議滅故不可稱量稱量滅故無
數量數量滅故無等等等等滅故善現當
知如是諸法皆不可思議過思議故不可稱量過
稱量故無數量過數量故無等等過等等故
善現當知不可思議不可稱量無數量無等

稱量故無數量過數量故無等等過等等故
善現當知不可思議不可稱量無數量無等
等者但有增語都無真實善現當知不可思
議不可稱量無數量無等等者皆如虛空都
無所有由此因緣一切如來應正等覺所有
佛法如來法自然覺法一切智法皆不可思
議不可稱量無數量無等等聲聞獨覺世間
天人阿素洛等皆悉不能思議稱量數量等
等此諸法故佛說如是不可思議不可稱量
無數量無等等法時衆中有五百苾芻二千
苾芻尼不受諸漏心得解脫復有六十鄔波
索迦三十鄔波斯迦於諸法中遠塵離垢生
淨法眼復有二万菩薩摩訶薩得無生法忍
世尊記彼於賢劫中得受無上正等菩提不
退轉記即前所說鄔波索迦鄔波斯迦々者

法皆遠塵離垢生淨法眼者佛亦記彼不久
當證永盡諸漏心慧解脱

大般若波羅蜜多經卷第五百卌七

圖書在版編目（CIP）數據

中國國家圖書館藏敦煌文獻．第四五册／中國國家圖書館編．—北京：國家圖書館出版社，2024.12

ISBN 978-7-5013-7968-2

Ⅰ．①中…　Ⅱ．①中…　Ⅲ．①敦煌學－文獻　Ⅳ．① K870.6

中國國家版本館 CIP 數據核字（2024）第 036729 號

書　　名	中國國家圖書館藏敦煌文獻・第四五册
著　　者	中國國家圖書館　編
項目統籌	魏　崇　殷夢霞
責任編輯	程魯潔　潘　竹　黄　鑫　苗文葉
責任校對	王　哲
出版發行	國家圖書館出版社（北京市西城區文津街 7 號　100034） （原書目文獻出版社　北京圖書館出版社） 010-66114536　63802249　nlcpress@nlc.cn（郵購）
網　　址	http://www.nlcpress.com
排版印裝	天津裕同印刷有限公司
版次印次	2024 年 12 月第 1 版　2024 年 12 月第 1 次印刷
開　　本	787 × 1092　1/8
印　　張	39.5
書　　號	ISBN 978-7-5013-7968-2
定　　價	2800.00 圓

本書係「敦煌文獻系統性保護整理出版工程」項目成果

二〇二一—二〇三五年國家古籍工作規劃重點出版項目

「十四五」國家重點出版物出版規劃項目

國家古籍整理出版專項經費資助項目

中國國家圖書館藏敦煌文獻

中國國家圖書館 編

第五三冊

BD00796～BD00808

國家圖書館出版社

DUNHUANG MANUSCRIPTS IN THE NATIONAL LIBRARY OF CHINA

053

BD00796 ~ BD00808

compiled by the

National Library of China

National Library of China Publishing House

凡例

一　本書刊布中國國家圖書館藏敦煌文獻，以館藏編號爲序編排。

二　館藏編號采用「BD+流水號」格式，如 BD00001, BD16579 等。背面在編號後加 v 表示。一個編號包含多件文獻者，編號後分別綴以字母 A, B, C 等。一件文獻含有多個内容者，以數字 -1, -2, -3 等標明順序。

三　圖版有縮印或放大處另加説明，尺寸超出本書幅面的以摺葉形式呈現。

四　卷軸裝、梵夾裝、經摺裝等裝幀形制的敦煌文獻，各附外觀圖像。

五　每件文獻依次呈現外觀、正面、背面等。背面僅刊布有文字、圖像或其他要素的圖版，而略去素紙部分，背面圖版同樣以從右到左順序編排。凡有外題者，遵從以上原則。

六　除個別特殊情況外，爲保證閱讀連貫、流暢，圖版儘量通欄呈現。

七　各葉上方附該件文獻全圖，以高亮形式顯示本葉大圖在全卷中的位置。部分長卷文獻全圖衹能分多段呈現時，在上段末以符標示下段接續。卷尾内容不足一葉時，文獻全圖使用該圖卷尾部分，亦以符標示。背面圖版文字與正面文字方向相反時，文獻全圖按原貌顯示，正文翻轉呈現，以便閱讀研究，用符標示。

八　文獻題名大體沿用中國國家圖書館此前所編多部敦煌文獻目録的考證，部分吸收學界最新研究成果略作調整和完善。文獻題名綜合參考原卷首題、尾題、外題確定，如原卷題名與該文獻正式名稱不同，則采用正式名稱；無題名者，或比定題名，或擬定新名。非漢文文獻在題名前標注語種。有分卷不同等其他情況者，括注於文獻名稱後。

九　本書著録使用通行繁體字，涉及原文中的人名、地名等，必要時保留原字形。

About this publication

1. The documents are presented in shelfmark order.
2. The shelfmarks are in the form BD plus a running number, eg. BD00001, BD16579, &c. If a given shelfmark contains multiple documents, these are distinguished by the letters A, B, C, &c. If a document has multiple contents, they are distinguished by the numbering 1, 2, 3, &c. The verso side of an item is indicated by the letter v.
3. If it has been necessary to reduce or enlarge the size of an illustration, the dimensions are indicated. If the size of an illustration exceeds the size of the book, a folding sheet is used.
4. If the document is a scroll, a folded sutra, or has a stitched binding, a picture of the whole object is provided to show its external appearance.
5. The cover, front, and back of each document are reproduced in sequence. The back of a document is only reproduced if it contains text, illustrations, or other markings, and it is oriented from right to left. If it is blank it is not reproduced.
6. Except in a few special cases, the lines of text are reproduced unbroken to make them coherent and easier to read.
7. An illustration of the complete document is reproduced at the top of each page, and the section where the main illustration appears is highlighted in order to indicate its position. If it has only been possible to reproduce a long scroll in sections, the direction symbol has been used to indicate where one illustration ends and the next one begins. If the end of the scroll occupies less than one page, the direction symbol is used to indicate its position in the illustration of the complete document. If the text on the back of the document has a different orientation from the text on the front, it is reproduced as it is, but is also rotated (indicated with the rotation symbol) so that it can be read easily.
8. The titles of the documents generally conform with those already established by the Library, but in some cases have been amended by drawing on the most recent scholarly research. The titles are derived firstly from the beginning of the text, then from the end of the text, and lastly from the cover. If the title of a document differs from its authoritative form, the authoritative form is used; and if a document has no title, one is either supplied by comparison with similar documents, or a new one is devised. If the document is not in Chinese, its language is indicated before the title. If the number of juan is different from that of the authoritative version, or if there are other irregularities, this is noted.
9. The documents in the book are in traditional Chinese characters. Where the title contains personal or place names, the original characters used for these names are retained.

(Translated by David Helliwell)

第五三册目録

BD00796

妙法蓮華經卷一

（後秦）鳩摩羅什 譯

150.1cm × 27cm

[illegible]生類　深心之所欲
若有衆生類　值諸過去佛
若聞法布施　或持戒忍辱　精進禪智等　種種脩福德
如是諸人等　皆已成佛道　諸佛滅度已　若人善軟心
如是諸衆生　皆已成佛道　諸佛滅度已　供養舍利者
起万億種塔　金銀及頗梨　車𤦲與馬瑙　玫瑰瑠璃珠
清淨廣嚴飾　莊校於諸塔　或有起石廟　栴檀及沈水
木櫁并餘材　塼瓦泥土等　若於曠野中　積土成佛廟
乃至童子戲　聚沙為佛塔　如是諸人等　皆已成佛道
若人為佛故　建立諸形像　刻彫成衆相　皆已成佛道
或以七寶成　鍮石赤白銅　白鑞及鉛錫　鐵木及與泥
或以膠漆布　嚴飾作佛像　[illegible]　皆已成佛道

彩畫作佛像　百福莊嚴相　自作若使人　皆已成佛道
乃至童子戲　若草木及筆　或以指爪甲　而畫作佛像
如是諸人等　漸漸積功德　具足大悲心　皆已成佛道
但化諸菩薩　度脫无量眾　若人於塔廟　寶像及畫像
以華香幡蓋　敬心而供養　若使人作樂　擊鼓吹角貝
簫笛琴箜篌　琵琶鐃銅鈸　如是眾妙音　盡持以供養
或以歡喜心　歌唄頌佛德　乃至一小音　皆已成佛道
若人散亂心　乃至以一華　供養於畫像　漸見无數佛
或有人礼拜　或復但合掌　乃至舉一手　或復小低頭
以此供養像　漸見无量佛　自成无上道　廣度无數眾
入无餘涅槃　如薪盡火滅　若人散亂心　入於塔廟中
一稱南无佛　皆已成佛道　於諸過去佛　在世或滅後
若有聞是法　皆已成佛道　未來諸世尊　其數无有量
是諸如來等　亦方便說法　一切諸如來　以无量方便

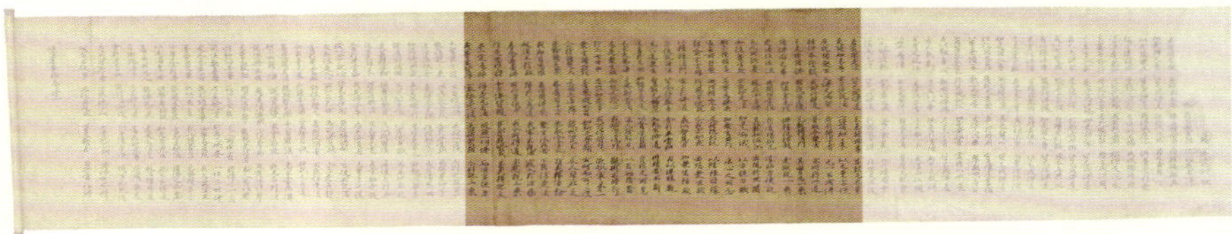

若有聞是法　皆已成佛道　未來諸世尊　其數无有量
是諸如來等　亦方便說法　一切諸如來　以无量方便
度脫諸衆生　入佛无漏智　若有聞法者　无一不成佛
諸佛本誓願　我所行佛道　普欲令衆生　亦同得此道
未來世諸佛　雖說百千億　无數諸法門　其實為一乘
諸佛兩足尊　知法常无性　佛種從緣起　是故說一乘
是法住法位　世間相常住　於道場知已　導師方便說
天人所供養　現在十方佛　其數如恒沙　出現於世間
安隱衆生故　亦說如是法　知第一寂滅　以方便力故
雖示種種道　其實為佛乘　知衆生諸行　深心之所念
過去所習業　欲性精進力　及諸根利鈍　以種種因緣
譬喻亦言辭　隨應方便說　今我亦如是　安隱衆生故
以種種法門　宣示於佛道　我以智慧力　知衆生性故
方便說諸法　皆令得歡喜　舍利弗當知　我以佛眼觀

見六道眾生　貧窮无福慧　入死生險道　相續苦不斷
深著於五欲　如猫牛愛尾　以貪愛自蔽　盲瞑无所見
不求大勢佛　及與斷苦法　深入諸邪見　以苦欲捨苦
為是眾生故　而起大悲心　我始坐道場　觀樹亦經行
於三七日中　思惟如是事　我所得智慧　微妙冣弟一
眾生諸根鈍　著樂癡所盲　如斯之等類　云何而可度
尒時諸梵王　及諸天帝釋　護世四天王　及大自在天
并餘諸天眾　眷屬百千万　恭敬合掌禮　請我轉法輪
我即自思惟　若但讚佛乘　眾生沒在苦　不能信是法
破法不信故　墜於三惡道　我寧不說法　疾入於涅槃
尋念過去佛　所行方便力　我今所得道　亦應說三乘
作是思惟時　十方佛皆現　梵音慰喻我　善哉釋迦文
弟一之導師　得是无上法　隨諸一切佛　而用方便力
我等亦皆得　冣妙弟一法　為諸眾生類　分別說三乘

我等亦皆得 最妙第一法 為諸眾生類 分別說三乘
少智樂小法 不自信作佛 是故以方便 分別說諸果
雖復說三乘 但為教菩薩 舍利弗當知 我聞聖師子
深淨微妙音 喜稱南无佛 復作如是念 我出濁惡世
如諸佛所說 我亦隨順行 思惟是事已 即趣波羅奈
諸法寂滅相 不可以言宣 以方便力故 為五比丘說
是名轉法輪 便有涅槃音 及以阿羅漢 法僧差別名
從久遠劫來 讚示涅槃法 生死苦永盡 我常如是說
舍利弗當知 我見佛子等 志求佛道者 无量千万億
咸以恭敬心 皆來至佛所 曾從諸佛聞 方便所說法
我即作是念 所以出於世 為說佛慧故 今正是其時
舍利弗當知 鈍根小智人 著相憍慢者 不能信是法
今我喜无畏 於諸菩薩中 正直捨方便 但說无上道
菩薩聞是法 疑網皆已除 千二百羅漢 悉亦當作佛

如三世諸佛　說法之儀式　我今亦如是　說无分別法
諸佛興出世　懸遠值遇難　正使出于世　說是法復難
无量无數劫　聞是法亦難　能聽是法者　斯人亦復難
譬如優曇華　一切皆愛樂　天人所希有　時時乃一出
聞法歡喜讚　乃至發一言　則為已供養　一切三世佛
是人甚希有　過於優曇華　汝等勿有疑　我為諸法王
普告諸大衆　但以一乘道　教化諸菩薩　无聲聞弟子
汝等舍利弗　聲聞及菩薩　當知是妙法　諸佛之秘要
以五濁惡世　但樂著諸欲　如是等衆生　終不求佛道
當來世惡人　聞佛說一乘　迷惑不信受　破法墮惡道
有慚愧清淨　志求佛道者　當為如是等　廣讚一乘道
舍利弗當知　諸佛法如是　以万億方便　隨宜而說法
其不習學者　不能曉了此　汝等既已知　諸佛世之師
隨宜方便事　无復諸疑惑　心生大歡喜　自知當作佛

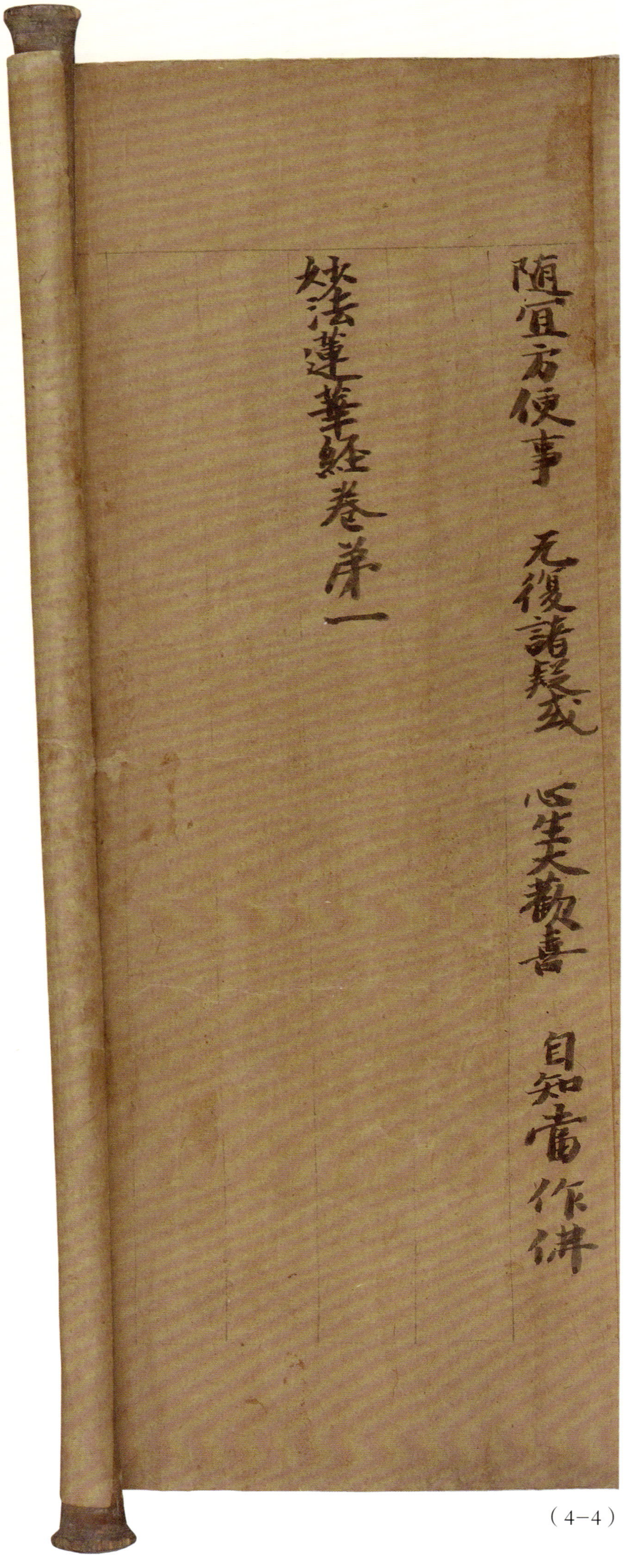
隨宜方便事　无復諸疑惑　心生大歡喜　自知當作佛
妙法蓮華經卷第一

BD00797 妙法蓮華經卷一

（後秦）鳩摩羅什 譯

373.1cm × 24.8cm

又見諸菩薩　知法
尒時四部衆　見日月燈佛
各各自相問　是事何因緣
讚妙光菩薩　汝為世間眼　一切所歸信　能奉持
如我所說法　唯汝能證知　世尊既讚歎　令妙光
說是法華經　滿六十小劫　不起於此座　所說上妙
是妙光法師　悉皆能受持　佛說是法華　令衆歡喜
尋即於是日　告於天人衆　諸法實相義　已為汝等說
我今於中夜　當入於涅槃　汝一心精進　當離於放逸
諸佛甚難值　億劫時一遇　世尊諸子等　聞佛入涅槃
各各懷悲惱　佛滅一何速　聖主法之王　安慰无量衆
我若滅度時　汝等勿憂怖　是德藏菩薩　於无漏實相
心已得通達　其次當作佛　号曰為淨身　亦度无量衆
佛此夜滅度　如薪盡火滅　分布諸舍利　而起无量塔

比丘比丘尼　其數如恒沙　倍復加精進　以求无上道
是妙光法師　奉持佛法藏　八十小劫中　廣宣法華經
是諸八王子　妙光所開化　堅固无上道　當見无數佛
供養諸佛已　隨順行大道　相繼得成佛　轉次而授記
最後天中天　號曰燃燈佛　諸仙之導師　度脫无量衆
是妙光法師　時有一弟子　心常懷懈怠　貪著於名利
求名利无猒　多遊族姓家　棄捨所習誦　廢忘不通利
以是因緣故　號之為求名　亦行衆善業　得見无數佛
供養於諸佛　隨順行大道　具六波羅蜜　今見釋師子
其後當作佛　號名曰彌勒　廣度諸衆生　其數无有量
彼佛滅度後　懈怠者汝是　妙光法師者　今則我身是
我見燈明佛　本光瑞如此　以是知今佛　欲說法華經
今相如本瑞　是諸佛方便　今佛放光明　助發實相義
諸人今當知　合掌一心待　佛當雨法雨　充足求道者
諸求三乘人　若有疑悔者　佛當為除斷　令盡无有餘

諸求三乘人　若有疑悔者　佛當為除斷　令盡无有餘

妙法蓮華經方便品第二

尒時世尊從三昧安詳而起告舍利弗諸佛
智慧甚深无量其智慧門難解難入一切聲
聞辟支佛所不能知所以者何佛曾親近百
千万億无數諸佛盡行諸佛无量道法勇猛
精進名稱普聞成就甚深未曾有法隨宜所
說意趣難解舍利弗吾從成佛已來種種因
緣種種譬喻廣演言教无數方便引導衆生
令離諸著所以者何如來方便知見波羅蜜皆
已具足舍利弗如來知見廣大深遠无量无
礙力无所畏禪定解脫三昧深入无際成就
一切未曾有法舍利弗如來能種種分別
巧說諸法言辭柔軟悅可衆心舍利弗取要

難解之法唯佛與佛乃能究盡諸法實相所
謂諸法如是相如是性如是體如是力如是作
如是因如是緣如是果如是報如是本末究
竟等尒時世尊欲重宣此義而說偈言
世雄不可量　諸天及世人　一切衆生類　无能知佛者
佛力无所畏　解脫諸三昧　及佛諸餘法　无能測量者
本從无數佛　具足行諸道　甚深微妙法　難見難可了
於无量億劫　行此諸道已　道場得成果　我已悉知見
如是大果報　種種性相義　我及十方佛　乃能知是事
是法不可示　言辭相寂滅　諸餘衆生類　无有能得解
除諸菩薩衆　信力堅固者　諸佛弟子衆　曾供養諸佛
一切漏已盡　住是最後身　如是諸人等　其力所不堪
假使滿世間　皆如舍利弗　盡思共度量　不能測佛智
正使滿十方　皆如舍利弗　及餘諸弟子　亦滿十方剎

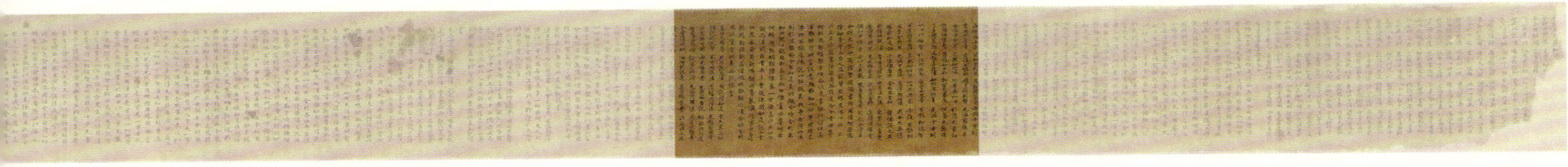

正使滿十方　皆如舍利弗　及餘諸弟子　亦滿十方剎
盡思共度量　亦復不能知　辟支佛利智　无漏冣後身
亦滿十方界　其數如竹林　斯等共一心　於億无量劫
欲思佛實智　莫能知少分　新發意菩薩　供養无數佛
了達諸義趣　又能善說法　如稻麻竹葦　充滿十方剎
一心以妙智　於恒河沙劫　咸皆共思量　不能知佛智
不退諸菩薩　其數如恒沙　一心共思求　亦復不能知
又告舍利弗　无漏不思議　甚深微妙法　我今已具得
唯我知是相　十方佛亦然　舍利弗當知　諸佛語无異
於佛所說法　當生大信力　世尊法久後　要當說真實
告諸聲聞衆　及求緣覺乘　我令脫苦縛　逮得涅槃者
佛以方便力　示以三乘教　衆生處處著　引之令得出
尒時大衆中有諸聲聞漏盡阿羅漢阿若憍
陳如等千二百人及發聲聞辟支佛心比丘

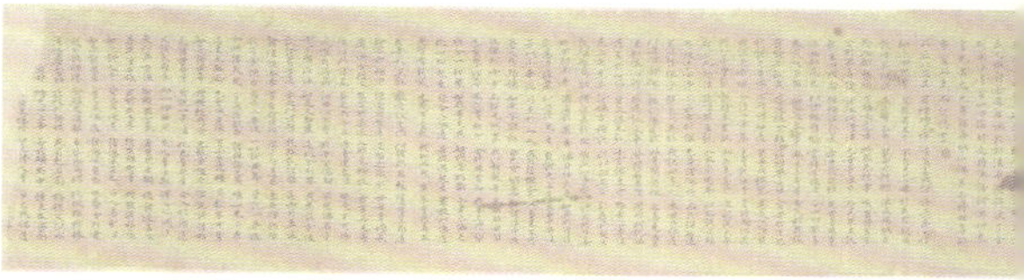

何故慇懃稱歎方便而作是言佛所得法甚
深難解有所言說意趣難知一切聲聞辟支
佛所不能及佛說一解脫義我等亦得此法
到於涅槃而今不知是義所趣尒時舍利弗
知四眾心疑自亦未了而白佛言世尊何因
何緣慇懃稱歎諸佛第一方便甚深微妙難
解之法我自昔來未曾從佛聞如是說今者
四眾咸皆有疑唯願世尊敷演斯事世尊何
故慇懃稱歎甚深微妙難解之法尒時舍利
弗欲重宣此義而說偈言

慧日大聖尊　久乃說是法　自說得如是　力无畏三昧
禪定解脫等　不可思議法　道場所得法　无能發問者
我意難可測　亦无能問者　无問而自說　稱歎所行道
智慧甚微妙　諸佛之所得　无漏諸羅漢　及求涅槃者
今皆墮疑網　佛何故說是　其求緣覺者　比丘比丘尼
諸天龍鬼神

BD00797　妙法蓮華經卷一

今皆墮疑網　佛何故說是　其求緣覺者　比丘比丘尼
諸天龍鬼神　及乹闥婆等　相視懷猶豫　瞻仰兩足尊
是事為云何　願佛為解說　於諸聲聞衆　佛說我第一
我今自於智　疑惑不能了　為是究竟法　為是所行道
佛口所生子　合掌瞻仰待　願出微妙音　時為如實說
諸天龍神等　其數如恒沙　求佛諸菩薩　大數有八万
又諸万億國　轉輪聖王至　合掌以敬心　欲聞具足道
尒時佛告舍利弗止止不須復說若說是事
一切世間諸天及人皆當驚疑舍利弗重白
佛言世尊唯願說之唯願說之所以者何是
會无數百千萬億阿僧祇衆生曾見諸佛諸
根猛利智慧明了聞佛所說則能敬信尒時
舍利弗欲重宣此義而說偈言
法王无上尊　唯說願勿慮　是會无量衆　有能敬信者
佛復止舍利弗若說是事一切世間天人阿

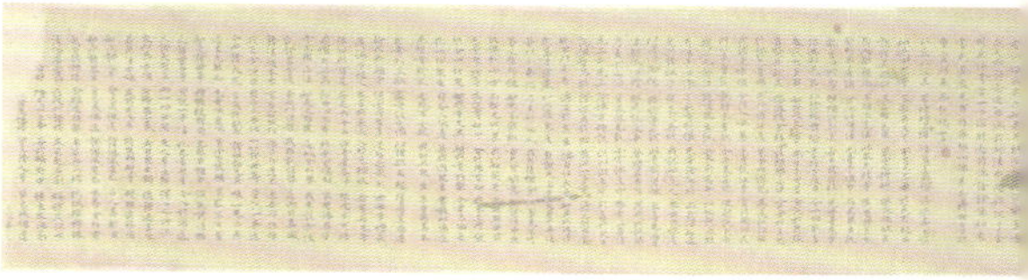

時世尊重說偈言

止止不須說　我法妙難思　諸增上慢者　聞必不敬信

尒時舍利弗重白佛言　世尊　唯願說之　唯願說之　今此會中如我等比百千万億　世世已曾從佛受化　如此人等必能敬信　長夜安隱多所饒益　尒時舍利弗欲重宣此義　而說偈言

无上兩足尊　願說第一法　我為佛長子　唯垂分別說
是會无量衆　能敬信此法　佛已曾世世　教化如是等
皆一心合掌　欲聽受佛語　我等千二百　及餘求佛者
願為此衆故　唯垂分別說　是等聞此法　則生大歡喜

尒時世尊告舍利弗　汝已慇勤三請　豈得不說　汝今諦聽　善思念之　吾當為汝分別解說　說此語時　會中有比丘　比丘尼　優婆塞　優婆

說此語時會中有比丘比丘尼優婆塞優婆
夷五千人等即從座起礼佛而退所以者何
此輩罪根深重及增上慢未得謂得未證謂
證有如此失是以不住世尊嘿然而不制止
尒時佛告舍利弗我今此衆无復枝葉純有
貞實舍利弗如是增上慢人退亦佳矣汝今
善聽當為汝說舍利弗言唯然世尊願樂欲
聞佛告舍利弗如是妙法諸佛如來時乃說
之如優曇鉢華時一現耳舍利弗汝等當信
佛之所說言不虛妄舍利弗諸佛隨宜說法
意趣難解所以者何我以无數方便種種因
緣辟喻言辞演說諸法非思量分別之所
能解唯有諸佛乃能知之所以者何諸佛
世尊唯以一大事因緣故出現於世舍利弗

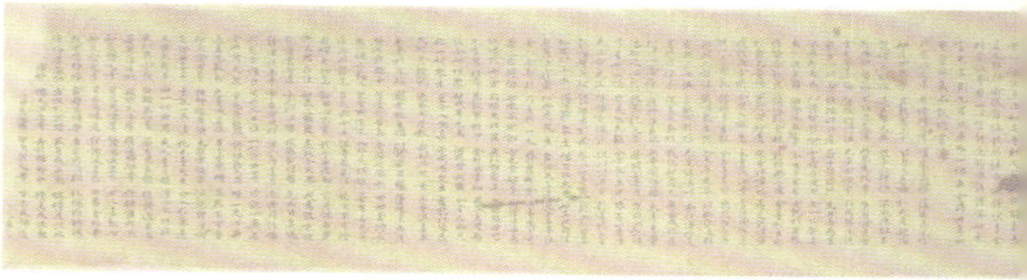

於世諸佛世尊欲令衆生開佛知見使得清
淨故出現於世欲示衆生佛知見故出現於
世欲令衆生悟佛知見故出現於世欲令衆
生入佛知見道故出現於世舍利弗是爲諸
佛以一大事因緣故出現於世佛告舍利弗
諸佛如来但教化菩薩諸有所作常爲一事
唯以佛之知見示悟衆生舍利弗如来但以
一佛乘故爲衆生說法无有餘乘若二若三
舍利弗一切十方諸佛法亦如是舍利弗過
去諸佛以无量无數方便種種因緣譬喻言
辭而爲衆生演說諸法是法皆爲一佛乘故
是諸衆生從諸佛聞法究竟皆得一切種智
舍利弗未来諸佛當出於世亦以无量无數
方便種種因緣譬喻言辭而爲衆生演說諸
法是法皆爲一佛乘故是諸衆生從佛聞法

法是法皆爲一佛乘故是諸衆生從佛聞法
究竟皆得一切種智舍利弗現在十方无量
百千万億佛土中諸佛世尊多所饒益安樂
衆生是諸佛亦以无量无數方便種種因緣譬
喻言辭而爲衆生演説諸法是法皆爲一
佛乘故是諸衆生從佛聞法究竟皆得一切
種智舍利弗是諸佛但教化菩薩欲以佛之
知見示衆生故欲以佛之知見悟衆生故欲令
衆生入佛之知見故舍利弗我今亦復如是
知諸衆生有種種欲深心所著隨其本性
以種種因緣譬喻言辭方便力故而爲説法
舍利弗如此皆爲得一佛乘一切種智故舍
利弗十方世界中尚无二乘何况有三舍利
弗諸佛出於五濁惡世所謂劫濁煩惱濁衆
生濁見濁命濁[illegible]是舍利弗劫濁亂時衆

垢重慳貪嫉妬成就諸不善根故諸佛以方
便力於一佛乘分別說三舍利弗若我弟子
自謂阿羅漢辟支佛者不聞不知諸佛如来
但教化菩薩事此非佛弟子非阿羅漢非辟
支佛又舍利弗是諸比丘比丘尼自謂已得
阿羅漢是最後身究竟涅槃便不復志求阿
耨多羅三藐三菩提當知此輩皆是增上慢
人所以者何若有比丘實得阿羅漢若不信
此法无有是處除佛滅度後現前无佛所以
者何佛滅度後如是等經受持讀誦解義者
是人難得若遇餘佛於此法中便得決了舍
利弗汝等當一心信解受持佛語諸佛如来
言无虛妄无有餘乘唯一佛乘尒時世尊欲
重宣此義而說偈言
比丘比丘尼　有懷增上慢　優婆塞我慢　優婆夷不信

比丘比丘尼　有懷增上慢　優婆塞我慢　優婆夷不信
如是四衆等　其數有五千　不自見其過　於戒有缺漏
護惜其瑕疵　是小智已出　衆中之糟糠　佛威德故去
斯人尠福德　不堪受是法　此衆无枝葉　唯有諸貞實
舍利弗善聽　諸佛所得法　无量方便力　而爲衆生説
衆生心所念　種種所行道　若干諸欲性　先世善惡業
佛悉知是已　以諸緣譬喻　言辭方便力　令一切歡喜
或説脩多羅　伽陀及本事　本生未曾有　亦説於因緣
譬喻并祇夜　優波提舍經　鈍根樂小法　貪著於生死
於諸无量佛　不行深妙道　衆苦所惱亂　爲是説涅槃
我設是方便　令得入佛慧　未曾説汝等　當得成佛道
所以未曾説　説時未至故　今正是其時　決定説大乘
我此九部法　隨順衆生説　入大乘爲本　以故説是經
有佛子心淨　柔軟亦利根　无量諸佛所　而行深妙道
爲此諸佛子　説是大乘經　我記如是人　來世成佛道

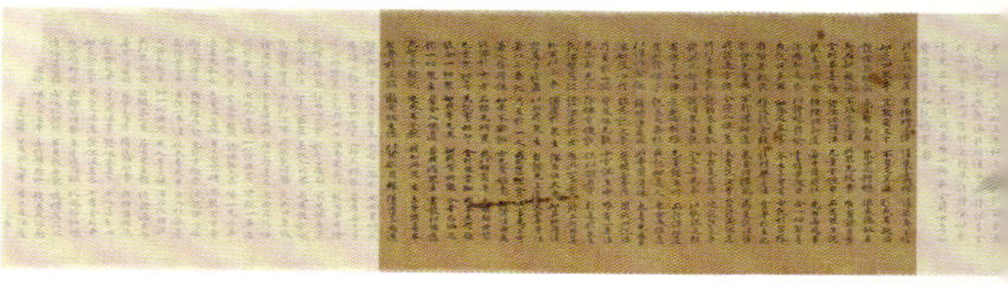

以深心念佛　修持淨戒故　此等聞得佛　大喜充遍身
佛知彼心行　故為說大乘　聲聞若菩薩　聞我所說法
乃至於一偈　皆成佛无疑　十方佛土中　唯有一乘法
无二亦无三　除佛方便說　但以假名字　引導於衆生
說佛智慧故　諸佛出於世　唯此一事實　餘二則非真
終不以小乘　濟度於衆生　佛自住大乘　如其所得法
定慧力莊嚴　以此度衆生　自證无上道　大乘平等法
若以小乘化　乃至於一人　我則墮慳貪　此事為不可
若人信歸佛　如來不欺誑　亦无貪嫉意　斷諸法中惡
故佛於十方　而獨无所畏　我以相嚴身　光明照世間
无量衆所尊　為說實相印　舍利弗當知　我本立誓願
欲令一切衆　如我等无異　如我昔所願　今者已滿足
化一切衆生　皆令入佛道　若我遇衆生　盡教以佛道
无智者錯亂　迷惑不受教　我知此衆生　未曾脩善本
堅著於五欲　癡愛故生惱　以諸欲因緣　墜墮三惡道

堅著於五欲　癡愛故生惱　以諸欲因緣　墜墮三惡道
輪迴六趣中　備受諸苦毒　受胎之微形　世世常增長
薄德少福人　衆苦所逼迫　入邪見稠林　若有若无等
依止此諸見　具足六十二　深著虛妄法　堅受不可捨
我慢自矜高　諂曲心不實　於千万億劫　不聞佛名字
亦不聞正法　如是人難度　是故舍利弗　我為設方便
說諸盡苦道　示之以涅槃　我雖說涅槃　是亦非真滅
諸法從本来　常自寂滅相　佛子行道已　来世得作佛
我有方便力　開示三乘法　一切諸世尊　皆說一乘道
今此諸大衆　皆應除疑惑　諸佛語无異　唯一无二乘
過去无數劫　无量滅度佛　百千万億種　其數不可量
如是諸世尊　種種緣譬喻　无數方便力　演說諸法相
是諸世尊等　皆說一乘法　化无量衆生　令入於佛道
又諸大聖主　知一切世間　天人群生類　深心之所欲
更以異方便　助顯第一義　若有衆生類　值諸過去佛

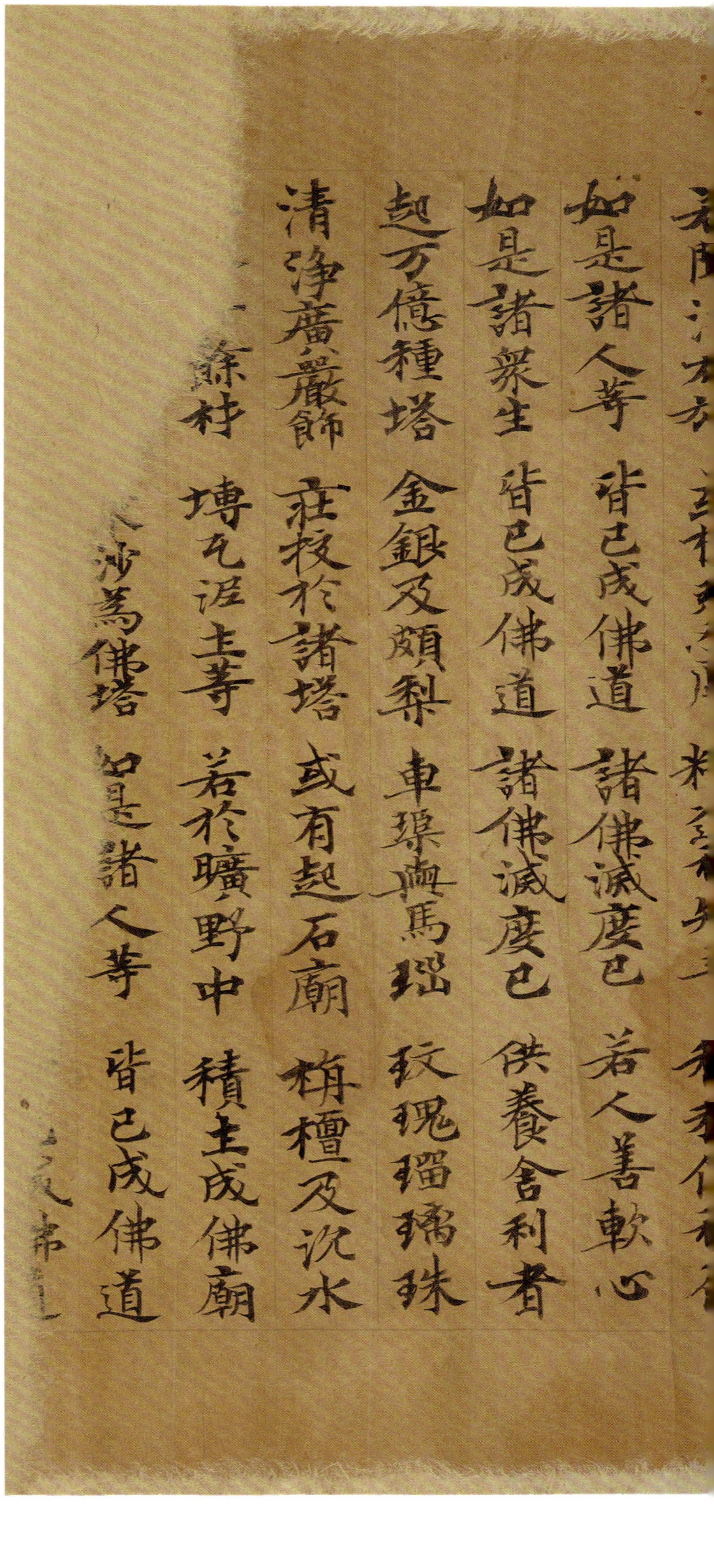

若聞法布施　或持戒忍辱　精進禪智等
如是諸人等　皆已成佛道　諸佛滅度已　若人善軟心
如是諸衆生　皆已成佛道　諸佛滅度已　供養舍利者
起万億種塔　金銀及頗梨　車璖與馬瑙　玫瑰瑠璃珠
清淨廣嚴飾　莊校於諸塔　或有起石廟　栴檀及沈水
餘材　塼瓦泥土等　若於曠野中　積土成佛廟
沙爲佛塔　如是諸人等　皆已成佛道
成佛道

BD00798 佛名經（十六卷本）卷八

64cm×26.1cm

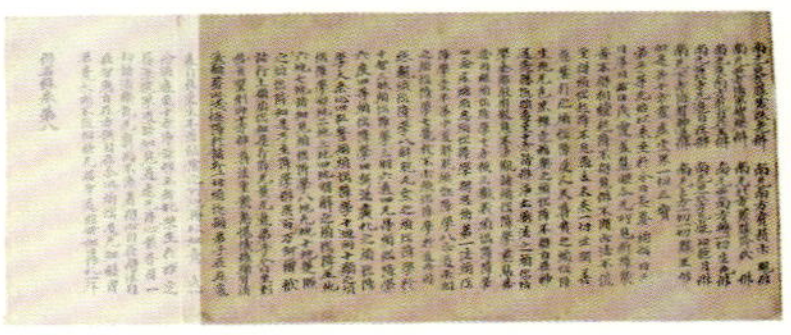

南无東方勝藏珠光佛　南无南方寶積示現佛
南无西方法界智燈佛　南无北方最勝降伏佛
南无東南方龍自在王佛　南无西南方轉一切生死佛
南无西北方无邊自在佛　南无東北方无邊功德月佛
南无下方海智神通佛　南无上方一切一切勝王佛
如是等十方盡虛空界一切三寶
弟子等无始以來至於今日長養煩惱日深
日厚日滋日茂覆蓋慧眼令无所見斷障衆
善不得相續起障不得見佛不聞正法不值
聖僧煩惱起障不見過去未來一切世間善
惡業行之煩惱障受人天尊貴之煩惱障
生死无色界禪定福樂之煩惱障不得自在神
通飛騰隱顯遍至十方諸佛淨土聽法之煩惱障
[illegible]

於四緣煩惱障學七方便三觀義煩惱障學
四念處煖頂忍煩惱障學聞思修第一法煩惱
障學空平等中道解脫煩惱障學八正道示相
之煩惱障學七覺枝不示煩惱障學於道品因
緣觀煩惱障學八解脫九空之煩惱障學於
十智三昧煩惱障學三明六通四无㝵煩惱障學
六度四等煩惱障學四攝法廣化之煩惱障
學大乘心四弘誓願煩惱障學十迴向十願之煩
惱障學初地二地三地四地明解之煩惱障五地
六地七地諸知見煩惱障學八地九地十地雙照
之煩惱障如是乃至障學佛果百万阿僧祇
諸行上願煩惱如是行障无量无邊弟子今日至到
稽首歸向十方佛尊法聖衆慚愧懺悔願皆消
滅願藉此懺悔障於諸行一切煩惱願弟子在在處

滅願著此懺悔障於諸行一切煩惱願弟子在在處
處自在受生不為結業之所迴轉以如意通一
念須遍至十方淨諸佛土攝化衆生於禪定
甚深境界及諸知見通達无㝵心能普周一
切諸法樂說无窮而不染著得心自在得法自
在智慧自在方便自在令此煩惱及无知結習
畢竟永斷不復相續无漏聖道朗然如日作礼一拜

佛名經卷第八

BD00799

觀無量壽佛經

（南朝宋）畺良耶舍 譯

664.3cm×25.1cm

佛告阿難及韋提希諦聽諦聽善思念之如
来今者為未来世一切衆生為煩惱賊之所
害者説清淨業善哉韋提希快問此事阿難
汝當受持廣為多衆宣説佛語如来今者教
韋提希及未来世一切衆生觀於西方極樂
世界以佛力故當得見彼清淨國土如執明
鏡自見面像見彼國土極樂妙事心歡喜故
應時即得无生法忍
佛告韋提希汝是凡夫心想羸劣未得天眼
不能遠觀諸佛如来有異方便令汝得見時
韋提希白佛言世尊如我今者以佛力故見
彼國土若佛滅後諸衆生等濁惡不善五苦

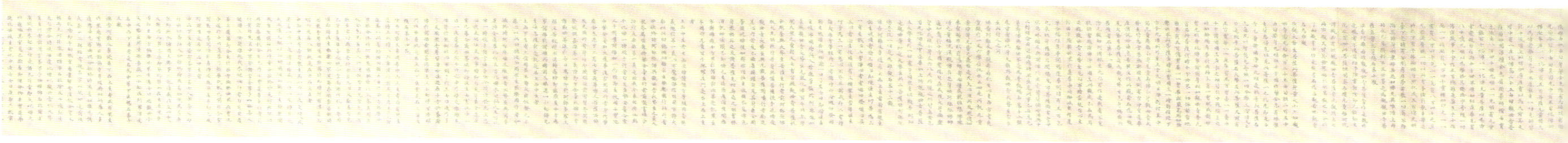

佛告韋提希汝及衆生應當專心繫念一
想於西方云何作想凡作想者一切衆生自
非生盲有目之徒皆見日沒當起想念正坐
西向諦觀於日令心堅住專想不移見日欲
沒狀如懸鼓既見日已閉目開目皆令明了
是為日想名初觀
次作水想見水澄清亦令明了无分散意既
見水已當起氷想見氷映徹作琉璃想此想
成已見琉璃地內外映徹下有金剛七寶金
幢擎琉璃地其幢八方八楞具足一一方面
百寶所成一一寶珠有千光明一一光明八
万四千色映琉璃地如億千日不可具見琉
璃地上以黃金繩雜廁間錯以七寶界分齊
分明一一寶中有五百色光其光如華又似

分明一一寶中有五百色光其光如華又似
星月懸處虛空成光明臺樓閣千万百寶合
成於臺兩邊各有百億華幢无量樂器以為
莊嚴八種清風從光明出鼓此樂器演說苦
空无常无我之音是為水想名第二觀
此想成時一一觀之極令了了閉目開目不
令散失唯食時恒憶此事如此想者名為粗
見極樂國土若得三昧見彼國地了了分明
不可具說是為地想名第三觀
佛告阿難汝持佛語為未來世一切大衆欲
脫苦者說是觀地法若觀是地者除八十億
劫生死之罪捨身他世必生淨國必得无疑
作是觀者名為正觀若他觀者名為邪觀

寶樹者一一觀之作七重行樹想一一樹高
八千由旬其諸寶樹七寶華葉无不具足一
一華葉作異寶色琉璃色中出金色光頗梨
色中出紅色光馬瑙色中出車𤦲光車𤦲色
中出緑真珠光珊瑚虎珀一切衆寶以為瑛
餝如真珠網弥覆其上一一樹上有七重網
一一網間有五百億妙華宮殿如梵王宮諸
天童子自然在中一一童子五百億釋迦毗
楞伽摩尼以為瓔珞其摩尼光照百由旬如
和合百億日月不可具名衆寶間錯色中上
者此諸寶林行行相當葉葉相次於衆葉間
生諸妙華華上自然有七寶菓一一樹葉縱
廣正等二十五由旬其葉千色有百種畫如
天瓔珞有衆妙華作閻浮檀金色如旋火輪

BD00799　觀無量壽佛經

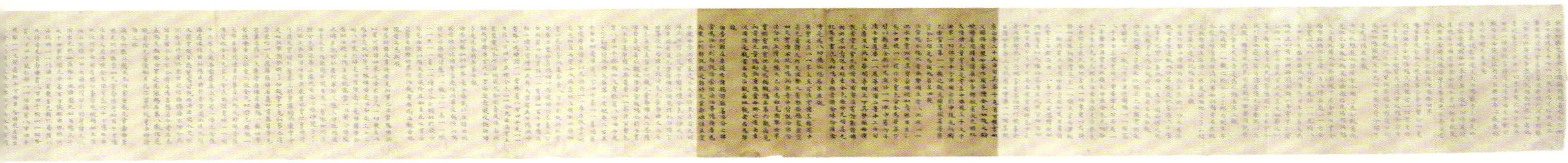

廣正等二十五由旬其華千色有百種畫如
天瓔珞有衆妙華作閻浮檀金色如旋火輪
婉轉葉間踊生諸菓如帝釋瓶有大光明化
成幢幡无量寶盖是寶盖中映現三千大千
世界一切佛事十方佛國亦於中現見此樹
已亦當次第一一觀之觀見樹莖枝葉華菓
皆令分明是為樹想名第四觀
次當想水想水者極樂國土有八池水一一
池水七寶所成其寶柔濡從如意珠王生分
為十四枝一一枝作七寶色黃金為渠渠下
皆以雜色金剛以為底沙一一水中有六十
億七寶蓮華一一蓮華團圓正等十二由旬
其摩尼水流注華間尋樹上下其聲微妙演
說苦空无常无我諸波羅蜜復有讚歎諸佛

相好者如意珠王涌出金色微妙光明其光
化為百寶色鳥和鳴哀雅常讚念佛念法念
僧是為八功德水想名第五觀
衆寶國土一一界上五百億寶樓其樓閣中
有无量諸天作天伎樂又有樂器懸處虛空
如天寶幢不鼓自鳴此衆音中皆說念佛念
法念比丘僧此想成已名為粗見極樂世界
寶樹寶地寶池是為總觀想名第六觀若見
此者除无量億劫極重惡業命終之後必生
彼國作是觀者名為正觀若他觀者名為耶
觀
佛告阿難及韋提希諦聽諦聽善思念之佛
當為汝分別解說除苦惱法汝等憶持廣為
大衆分別解說說是語時无量壽佛住立空

BD00799　觀無量壽佛經

當為汝分別解說除苦惱法汝等憶持廣為
大衆分別解說說是語時无量壽佛住立空
中觀世音大勢至是二大士侍立左右光明
熾盛不可具見百千閻浮檀金色不得為比
時韋提希見无量壽佛已接足作礼白佛言
世尊我今因佛力故得見无量壽佛及二菩
薩未來衆生當云何觀无量壽佛及二菩薩
佛告韋提希欲觀彼佛者當起想念於七寶
地上作蓮華想令其蓮華一一葉作百寶色
有八万四千脉猶如天畫脉有八万四千光
了了分明皆令得見華葉小者縱廣二百五
十由旬如是華有八万四千葉一一葉間有
百億摩尼王以為暎飾一一摩尼放千光明
其光如蓋七寶合成遍覆地上釋迦毗楞伽

寶以為其臺此蓮華臺八万金剛甄叔迦寶
梵摩尼寶妙真珠網以為挍飾於其臺上自
然而有四柱寶幢一一寶幢如百千万億須
弥山幢上寶縵如夜摩天宮有五百億微妙
寶珠以為暎飾一一寶珠有八万四千光一一
光作八万四千異種金色一一金光遍其寶土
處處變化各作異相或為金剛臺或作真珠
網或作雜華雲於十方面隨意變現施作佛
事是為華想名第七觀
佛告阿難如此妙華是本法藏比丘願力所
成若欲念彼佛者當先作此華坐想作此想
時不得雜觀皆應一一觀之一一葉一一珠
一一光一一臺一一幢皆令分明如於鏡中
自見面像此想成者滅除五百劫生死之罪必

BD00799　觀無量壽佛經

自見面像此想成者滅除五劫生死之罪必
定當生極樂世界作此觀者名為正觀若他
觀者名為耶觀
佛告阿難及韋提希見此事已次當想佛所
以者何諸佛如來是法界身入一切衆生心
想中是故汝等心想佛時是心即是三十二
相八十隨形好是心作佛是心是佛諸佛正
遍知海從心想生是故應當一心繫念諦觀
彼佛多陁阿伽度阿羅訶三藐三佛陁想彼
佛者先當想像閉目開目見一寶像如閻浮
檀金色坐彼華上像既坐已心眼得開了了
分明見極樂國七寶莊嚴寶地寶池寶樹行
列諸天寶縵彌覆其上衆寶羅網滿虛空中

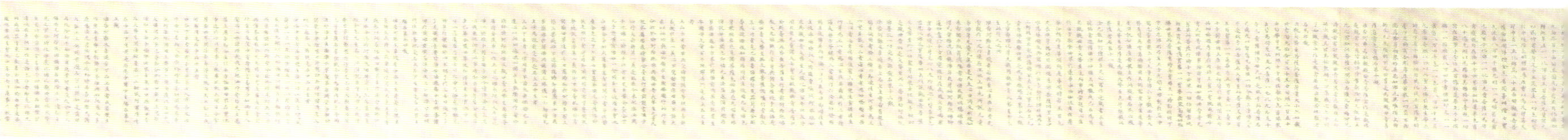

當更作一大蓮華在佛左邊如前蓮華等无
有異復作一大蓮華在佛右邊想一觀世音
菩薩像坐左華坐亦放金光如前无異想一
大勢至菩薩像坐右華坐此想成時佛菩薩
像皆放金色光其光金色照諸寶樹一一樹
下亦有三蓮華諸蓮華上各有一佛二菩薩
像遍滿彼國此想成時行者當聞水流光明
及諸寶樹鳧鴈鴛鴦皆說妙法出定入定恒
聞妙法行者所聞出定之時憶持不捨令與
脩多羅合若不合者名為妄想若合者名為
麁想見極樂世界是為像想名第八觀作是
觀者除无量億劫生死之罪於現身中得念
佛三昧
佛告阿難此想成已次當更觀无量壽佛身

佛三昧
佛告阿難此想成已次當更觀无量壽佛身
想光明阿難當知无量壽佛身如百千万億
夜摩天閻浮檀金色佛身高六十万億那由
他恒河沙由旬眉間白毫右旋婉轉如五須
弥山佛眼如四大海水清白分明身諸毛孔
演出光明如須弥山彼佛圓光如百億三千
大千世界於圓光中有百万億那由他恒河
沙化佛一一化佛亦有衆多无數化菩薩以
為侍者无量壽佛有八万四千相一一相各
有八万四千隨形好一一好復有八万四千
光明一一光明遍照十方世界念佛衆生攝取
不捨光明相好及與化佛不可具說但當憶
想令心眼見見此事者即見十方一切諸佛

以見諸佛故名念佛三昧作是觀者名觀一
切佛身以觀佛身故亦見佛心佛心者即大
慈悲是以无緣慈攝諸衆生作此觀者捨身
他世生諸佛前得无生忍是故智者應當繫
心諦觀无量壽佛觀无量壽佛者從一相好
入但觀眉間白豪極令明了見眉間白豪者
八万四千相好自然當見見无量壽佛者即
見十方无量諸佛得見无量諸佛故諸佛現
前授記是為遍觀一切色想名第九觀作是
觀者名為正觀若他觀者名為邪觀
佛告阿難及韋提希見无量壽佛了了分明
已次當觀觀世音菩薩此菩薩身長八十万
億那由他由旬身紫金色頂有肉髻項有圓
光面各百千由旬其圓光中有五百化佛如

光面各百千由旬其圓光中有五百化佛如
釋迦牟尼一一化佛有五百菩薩无量諸天
以為侍者舉身光中五道衆生一切色相皆
於中現頂上毗楞伽摩尼寶以為天冠其天
冠中有一立化佛高二十五由旬觀世音菩
薩面如閻浮檀金色眉間豪相備七寶
色流出八万四千種光明一一光明有无量
无數百千化佛一一化佛无量菩薩以為侍
者變現自在滿十方世界譬如紅蓮華色有
八十億光明以為瓔珞其瓔珞中普現一切
諸莊嚴事手掌作五百億雜蓮華色手十指
端一一指端有八万四千畫猶如印文一一
畫有八万四千色一一色有八万四千光其

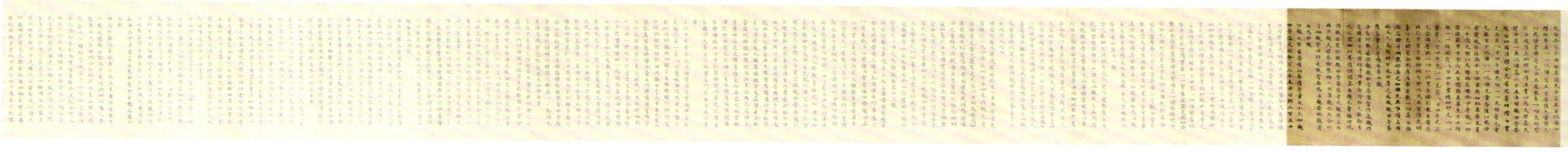

臺下是時有金剛摩尼華布散一切莫不彌
滿其餘身相衆好具足如佛无異唯頂上肉
髻及无見頂相不及世尊是為觀觀世音菩
薩真實色身想名第十觀
佛告阿難若欲觀觀世音菩薩當作是觀作
是觀者不遇諸禍淨除業鄣除却无數劫生
死之罪如此菩薩但聞其名獲无量福何況
諦觀若有欲觀觀世音菩薩者先觀頂上肉
髻次觀天冠其餘衆相亦次第觀之亦令明
了如觀掌中作是觀者名為正觀若他觀者
名為邪觀
次觀大勢至菩薩此菩薩身量大小亦如觀
世音圓光面各百二十五由旬照二百五十

BD00799　觀無量壽佛經

世音圓光面各百二十五由旬照二百五十
由旬舉身光明照十方國作紫金色有緣衆
生皆悉得見但見此菩薩一毛孔光即見十
方无量諸佛淨妙光明是故号此菩薩名
无邊光以智慧光普照一切令離三塗得无上
力是故号此菩薩名大勢至此菩薩天冠有
五百寶華一一寶華有五百寶臺一一臺中
十方諸佛國土廣長之相皆於中現頂上肉
髻如鉢頭摩華於肉髻上有一寶瓶成諸妙
寶光明普現佛事餘諸身相如觀世音等无
有異此菩薩行時十方世界一切振動當地
動処有五百億寶華一一寶華莊嚴高顯如極
樂世界此菩薩坐時七寶國土一時動搖從下

佛无量塵數分身无量壽佛分身觀世音大
勢至皆悉雲集極樂國土側塞空中坐蓮華
座演說妙法度苦眾生作此觀者名為正觀
見大勢至菩薩是為觀大勢至色身想觀此
菩薩者名第十一觀
除无數劫阿僧祇生死之罪作是觀者不處
胞胎常遊諸佛淨妙國土此觀成已名為具
足觀觀世音大勢至見此事時當起自心生
於西方極樂世界於蓮華中結跏趺坐作蓮
華合想作蓮華開想蓮華開時有五百色
光來照身想眼目開想見佛菩薩滿虛空中
水鳥林樹及與諸佛所出音聲皆演妙法與十
二部經合出定時億持不失見此事已名見无
量壽佛極樂世界是為普觀想名第十二觀

二部經合出定時憶持不失見此事已名見无
量壽佛極樂世界是爲普觀想名第十二觀
无量壽佛化身无數與觀世音大勢至常来
至此行人之所
佛告阿難及韋提希若欲至心生西方者先
當觀於一丈六像在池水上如先所說无量
壽佛身无量无邊非是凡夫心力所及然彼如
来宿願力故有憶想者必得成就但想佛像
得无量福況復觀佛具足身相阿弥陁佛神
通如意於十方國變現自在或現大身滿虛
空中或現小身丈六八尺所現之形皆真金色
圓光化佛及寶蓮華如上所說觀世音菩薩
及大勢至於一切處身同衆生但觀手相知
是觀世音知是大勢至此二菩薩助阿弥

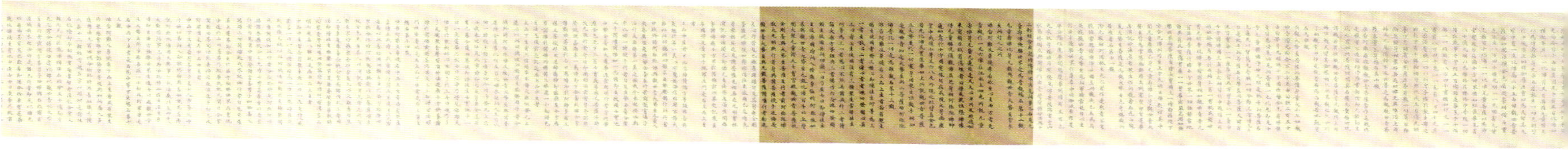

佛普化一切是為雜想觀名第十三觀
佛告阿難及韋提希上品上生者若有衆生
願生彼國者發三種心即便往生何等為三
一者至誠心二者深心三者迴向發願心具
三心者必生彼國復有三種衆生當得往生
何等為三一者慈心不煞具諸戒行二者讀
誦大乘方等經典三者脩行六念迴向發願
願生彼國具此功德一日乃至七日即得往生
生彼佛國時此人精進勇猛故阿弥陁如
来與觀世音大勢至无數化佛百千比丘聲
聞大衆无量諸天七寶宮殿觀世音菩薩執
金剛臺與大勢至菩薩至行者前阿弥陁佛
放大光明照行者身與諸菩薩授手迎接
觀世音大勢至與无數菩薩讚嘆行者勸進

觀世音大勢至與无數菩薩讚嘆行者勸進
其心行者見已歡喜踊躍自見其身乘金剛
臺隨從佛後如彈指頃往生彼國已見佛色
身衆相具足見諸菩薩色相具足光明寶林
演說妙法聞已即悟无生法忍逕須臾間歷
事諸佛遍十方界於諸佛前次第受記還至
本國得无量百千陁羅尼門是名上品上生
者
上品中生者不必受持讀誦方等經典善解
義趣於第一義心不驚動深信因果不謗大
乘以此功德迴向願求生極樂國行此行者
命欲終時阿弥陁佛與觀世音大勢至无量大
衆眷屬圍遶持紫金臺至行者前讚言法子

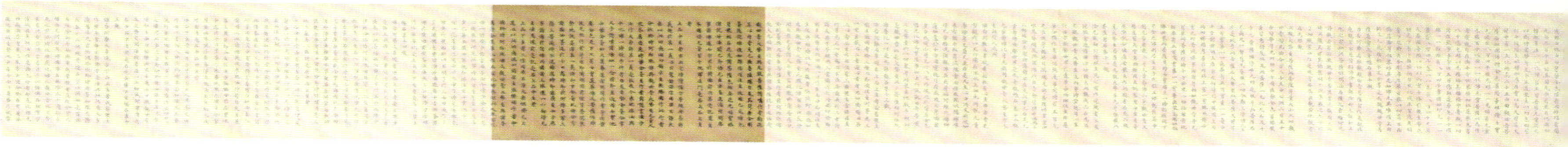

千化佛一時授手行者自見身坐金臺合掌
叉手讚嘆諸佛如一念頃即生彼國七寶池
中紫金臺如大蓮華逕宿則開行者身作紫
磨金色足下亦有七寶蓮華佛及菩薩俱時
放光照行者身目即開明因前宿習普聞衆
聲純說甚深第一義諦即下金臺礼佛合掌
讚歎世尊逕於七日應時即於阿耨多羅三
藐三菩提得不退轉應時即能飛至十方歷
事諸佛於諸佛所脩諸三昧逕一小劫得无
生法忍現前受記是名上品中生者
上品下生者亦信因果不謗大乘但發无上
道心以此功德迴向願求生極樂國行者命
欲終時阿弥陀佛及觀世音大勢至與諸眷
屬持金蓮華化作五百化佛來迎此人五百化

屬持金蓮華化作五百化佛來迎此人五百化
佛一時授手讃言法子汝今清淨發无上道
心我來迎汝見此事時即自見身坐金蓮華
坐已華合隨世尊後即得往生七寳池中一
日一夜蓮華乃開七日之中乃得見佛雖見
佛身於衆相好心不明了於三七日後乃了
了見聞衆音聲皆演妙法遊歷十方供養諸
佛於諸佛前聞甚深法逕三小劫得百法明
門住歡喜地是名上品下生者是名上輩生
想名第十四觀
佛告阿難及韋提希中品上生者若有衆生
受持五戒持八戒齋脩行諸戒不造五逆无諸
過患以此善根迴向願求生於西方極樂世

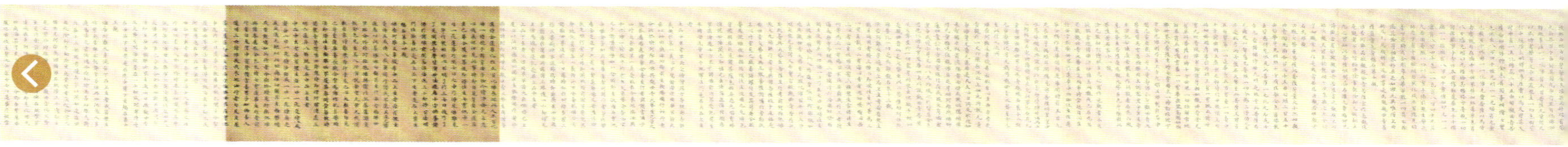

放金色光至其人所演說苦空无常无我讚
歎出家得離衆苦行者見已心大歡喜自見
已身坐蓮華臺長跪合掌為佛作礼未舉頭
須即得往生極樂世界蓮華尋開當華敷時
聞衆音聲讚嘆四諦應時即得阿羅漢道三
明六通具八解脫是名中品上生者
中品中生者若有衆生若一日一夜受持八戒
齋若一日一夜持沙弥戒若一日一夜持具足
戒威儀无缺以此功德迴向願求生極樂國
戒香熏脩如此行者命欲終時見阿弥陁佛
與諸眷屬放金色光持七寶蓮華至行者前
行者自見空中有聲讚言善男子如汝善人
隨順三世諸佛教我來迎汝行者自見坐蓮
華上蓮華即合生於西方極樂世界在寶池

随順三世諸佛教我来迎汝行者自見坐蓮
華上蓮華即合生於西方極樂世界在寶池
中逕於七日蓮華乃敷華既敷已開目合掌
讃歎世尊聞法歡喜得須陁洹逕半劫已成
阿羅漢是名中品中生者
中品下生者若有善男子善女人孝養父母
行世仁善此人命欲終時遇善知識為其廣
說阿弥陁佛國土樂事亦說法藏比丘四十八
大願聞此事已尋即命終譬如壯士屈申譬
須即生西方極樂世界生逕七日遇觀世音
及大勢至聞法歡喜過一小劫成阿羅漢是
名中品下生者是名為中輩下生想名第十
五觀

作衆惡業雖不誹謗方等經典如此愚人多
造惡法无有慚愧命欲終時遇善知識為讃
大乘十二部經首題名字以聞如是諸經
名故除却千劫極重惡業智者復教合掌叉
稱南无阿弥陁佛稱佛名故除五十億劫生
死之罪尒時彼佛遣化佛化觀世音化大勢
至至行者前讃言善男子汝稱佛名故諸罪
消滅我来迎汝作是語已行者即見化佛光
明遍滿其室見已歡喜即便命終乘寶蓮華
随化佛後生寶池中逕七七日蓮華乃敷當
華敷時大悲觀世音菩薩放大光明住其人
前為說甚深十二部經聞已信解發无上道
心逕十八小劫具百法明門得入初地是名
下品上生者得聞佛名法名及聞僧名聞三

下品上生者得聞佛名法名及聞僧名聞三
寶名即得往生
佛告阿難及韋提希下品中生者或有衆生
毀犯五戒八戒及具足戒如此愚人偷僧祇
物盜現前僧物不淨說法无有慚愧以諸惡
業而自莊嚴如此罪人以惡業故應墮地獄
命欲終時地獄衆火一時俱至遇善知識以
大慈悲為說阿弥陁佛十力威德廣說彼佛
光明神力亦讚戒定慧解脫解脫知見此人
聞已除八十億劫生死之罪地獄猛火化為
清涼風吹諸天華華上皆有化佛菩薩迎接
此人如一念頃即得往生七寶池中蓮華之
內逕於六劫蓮華乃敷觀世音大勢至以梵

已應時即發无上道心[illegible]
告阿難及韋提希下品下生者或有衆生作
不善業五逆十惡具諸不善如此愚人以惡
業故應墮惡道逕歷多劫受苦无窮如此愚
人臨命終時遇善知識種種安慰為說妙法
教令念佛彼人苦逼不遑念佛善友告言汝
若不能念者應稱无量壽佛如是至心令聲
不絶具足十念稱南无佛故於念念中除八
十億劫生死之罪命終之後見金蓮華猶如
日輪住其人前如一念頃即得往生極樂世
界於蓮華中滿十二大劫蓮華方開觀世音
大勢至以大悲音聲為其廣說諸法實相除
滅罪法聞以歡喜應時即發菩提之心是名
下品下生者是名下品生想名苐十六觀

滅罪法聞以歡喜應時即發菩提之心是名
下品下生者是名下品生想名第十六觀
說是語時韋提希與五百侍女聞佛所說應
時即見極樂世界廣長之相得見佛身及二
菩薩心生歡喜歎未曾有豁然大悟逮无生
忍五百侍女發阿耨多羅三藐三菩提心願
生彼國世尊悉記皆當往生彼國已得諸佛
現前三昧无量諸天發无上道心
尒時阿難即從坐起前白佛言世尊當何名
此經此法之要當云何受持
佛告阿難此經名觀極樂國土无量壽佛觀
世音菩薩大勢至菩薩亦名淨除業鄣生諸
佛前汝當受持无令忘失行此三昧者現身
得見无量壽佛及二大士若善男子善女人

但聞佛名二菩薩名除无量劫生死之罪
況憶念若念佛者當知此人是人中分陁利
華觀世音菩薩大勢至菩薩為其勝友當坐
道場生諸佛家
佛告阿難汝好持是語持是語者即是持无
量壽佛名佛說此語時尊者目揵連阿難及
韋提希等聞佛所說皆大歡喜
尒時世尊足步虛空還耆闍崛山尒時阿難
廣為大衆說如上事无量諸天龍夜叉聞佛
所說皆大歡喜礼佛而退

佛說觀无量壽經一卷

佛説觀无量壽經一卷

BD00800　金剛壇廣大清净陀羅尼經

（唐）曇倩　譯

57cm×26.2cm

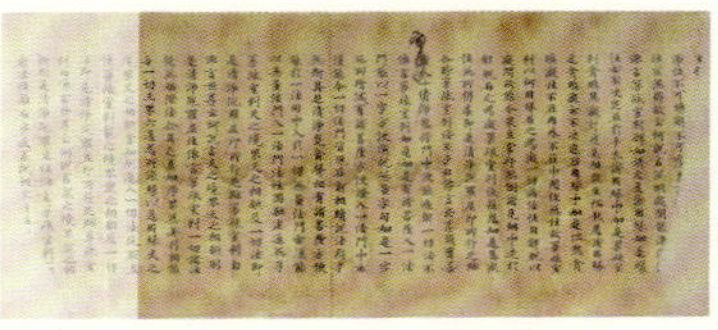

室利
淨性不可縛解不可覆蓋下
性空無得故云何説言無明癡闇能染汚
佛言曼殊室利譬如鑽火屬諸因緣如是煖
性亦不決定在於手木諸因緣中如是曼殊室
利貪瞋愚癡計度妄相衆生惱熱屬諸因緣
是貪瞋癡亦不決定在因緣中如是惱熱貪
瞋癡性不在内外不在中間住無住故曼殊室
利以何因緣名之爲癡一切諸法性自解脱以
癡闇故能令衆生常行顛倒諸見網中迷於
解脱名之爲癡曼殊室利汝復應知是愚癡
性無所得處即是清淨陀羅尼即所行是跡
[illegible]佛言世尊頗有菩

薩入一清淨梵法門中便能通達一

佛言曼殊室利如是如是有諸菩薩入一法
門能以一字方便演說無量字句如是一字
無所增減有諸菩薩方便證入一法門中亦
復能令一切法門皆現在前相續說法辯才
無斷具足清淨梵音聲相有諸菩薩方便
能於一法句中入於一切無量法門亦復能
以無量法門入一法門法性圓融虛通無㝵
曼殊室利天之境界天之相貌及一切法即
是清淨陁羅尼即所行足跡曼殊室利白
佛言世尊云何說言天之境界天之相貌則
是清淨陁羅尼性佛言曼殊室利一切諸法
從無始際法尒具足真如淨界無差別相能
与一切三界六道為所依緣以是因緣天之

与一切三界六道為所依緣以是因緣天之
境界天之相貌當知則是入一切法陀羅尼
性曼殊室利龍之境界龍之相貌及一切
法即是清淨陀羅尼即所行是跡曼殊室
利白佛言世尊云何說言龍之境界龍之相
貌則是清淨陀羅尼性佛言曼殊室利一[illegible]
諸法性離名字及言說相[illegible]

BD00801 四分律删繁補闕行事鈔卷中

（唐）道宣 撰

1840.5cm × 30.5cm

女王一
護人因戒護故……二日愛之甚重此
得離生死得涅槃六者……此愛戒故便資慧命七者此
足便愛此国一足財二欲塵三正法得戒護之亦令住戒護中无量功德安心无憂
正法八者由如病人得好良藥戒護之亦不爲毒害由此戒護一切惡如是因緣功業深重
可輕犯々致大罪　二者列名釋經中分二別初明篇聚後明果報　初中五篇七聚約義
分正法衆樹止樹六法今依六聚且釋其名一波羅夷二僧伽婆尸沙三偷蘭遮四波逸提
波羅提々舍尼六突吉羅此上六名並梵正譯但用義翻略如遠疏　初言波羅夷者
當極惡三義釋之一者退沒由犯此戒道果无分故二者不共住非但失道而已更之
僧數三者墮落指此身已墮在阿鼻地獄故　十誦云墮不如意處薩婆多解云由与…
以犯此戒便墮負處　四分云波羅夷者譬如斷人頭不可復起若犯此法不復成比丘
比從行法非用爲名又云波羅夷者无餘也比從衆法也分爲名故偈云諸作惡
猶如彼死屍衆所不容受以此當持戒又名不共住者不得於說戒羯磨二種僧
故　向上言若犯此法名爲斷頭准此而言必无重犯戒並非也若戒之在无此入
心中解者九戒非无若論重犯律自明斷隨犯多少一々波羅夷此篇聚初四戒
重犯婬戒多重犯偷盜殺妄重犯爲並亦此別解脫戒由境緣別得戒不同故得

諸媱戒體光潔無行可遮，釋本受體，如懺初篇還得清淨，不言受由在本戒
又如律云：打謗犯重比丘尼皆墮眾，為無戒者止同吉羅。　問：應當足數，不名斷頭？答：
懺本清淨，理當足數，如得往說戒、羯磨等，但由情過深厚，不任僧用，故云不來成
隨意斷頭之喻，此望不階聖果為言。　問：媱戒雖被汙染，但名犯義，出在何文？答：上已明示。
又應懺初，如下懺法中說。戒體皇在，常恒清淨。世中在人，犯一媱戒，初乃惶懼，後復思審，
謂言失戒，遂即雷同，隨道此犯，豈不由愚於教，洞自陷流俗？焉知但犯一媱，諸媱並皆不犯，
當篇無遮，當淨灑然（下之五聚義同）。初受故同法之傳，理須明察。為先被淨識，托對之
欲染心生，由前方便，為無非縛慮，對境不能不犯，既犯業成，必須無覆早懺，罪還本淨，
進入僧。為迷上所說，自懷藏覆，不參眾務，財法並言，便冒受用，自他俱負，豈不
悲乎？不亦悮哉！　問：媱已被染，諸戒猶全，何故不階聖位？答：明了論解：此四重戒，隨毀一
重，諸餘戒分用則無力，如人身中四支，得死隨壞一支，身命便死，由戒力弱，不發定慧也。
十輪云：若犯四重，毀法謗聖，死入阿鼻，如是之人，於其一身不能盡結，必墮惡道。若在於
我法中出家，持根本戒，常勤勇猛，一切供養，終不虛受。何以故？志求解脫，乃至捨命，終
不犯毀。何以故？以四根本三乘依住故。　四分中，尼有八波羅夷，前四同於大僧，後四如別尼說。
十誦：重犯不同此律，同名之罪，則無重犯；同種之罪，則無重犯。此接初篇以言故。文云：學
悔沙彌，犯僧殘，令次第僧中行覆藏六夜，出罪對餘，以別部中說。明了論云：律中說罪有

[illegible]
悔沙孫犯僧殘，令次第僧中行覆藏六夜出罪對餘以列部中說。明了論云：律中說罪有
五部者，解云：此用為篇，今依本義立名部也。有二義：一成就根本義，二隨順根本義。第一波
羅夷部有十六罪，解云：一一各有四部，成十六罪。一遠方便，如行婬時先起心來，動身口業，心
已滅；二者次方便，謂動身就彼或口說欲作，此對人滅，通名吉羅；三近方便，至彼人
邊或欲摩觸身未交前，是偷蘭遮；其行婬事故摩觸，非為戲樂，故成偷蘭遮；四成
僧殘，此罪對人懺。第四身交是根本也。前三方便并為成就，故名部也。為根本未成，
前三可懺，并已成就，前之遠根本未，亦可懺，此即隨順義。餘三例此成部。四分中但
言成者，波羅夷不者，偷蘭并准十誦，則偷蘭入輕重。明了論中唯結一品，並偷蘭
吉羅體通彼此，數解應知，如懺法中文述。二者僧伽婆尸沙聚。善見云：僧伽者為僧，
婆者為初，謂前与覆藏羯磨也；言尸沙者云殘，謂未後与出罪羯磨也。并犯此罪，從僧
作法除，故從境立名。婆沙云：僧伽者為僧，婆尸沙者是殘，并犯此罪，始運行人非
全淨用，有殘，殘罪由僧除滅故。四分中正明僧殘，僧義上解。又云有餘，以行法不絕
為名也。毗尼母云：僧殘者，如人為他所斫，殘有咽喉，故名為殘，理須早救，故義解律
云：并犯此罪，應强与波利婆沙等，由講此罪故也。并約其體，則有十三。僧祇隨相尼有
十七，六異七同，麤以別說。明了論解第二僧伽胝施沙部，有五十二罪，餘部說此罪不同。
此乃正量部名，有三義：薩婆多部稱僧伽婆尸沙，有一義；正量部同解云：由見衆人
[illegible]

意隨順僧教咸懷歡喜阿浮呵那者翻爲呼入衆也正量部毗施沙三義初如前
解第二救義謂由僧救濟得免此罪三者勝義向犯罪時戒下劣人由僧救濟還
得清淨從劣得勝 三者偷蘭遮聚 善見云偷蘭名大遮言障善道後墮惡道
體是鄙穢從不善體以立名者由能初成二篇之罪故也又翻爲大罪亦言麁惡
聲論云正音名爲薩偷蘭者 明了論解偷蘭爲麁遮爲過麁有二種一是重罪方便
二能斷善根所言過者不依佛所立戒而行故言過也如半咒羅援破出家賊外道並過名亦
通此罪取初犯而過後者從初受名如後半隨前者立得過界 然偷蘭一聚罪通正從體
兼輕重律列七聚六聚並含偷蘭或在上下抑乃由也 律中或次僧殘後者由是戒分所
收罪名重也如初二篇遠近方便及獨頭正罪破僧盜四之類也或在提舍尼下則是威儀
所攝罪名輕也如 第三篇遠方便及輕獨頭之罪謂裸身用髮等例是也然戒分威儀
通別非一舉通則戒戒並非威儀皆名犯也若投別以論上三之篇過相麁能著治名爲戒
也下過輕能治之行名曰威儀若就均雜往分前四是均無非正果下三爲雜通輕及因然
偷蘭雜中之重故在第五也 四波逸提聚義翻爲墮 十誦云墮在燒煮覆障地獄故也
四分僧尼百廿種分取卅因財事生犯貪慢心強制捨入僧故名尼薩耆也餘之九十單悔
則入於波罪體同一品收 尼二百八戒入第三篇卅捨墮餘入別懺輕非同異如別顯之出
要律儀云尼薩耆意翻捨墮 聲論云尼翻爲盡薩耆爲捨波逸提是者本名波藥
羨剎致也 明了論解波羅逸半達 尼柯部有三百六十罪正量部翻爲應知功用之義

要律儀云尼薩耆意翻捨墮　聲論云尼翻為盡　薩耆為捨　波逸提者本名波藥
文 義剖致也　明了論解波羅逸 羊達 文　尼柯部有三百六十罪正量部翻為應知功用之義
解之一眾多輕細難識好毀三性罪及制罪三好毀犯者應作功用對治勿令滋廣薩婆
多云波羅夜質胝柯翻為應對治恒須見悔名犯所覺上座部云胝柯翻為能燒熱
此罪得大叫喚地獄因時能燒熱心果時能燒然眾生但有三部有之三方便卅九十投一百廿元偷
蘭遮有二吉羅　五波羅提提舍尼聚義翻向彼悔從對治境以立名　僧祇云此罪應發
露也取此律戒本中具明悔過之詞僧有四種如下具陳尼有八種与僧全別　明了論解
第四波胝提舍尼部有十二罪翻為多對應說謂對人說所作罪也　六突吉羅聚　善見云突
者惡也吉羅者作也　聲論正音突 文 佉力 膝吉栗多　四分律戒云式叉迦羅尼義翻為
應當學一僧云守戒也　此罪微細持之極難故隨學隨守以立名　十誦云天眼見犯罪
比丘如駃雨下豈非專觀在心乃名守戒也　此律有一百眾學尼注指同大僧七聚之中
分此一部以為二聚身名惡作口名惡說或名突吉羅惡說者兆有解刹如疏述之
明了論解云非四部所攝所餘諸罪共學對及婆藪汁律所說罪一切皆是第五獨柯多
部攝此是正量部名以充別身口業故意惡作　翻之婆多云突瑟几理多用身口二業
翻惡作也同翻一名而義兩別分輕重中重者名獨柯多輕名學對梵音息叉柯羅
尼中國世音息法柯羅尼同翻為學對若不動身口輕責心悔滅若動身口則重對人
方滅此間不解分別輕重通名衆學謬矣若但心地起元方便若動身口有遠近二方
若職根本方便

說六聚者論罪體生疑不信是突吉羅文彰三罪二罪者略與生疑之事廣如疏述
七滅諍中眾多通之但為覺於四諍彼此未和故制七藥用以除殄文義所從理相又深使
學宜擇終末窮盡披略不述而僧尼同數共成通戒焉　問五篇七聚何義離合今
上所明但云六聚答言五並篇者　僧祇律中當宗所明但云五種犯五種制五犯聚其
六聚七聚出四分下文今且合七五不同具有三義則入五中一者名均二則體均三究竟
均不具此三通入聚攝而六七差分者是有義意今中含突吉羅以同聚故七中離
於惡說以過多故　問上具張六聚名辨請知五篇七聚名相如何答言五篇名者
一波羅夷二謂僧殘三波逸提四提舍尼五突吉羅七聚者一波羅夷二者僧殘三偷
蘭遮四波逸提五提舍尼六突吉羅七者惡說且列兩名廣如戒本疏說　問律中
僧列二百五十戒戒本具之尼則五百戒此言虛實答兩列之數約指為言故諸部通
言不必依數論其戒辨唯一元作約境明相乃量塵沙且指二百五十以為持犯蹊逕
耳律中尼有三百卌八戒可得指此而為所防今准智論云尼受戒法略則五百廣說八
万僧則略有二百五十廣且同尼律儀　二明所犯果報就中分二初斷惡門起業重輕二
引文證成來果初中起業要託三毒而生然毒之所起我心為本此義廣張行人須識
如纖經中具明業相今略述起罪必約三性而生受報淺深並由意業為本故　明了論
解云破戒得罪輕重不定有重心破輕戒得罪重元慚愧心作元畏難或由見起謂
元因果或由不信生謂作[illegible]

如[illegible]
解云：破戒得罪輕重不定。无重心破輕戒得罪重，无慚愧心作无畏難。或由見起，謂
无因果；或由不信生，謂非佛制，此戒或不信破此戒得此報；或由疑生，為定佛制為
定得報，不定得報。若由如此心破得罪便重，若不由如此心偶尒破戒，至翻成輕。今隨三性
具列罪相。一者善心犯戒，謂如僧祇中知事比丘闇於戒相，互用三寶物，隨所違者並波
羅夷；或見他欲生，與其死具，看俗煞生，教令早與方便，若惱與並慈心造罪，而前境
違重，不以无知便開不犯。由是可學，皆結根本。即律文云愚癡波羅夷乃至吉羅亦尒。
又如薩婆多云：年少比丘不知戒相，塔上拔草，罪福俱得。多論來報受罪則輕，由本善
念，更不增苦，不免地獄。由遠受體，多犯性戒，具夏二罪，謂業道也。及以違制，多犯遮戒。
如懷草木，但得一罪，以化教中本不制故，无情可惱，多復懺洗，復本清淨，不同犯性。然如
下智論中說。二不善心者，謂識知戒相，或復闇學，輕慢致罔，毀呰佛語，如明了論述云
及四種麤惡意犯罪：一者濁重貪瞋癡心；二者不信業報；三者不惜所受戒；四者輕慢佛
語，故心而造，則得重果。以此文證，由无慚愧，初无改悔，是不善心，故成論害心煞蟻
重於善心煞人。根本業重，決定受報。縱懺墮罪，業道不除。如十誦調達破僧犯
偷蘭，已佛令僧中悔之，而於業道尚墮阿鼻。故地經獄云：一作業定，二受果定，諸佛威
神所不能轉，廣如卷末說陳。三无記心犯者，謂无非摘護，隨流任性，意非善惡，汎尒
而造，如比丘方坐高談，虛論費時，損業縱放，身口或手足損復草木地土，和僧媒娶

通前諸正並如論中无記感報　問无記无業云何有報答解有二初言感報未可
先有方便後入无記業成在无記心中故言感報而實无記果也　二者亦感總報非不招受
如經中頭陀比丘亦覺殺生彼生命過墮野猪中山上舉石石因崩下還殺比丘又如五百
問中知事慢觸淨器作嗽糞鬼等如成論中睡眠成業是无記報　因如前无記
有不犯者其相如何答已略明今更廣示謂學知戒相善達持犯心常兢厲遇尒忘迷
由非意緣故開不犯如長衣過日忘不說淨善攝根門復睡漏失失持木石失手殺
人如是等緣並非諸限及上所懷並諸正犯然則業苦綿積生報莫窮虛縱身口
汙染塵境既先三善可附准加三惡若輪以此經生可為歎息　二引證成報如目連問
罪報經云有比丘比丘尼无慚愧心輕慢佛語犯突吉羅還與學戒罪如四天王
壽五百歲墮泥犁中於人間數九百千歲　第二波逸提提舍尼如卅三天壽命千歲於人
間數三億六十千歲墮地獄中　第三波逸提者如夜摩天壽命二千歲於人間數
廿一億卅千歲　第四偷蘭遮如兜率天壽四千歲於人間數五千歲　第五僧伽婆
尸沙罪如不憍樂天壽八千歲於人間數二百卅億卅千歲　第六犯波羅夷罪如
他化自在天壽十六千歲墮泥犁中於人間數九百廿一億六十千歲　涅槃中犯突
突吉羅罪如忉利天日月歲數八百万歲墮地獄中与上經文不同者此謂數有大小
以万万為億之量也　自上引證並是佛說正翻非謂失譯疑偽勿得從心罪境常

此方之慮億之量也　自上引經蓋是佛說正翻非謂失譯疑偽分得從心眾境曾
不及知一犯當入刑科多犯理須長劫今時不知教者自毀復云此律戒所禁止是聲
聞之法於我大乘者世同真土猶如黃葉木牛木馬誑止小兒此之戒法亦復如是誑
汝聲聞子也原夫小二乘理無分隔對機設藥除病為先故鹿野初唱本為聲
聞八方諸天便發大道雙林告滅深顯佛性而令聽眾果成羅漢以此推之悟解在
心不唯教怡故世尊勉世深達物機凡所施為戒儀為主但由身口所發事在我
防三毒勤興要由心使令先以戒捉次以定縛後以慧煞理一次第乎今乃不肖之人不知己身
位地妄自安託云是大乘輕棄真經自立我教乃勝鬘經說毗尼者乃大乘學習
論云八十部者此尸波羅蜜如此經論不入其耳豈不為悲乎故摩耶經云若年少比
丘於衆中毀呰毗尼當知是為法滅之相　涅槃文云若言如來說突吉羅如上歲數入地
獄者並是如來方便怖人如是說者當知決定是魔經律非佛所說以此文證如
來懸知未來必此故先說示以定邪正不令有濫而今同前群黨可謂此是魔
民又遺教等經當指毗尼以為大師若我在世無異此也而遠送自陷深坑故百
喻經云昔有一師畜二弟子各當一腳隨時按摩其大弟子憎彼小者打折其
所當之腳彼又憎之又折大者所當之腳譬令方等學者非於小乘小乘學者又非方
等故使大聖法典二途兼亡以此證知今自固覩且又菩薩設教通道濟俗乃緣而
作不染其風初心大士同聲聞律儀誡恒戒性垂元別此　涅槃經中羅刹乞微塵

過其寠恥已毀犯謗曰褒揚余曾語云戒是小法可宜捨之便得不肯可宜持之又
復不肯寘非与煩惱合卒難捺翰又可悲乎今僧尼等並服聖教依法受戒理須護持
比則成受无元護雖受不成故薩婆多云无殷重心不發无作縱使成受形儀可
觀似法住持理須因護今時剃髮染衣四僧羯磨伽藍置設訓導道俗凡所施
為皆非戒律出生善受剃須身柄御之象口云我應為之義行戒起小來抵教網
之受便云我是大乘不開小教故佛藏　立為化之喻驢披師子之皮廣毀誠呵何俟陳
顯恐後无知初學為彼塵蒙故曲引此猶恐同染悲夫

隨戒釋相第十四

此篇來意准律條部以正本持犯未具下更列之今為諸篇未足故別生一位使條理隨相指式軌之也

比丘有二百五十戒　智論云若但說名字則二百五十比尼中略說則八万四千廣說无量无邊故出家人有无量无邊律儀在家人不具尸波羅蜜出家者則具戒度也

依之循行善識其旌相者便發生定慧克翦煩惱若闇於所緣隨流染惑豈能反
流生死方便沉淪若趣所依以教出相具顯持犯　准此之廣无禍害為今但隨戒相
別指直陳進否義通明心境具在方軌持犯中並戒是生死舟航出家宗要受
者法界為量持者鱗角猶多良由未曉本詮故得隨塵生染比既賢聖同欽
序何得抑忍不論故直筆舒之略分四別一者戒法此明體通出離之道二者戒體
即謂出生衆行之本三者戒行謂方便脩成順本受相四者戒相即作篇所明亘
通篇聚　然初戒法受緣已明令略標舉顯知由遂且分七門一聖道本基二戒在

通篇聚熟初戒法受得已明今略標舉題知由述且分七門 一聖道本基 二戒有
大用 三略知名趣 四具緣不同 五優劣有異 六重受通塞 七廣辯受得時代不同
初言聖道本基者 如成實云戒如捉賊 如縛賊 惠如殺賊 三行次第賢聖行之 故
經云依因此戒得生諸禪定及滅苦智慧 又律云 為調三毒令盡故制增戒學 又
云戒者行根面首 集眾善法三昧成就 又智論云若無此戒雖諸苦行皆名邪行
故經云諸善功德皆不得生 餘並如戒本疏述之 二戒有大用 諸佛立教並尤勝能
取義各別 理須略舉 夫三寶所以隆安 九道所以師訓 諸行之歸湊 賢聖之依止者
必宗於戒 故律云 如是諸佛子 脩行禁戒本 終不迴邪流 沒溺生死海 又戒經云若
人自為身 欲求於佛道 當尊重正法 此是諸佛教 故結集三藏 此教最先 善見云
毗尼藏者佛法壽命 毗尼藏住佛法方住 故先結之 所已爾者 餘經但明化跡通顯
因果事隨理通 言無所寄 意思深遠 賢情未達 雖欲進脩 期得其要 多滯答
相 由述教指令 戒律大藏住持 切強凡所施造 並皆庸陋 以人附形服 果世法則軌用
有儀 住既與俗不同 雜行條然自別 由世隨相有法 通相成 便能遷非 不墮於地 又
以法能資人 親成眾行 使人能弘法 故律云以眾和合故佛法得久住 三略解名
義 依彼梵行具立三名 初言毗尼 或言毗奈耶 或云毗那耶 此翻為律 故四分十八注中毗尼及律
二名不並 又僧祇中七種律也 謂七毗尼 或以滅翻 從功能為號 終非正譯 故以律翻之
乃當正義 二言尸羅 此翻為戒 故六度所說 良證可知 三言波羅提木叉 此云處處

等法並律所明之教詮也　問條之兩義並明行法何不標名答智論云條義兩從意
存定慧此中題宜戒行爲万善因基故先取從名引生後二也所以前標律者由宗
出五衆所服異世顯内從並異而外道俗流濫同聖跡无由取別好以從隊故創弘
律名用顯初法條如常解　二者戒義如雜心說謂數通法界也廣如後明智論
云戒者秦言性善也又善生經云戒者制也制不善法或云近隘性不容惡或云
清涼遠煩惱熱或名爲上能上天堂至无上道此但從功能彰名或從心辯如
經云學也學調伏心等或就躰解之作无作戒如雜心云別解脫調伏以辯是善
非惡无記因明正義戒者性也性通善惡故惡律儀數亦通周故云不律儀也爲
此立名戒當禁也惡法禁善名之爲律樂避前生行順此法名之爲儀爲就
善律儀反解之是此則以戒從教立名又律云木叉者戒也此因從果爲号也
三解脫義者近而彰名隨分果也謂身口七非犯緣亦一名之防護隨相解脫遠取
戒德因戒尅聖證彼絶累由尊戒本故律云除結无重号縛着由此解也條如
後說　四具緣不同若論求戒唯論羯磨一受必藉因託緣便能長立其受緣相如
上卷一門但受是比丘大經佛法根本更略標舉依毗尼母論云具五緣一和上如法
二兩阿闍梨如法並謂弟子見聞无破戒事堪爲師義是得戒限三七僧清淨
請受三根无染通望十師彼此見聞敎中无非法者方得成受所有三根境非是

請受三根无染通望十師彼此見聞處中无非法者方得戒受所有三根境非是
數心不具法了了知非故受不成四羯磨成就者論中云若言語不具前後不次
說不明了並不成受五衆僧和合与欲若乃别衆之相如是數法中所明受忽
不得又云若在家受五戒八戒乃至十戒隨毀破一重如此人者後出家不得戒不得
作和上及十三難中初難攝餘十二難同前薩婆多云若受五戒破其重者後捨五
戒更受五八十具戒等并禪无漏戒一切不得乃至破八戒中重者不得如前 毗尼母云不
就戒場外更不結大界直結小界不得受具今有无難因緣結小界受亦是非法
多論云若發重心則有作与无作輕浮心者不發无作又如受後具持可是顧行相
應依論得戒有受无持但有虛願无行可剋則不得戒故律云共比丘同戒也以受持
同故可有得戒犯戒之人反上剋无戒亦无犯也 多論問云羯磨竟時爲若心得爲
不善心得乃至无心記得答通是得戒若爾何故律云瞋恚睡狂如是等人不名受具
答云作白之時具上四心不名得戒羯磨已後方有四心皆是得限前善心不得者謂說
緣餘善心无緣戒又類餘无心也 五條者由五此門知戒是勝緣入道之要便能發
持无失於相也 婆論云木叉戒仏在世有稱現故勝禪无漏戒一切時有二有漏木叉通
情非情寬故言勝餘二局情狹故亦如三有漏木叉從慈心發故勝能爲仏道作因四
木叉戒者被及七衆 紹續三乘 三寶三道 住持功强 餘二无能故勝五木叉戒者唯仏弟
子有餘禪戒者外道亦有 善見云具足木叉者諸光諸山學之中日光須彌學中木

隨行不論受時互可作戒在一念隨心一品無作小心盡形故隨行在增微故成論云
有人言波羅提木叉在重發不答云一日之中受七善律儀隨得道定更得律儀而本
得不失勝者受名其七善者謂五戒八戒十戒具禪戒定戒道共戒也　如薩婆多
師資傳云重受增為上品本夏不失僧傳云宋元嘉十年祇桓寺慧照等於天竺僧
〻伽跋摩所重受大戒或問其故答曰以疑先受戒中為下更求增勝故須重受依本
臘次　七震嶺受緣余聞人言比丘受戒先無經始從今受者少乖緣具理得何疑但
作奉戒之心莫不得戒之限忽聞斯語不覺嘆茲豈以雷霆振地聾者不聞七曜麗
天盲者不見既因管識厝言故引用聖教明白灼然具緣成受不具不得比丘受具傳
傳顯彰從緣境九隘依法五訣如前卷受中衆言漢境受緣者自漢明夜夢之始迦竺傳
法已來迄至晉魏之初僧徒極盛未稟歸戒剪落殊俗設復齋懺事同祠祀後有
中天竺僧曇摩迦羅此云法時誦諸部毗尼以魏嘉平年至洛陽立羯磨受戒法中戒
夏戒律始也唯用十僧大行佛法改先妄習出僧祇戒心又有安息國沙門曇諦亦善律
學出曇无德羯磨以大僧受法之初也　比丘尼受具初緣至宋元嘉七年有罽賓沙門求
那跋摩至楊州譯善戒等經又後有師子國尼八人來至云宋地未經有尼何得二衆受戒
跋摩云足人作本法者得戒得眾尋佛制意法　出大僧但使僧法成就自然得戒所以
先令作本法者政欲出生其信心為受戒方便耳非於得戒在大僧羯磨時生也

先念作本法者欲出生其信心為受戒方便耳至於得戒在大僧羯磨時生也
諸尼若求更受答曰善哉夫戒定慧品從微至著爲欲增明甚相隨喜且令西尼
學語未住中国請尼令足十數至元嘉十年有僧伽跋摩者此云衆鎧解律雜心
自流沙至楊州初求那許尼重受未備而終俄而師子国尼鐵薩羅等三人至京
足前十數便請衆鎧爲師於壇上爲尼重受出高名僧傳史傳録及晉中雜録文
略出緣起示爲龜鏡　二者戒體四門分之一戒體相狀二受隨同異三緣境寬狹四發
戒數量　初中五門一辯體多少二立所以取解名義三出體狀四先後生相五无作
多少　初中所以別解脫戒人並受之及論取識止可三五皆由先无通敏不廣、咨詔
詢致令正受多闕體相育夢心中緣成而已及論得不眇同河漢故於隨相之首諸
諸門示現准知已身得戒成否並復持犯方可循離　開別解脫之戒可有幾種
答論體約境無乃无量戒本防惡惡緣多故發戒亦多故善生云衆生无量
戒亦无量等今以義推要唯二種作及无作二戒通於无境不盡　二立所以并解
名義　初中問曰何不立一及以三種答若單立作體謝往不能防非又不可常作故須
无作長時防非若單立无作則起无所從不可孤發要賴作生二法相藉不得立一仍
爲不三俱由體相道理相違一作无作別二心非心別性亦可合但得立二若就所防隨
境无量　二列證者如毗婆沙云若淳重心身口无教初一念色有身口教及以无教第
二念中唯有无教无其教也（教者作也不可教示於他）雜云戒有二種一者作戒二无作戒是人唯具

等喻以上諸文有二非虛　次解名義　問曰既知二戒請解其名答云所言作者如陶
家輪動轉之時名之為作故雜心云作者身動方便言无作者一發續現始末恒在
心三性不藉緣辯故雜心云身動滅已与餘識俱是法隨生故名无作　成論无作是
因心生罪福睡眠悶等是時常生故名无作云何名戒〻禁惡法故　卅云戒者直是
遮制一切惡法〻若不作惡是名持戒善生經中五義明之如前制述涼上學等解之
三出躰状二論不同今依本宗约成論以報光明作戒躰論云用身口業思為躰論其身
口乃是造善惡之具所以者何如人无心殺生不得殺罪故知以心為躰文云是三種業
皆但是心　心无思无身口業等指色為業躰是戒不然十四種色悉是无記非罪福
性　又有論師以身口三業相續善色聲為作戒躰以相續色聲法入所攝意識
所得是罪福性也　言无作戒者以非色非心為躰非色者非塵大所成以五義
來證一色有形段方所二色有十四廿種別三色可惚懷四色是質㝵五色是五識
所得无作俱无此義故知非色　言非心者躰非緣慮故名非心亦有五證一心是慮
知二心有明闇三心通三性四心有廣略五心是報法无作旦不具此故以第三聚非
色非心為躰文云如經中說精進人得壽長隨壽長得多福以福多故久受天
樂若但心云何能得多福是人不能常有善心故又意无戒律儀若人眠不善无
記心亦名持戒故知尔時无有作也　卅云戒者雖无形色而可護持雖非觸對善脩
方便可得具足十住婆沙云戒有二種作者是色无作非色故以多文證成非色也

方便可得具足十住婆沙云戒有二種作者是色无作亦色故以多文證成非色也
四時二戒先後初解云如牛二角生則同時故多論云初一念戒俱有二教第二念中唯有
无教後解云前後而起故善生云世間之法有因則有果如因水鏡則有面像故說作
戒前生无作後起論云作時具作无作者此是作俱无作並是戒因至第三羯磨竟
其業滿足是二戒俱圓故云具作无作不好形俱无作仍後生也足是當念竟時二戒
謝後无作生也　五汎解多少依如多論八種无作一作俱无作如作善惡二業与作方便齊生
二形俱无作如善惡律儀形滅戒失　三事在无作如施補壞不无作常隨僧坊塔像橋井
等物功德常生除三因緣一前事毀破此二人若死三若起邪見无此三者事在常有德
緣同之　四從用无作如著施衣入諸禪定則令施主得无量福惡緣弓刀例此可知
五異緣无作如身造口業發口无作口造身業發身无作等若依成論身口更造　六助
緣无作如教人殺盜隨命斷離受教者得罪　七要期无作立名願无作如人發願作會
作衣等施无作常生　八隨心无作在定慧心无作常生立名心俱　成論云出入常有善
心轉勝故此言隨心者隨生死心恒有无作亦謂隨定慧則解脫不介唯隨於身此并云初
果生惡國色方不作惡上八種中前七通善惡欲界繫法後无作為是世禪屬上二界
為出道法非三界業　二受隨同異二種无作五義同之一者名同受隨俱名无作攝戒受攝
體隨記受後對護戒之心
方便善成辨本清淨故
二者義同同以防七非三者體同同以非色心為體四敵對防非同受
中无作辨在對事防与隨中无作一等五多品如成論戒得重發肥羸不定　異有四重一

三性恒有隨局善性无名狹四根條兩別受為根本隨依受起故曰枝條 二種作者有
五同一名同二義同三體同四根同五狹同唯局善性所以准知有四種異一受中總斷隨中別
斷二受本隨條三受是懸防隨中對治四受作一品終至无學隨一品受隨中作戒多品
由境有優劣心有濃淡故心分三品不防本受是下品心故雜心云羅漢有下品戒年
少比丘上品戒 三明發戒緣境寬狹上卷受緣已明明發方法但心隨境起故今依論
令知戒德之高在心使持者有勇勵就中分四 一能緣心現在相續心中緣 二所緣境通
三世如怨家境雖過去時起惡心斬截死屍現在怨家子有可懷義未來諸境
可以准知故緣三世而發戒也 成論問為但於現在時律儀從三世衆生得邪答
三世衆生所得如人供養過去所尊亦有福德律儀亦尒 三發戒現在相續心中得
四防非者但防過去未來非現在无非可防 問比丘既已起戒防未起何得言斷過去
非邪答境隨過去非猶過去是戒防未起非 又解云一精專不犯戒防未起非二犯已
能悔還令戒淨此保已起非條如戒本疏解然則緣境三世得罪現在過未二境唯可起心
說言三世發也為据得戒唯在一念 成論云慈悲布施是亦有福戒亦可尒以通三世皆与
樂意又云慈切偷物但通現在過未已謝戒則不尒要必普周為作偏局一向不合故多
論云以惡心隨戒有增感故 問戒從三世發唯防二世非者答多論受體獨不能防但是防
具要須行者兼持以隨資受方成防非不防現在以无非也為失持心便成罪業為在正

誘之以恩心隨意行故居故 隨意行二七若欲[illegible]二七種三大若若誘處解行[illegible]能[illegible]
具要須行者秉持以隨資受方成防非不防現在以无非也若无持心便成罪業應在
念過則不生故也然又以隨資受令未非應起不起故防未非若无其受隨去所生既起
惡業名曰過非為護受聯不令塵染懺除往業名防過非 若尔戒文防非之何故起
答要須行者隨中方便秉持制抗方名防非如城池弓刀禦捍擊賊之辟餘如戒本疏
中解之 四明發戒多少略如上明今又述者以世俗多迷故廣銓敘意存識知法自濟
並人故也然所發戒數隨境无量要而言之不過情以非情有无二諦持相皆盡任境而
彰略說如地水火風空識等界及色聲香味觸等五塵乃至過未三世法界等法及六
趣衆生趣外中陰四生互發得戒上来懸舉次引文證 俱舍云戒從一切衆生得定
分因不定何以故不得從一種衆生得戒分不定者在人從一切分得戒謂受比丘戒在[illegible]
四分得謂受所餘諸戒此五八十戒世因不定者有二義若五无貪嗔癡為戒生因從一切
得以不相離故若五上中下品意為戒生因則不從一切得 若不從一切衆生得戒則无也
何以故由遍衆生起善方得具足不得云何如是惡意不死故若人不作五種分別得
木叉戒一於某衆生我離殺等二於某分我持三於某受鉢持四某時然持五某緣不
平
持除鬪戰事如是受者得善不得戒於非所鉢境云何得戒由不害一切衆生命故方
得若從所鉢境得戒是則在於損減過能非能平轉生故若尔則離得捨因緣得戒
捨戒是義自成縱離得捨因緣在何道惡心不死故不成普周 毗婆沙云若尔

不謝可知四心境俱謝根轉之時不同戒失　薩婆多云於非衆生上並得無量戒
善功德如三千世界下盡地際損傷如塵皆得其罪翻惡成善一一塵處皆得戒善
乃至一草一葉一花及罪報福皆入戒門故善生云大地無邊戒亦無邊草木無量戒亦無
量虛空大海戒德高深亦復如是以此文證理通法界義須戴仰　多論又云於三
千大千世界下至阿鼻上至悲想於一切衆生上可殺不可殺乃至不可欺此一一衆生
乃至如來九命之類以三因緣一一得戒又以此推出家僧尼及下三衆奉戒德親行遵聖
迹位高人天良由於此端拱自守福德恒流故　明了論云四万二千福河流解云謂四万
二千學處一切恒流其猶河水流除破戒煩惱言四万二千者謂根本戒有四百廿所以
尒者如藪婆什律戒有二百多明輕戒優波提舍戒有一百廿一多明重戒比丘尼別
戒九十九合成四百廿是一一戒有攝僧等十功德一一功德能生十種正行謂信等五
根無貪等三善根及身口二護一戒凡百合戒有四百廿豈非四万二千又解云無願
毗尼者謂常三羯磨竟時四万二千學處一時並起無一戒不生故稱無願授斯以
求戒德恒流　問僧尼二衆戒數有別何以無願毗尼直言四万二千耶一解比總
舉二衆以說為取要理為隨本戒文釋以根轉義證比丘縣並得尼戒俱有
四万二千　次對七衆發戒多少准　薩婆多云五戒者於一切衆生乃至如來皆
得四戒以無毒善根得十二戒并一身始終三千界內一切酒上咱之皆得三戒以受時

四分二千　此數十衆[illegible]
得四戒以无毒善根得十二戒并一身始終三千界內一切酒上唱唱皆得三戒以受時
一切永斷設酒滅盡羅漢入般戒常成就准以義推女人身上媱處有三男上有二發
由三毒單配則女人所得十八戒男子十五戒非情一酒上得三戒　八戒發者衆生同上非
情得五十戒下三衆情及非情同大僧發四分律文俱發七支戒戒下文皆結吉羅故
若尔何故列七非但不根本善作說相令其早知條則和上由教故三歸羯磨俱无戒故
之文說相之中方列十四兩種類解　若約傳尼准如要論一一衆生身口七支以貪瞋癡
起故成廿一戒令義准張三毒頓起二三廿分應有七門女人九處男子八處七毒歷之
女人身上得六十三戒男子身上以已七毒惱他得五十六戒非情境各得七戒以此例條法
界之中情與非情各得諸戒无量无邊故善生中五種為量一衆生大地草木大海
及以虛空辟戒德量如前分雪　問七支攝戒盡不答盡也設有不盡攝入七中如配戒
種類所說　又云攝戒不盡以罪性不同如煞打兩別能防牙異故善生云除善惡戒
已更有業戒所謂善惡法也故知根本七支所收業戒類種所攝宜作四句一者善而非
戒謂十中後三是也律不制單心犯也二戒而不善即惡律儀三具善具戒十善之中前七支也
以不要期直尔循行故名善也又此策勵故名戒也四俱非者身口无記　問戒与律儀
行相差別如何答通衍无崖是律儀也對境禁約是戒儀也如比丘俱緣受已見生

受随二戒遮防外非方便善成故名戒行並以受是要期思願随是緣顧循行辟如築
營宮宅先立院墻周匝以謂檀場受體也後便随處營搆盡於一生謂受後
随行若但有受无随直是空顧之院不免寒露之弊若但有随无受此行或
随生死又是局狭不周辟同无院室宇不免賊之穿窬也必須受随相資方有
所至 聞今受具戒招生樂果為受為随吞受是緣助成有行功必須回随對境防
擬於此随行至得聖果不親受體故知一受已後盡壽已來方便正念護本所受
流入行心三善為體則取戒行随相可脩若但有受无随行者反為戒欺流入苦海不
如不受无戒可違是故行者明須善識業性灼然非為濫述 四明戒相語相而言
有境斯是緣則綿亘𢮎心通渉今约戒本人並誦持文相易通明持犯非濫
自餘萬境宜得漏言准例相承薄知綱領 初篇婬戒 以下例分為三
謂所犯境二成犯相三明犯法略知持犯𠫵如下篇餘義並如戒本流中 初明犯
境者僧祇云可畏之甚无過女人敗正毀德莫不由之染心看者越毗尼 聞聲
起染心尔智論云婬欲雖不惱衆生心繫縛故為大罪故律中婬欲為初又比丘
法令世取涅槃故 四分中犯境謂人非人（天子鬼神等）畜生三趣披報則男女二形披受
則女人三道謂大小便及口男子二道此等婬受為覺睡眠及死未壞少壞但使
人婬處如毛頭皆波羅夷律云牛馬猪狗鴈雞之屬莫問心壞想疑但是正
道皆重餘摩得伽論具明犯之分齊然婬過纏現人並知非及論引化之皆淸正

道皆重餘摩得伽論具明犯之分齊並婬過據現人並初非及論問犯之皆結正
約相示過貢尓欲開或致輕蔑生疑怪故善見云法師曰此不淨法諸語開說
去勿驚怪生慙愧心要心於佛作以故如來慈愍我等佛是世間主離於愛染
得清淨處為愍我等說此惡言為結戒故又觀如來功德便生極心為佛尓
說此事我等云何得知波羅夷罪及嘆若驗出　次戒犯相有二緣一自有婬心
向前境縱有裹隔乎障但入如毛頭結成大重具四緣成一是正境（男則二道 女則三道）
二興染心（謂非餘 睡眠等）三起方便四與境合便犯　二者為爲怨或將至前境或就
其身佛開身會制令不染亦具四緣一是正境（不問自他）二爲怨逼三與境合四受
樂便犯　善見云婬不受樂者如以男根內毒蛇口中及以火中是不染之相
問此婬戒結犯通戲咲不如以小兒根內中口枕故無婬心答婬心難識准律云愛
染汙心是婬欲意並犯重罪　五分為刺者是戲偷蘭非戲者重受刺者亦尓
十誦云口中要過齒成犯餘二道無開　四分云為為怨家强捉男根合入三犯境若三
時心無有樂皆不成犯隨始入已出時一一時中有婬意皆重　為為怨家强捉比
丘二處行不淨初入覺樂犯至乃至裏隔四句亦尓脫有其事內指中口齒之
唯覺指痛及免重罪如前論說蛇口火中可也　律云死屍半壞多分壞及骨間
行不淨偷蘭此婬戒結犯不待出精但使骨肉者皆偷蘭若無作出精意精

三下衆相教作不作俱犯吉羅作者滅殯吉羅爲異 乃至下篇同犯吉羅 三明不犯中若
睡眠無所覺知 謂𤲿怨來逼已身分 不受樂 謂𤲿怨家將造他境 一切无有婬意 无樂染污心故 並不犯
第二盜戒　性戒含輕重也性重之中盜是難護諸部所述餘戒約略總述而已及
論此戒各並三卷五卷述之必善加披括方能免患有人别摽此盜用入私鈔抑忽
勸識之意也況消遍覽故銓次列之　初犯境之中謂六塵六大有主之物他所守
護非理致損斯成犯法若无主物及以己物或爲緣差境奪心想疑轉雖有盜取
之心而前非盜境並亦結犯唯有本心方便　問何名无主物答善見云子作惡事父
母逐去後時父母死者是物无主用則无罪　薩婆多云二國中間兩邊封相其
閒空地有物是名无主物又云若國破王走後未統此中有物又是无主亦如俗令山
澤林藪不令占護若先加功力不得盜損　二成犯相中總緣具六種一有主物
二有主想三有盜心四重物五興方便六舉離處必具成犯今依犯緣次第解釋就
初緣中大分三位一盜三寶物二盜人物三盜非人畜生物　初中先明知事人是非然後
盜用差别所以然者若不精識律藏善通用与者並師心處分多成盜損如後說
故寶梁大集等經云佛物難掌似法无主我說二種人當三寶物一阿羅漢二須陀洹
所以爾者諸餘比丘戒不具足心不平等不令是人爲知事也更復二種一能淨持戒識知
業報二畏後世罪有諸慚愧及以悔心如是二人自无創疣護他人意此事甚難
等賢聖教如此以爲大誡曰以犯者愚癡陽故所以律云我說此人愚癡波羅夷

業報二畏後世罪有詐懃[illegible]
等賢聖教如此比丘為大誠曰比丘犯者愚癡憍慢故所以律云我說此人愚癡波羅夷
等（並謂不依仏教師心冥犯大罪）今斷蘭三寶物四門分別一盜用二互用三出貸四將三寶物贍待
道俗法　初中盜仏物者正望仏邊无盜罪由仏於物无我所心无惱害故但得偷蘭
以同非人物攝故十誦盜天神像衣結偷蘭　涅槃亦云造立仏寺用珠花鬘供養
不問取〻若知不知皆犯偷蘭　若有守護主者三寶物邊皆結重罪无守護主
望斷施主福邊結罪故鼻奈耶云若盜仏塔聲鈴塔幡蓋皆望斷本施主福
邊結罪故五百問中塔上掃土淨地棄之不得惡用　摩得勒云盜人磨中物若
守護者犯重　十誦盜仏圖物精舍中供養具若有守護計直成犯　善生中亦
從守塔人得重罪不望仏邊結之所以約守物人結者以盜人物中分別必盜而供
養无犯　薩婆多盜仏像十誦中偷舍利並淨心供養自作念言彼亦是師
如是意者无犯　摩得伽中盜仏像舍利不滿五故偷蘭滿五犯重　薩婆多
云謂轉賣者若仏塔中鳥死及得餘物但供塔用餘用犯盜　盜法物者法是非
情无我所心律中結重者望守護主結世文云時有比丘盜他經卷仏言計紙墨
結重仏語无價故十誦摩得伽薩婆多並同望護主結　五分盜經者計紙墨書功
滿五犯重　摩得伽云偷經物滿五得重不　犯輕五百問中不得口吹經上塵土像

舍利供養元犯盗經亦同一向結重者參仏得遥心礼教法須執文讀誦故地持云
不現前供養名大大供養此等爲欲手舉亦手結犯如人造像專心爲已不通餘人可
不結重造經爲他隨能受用豈可結罪　盗僧物者有護主者同上結重若主
掌自盗准善見論盗僧物犯重此僧有四種一者常住常住謂衆僧厨庫舍
衆具花菓樹林田園僕畜等以體通十方不可分用摠望衆僧如論斷重
僧祇云僧物者從一切比丘集亦不得分此一向准入重攝二者十方常住如僧家供
僧常食體通十方唯局本處若有守護望主結重同等盗損應得罪輕
僧祇云若將僧家長食還房得偷蘭　善見云若取僧物如已物行用與人得偷
蘭（准共盗僧食）若盗心取隨直多少結是名第五大賊（有主）毗尼母亦尔　薩婆多
善見不打鐘食僧食者犯盗又空寺中客僧見食盗噉者隨直多少結罪（准此如上偷蘭）
三者現前現前若盗此物望本主結重若多人等物人守護且望護主結　四者
十方現前如亡五衆輕物也善生云盗亡比丘物若未羯磨從十方僧得罪（謂計人不滿五）
（但犯）偷蘭若已羯磨望現前僧得罪重（謂人數有限則可滿五錢）若臨終時隨亡人囑授物盗者隨
約所與人邊結罪　四分云四方僧物若僧若衆多人若一人不應分不應賣不應自入已
皆犯偷蘭同此有人言若盗僧物亦不成盗便行奪取此未見諸部明文若奪成
重四分暫得僧用故結輕若永入同善見斷重　五分盗心貸僧財物直五錢犯重

重四分暫用僧用故結輕若永入己善見斷重　五分盜心貿僧財物直五錢犯棄
一錢已上犯偷蘭　大集云盜僧物者罪同五逆　然盜通三寶僧物最重隨損一
毫則望十方凡聖一一結罪故諸部五分中多有人施佛物者佛並答言可以施僧我在
僧數施僧得大果報又方等經云五逆四重我亦能救盜僧物者我所不救餘如
藏分僧護傳等經廣陳五百問云盜佛法僧物縱償還入阿鼻地獄而得早出何
況不償者永無出期因說三藏法師還債事云云二明互用又四一一三寶互二當分互
三像寶互四一一物互就初中如僧祇寺主摩摩帝互用佛法僧物謂言不犯佛言
波羅夷謂知事人取僧粮食器具及以牛馬為佛像家營事使役若得丞重將
佛法物僧用忍尔准文如彼律寶梁等經云佛法二物不得互（由）用無有人為
佛法物作主故復無可諮白不同僧物所以常住招提互有所須營事比丘和僧
索欲行籌和合者得用為欲用僧物修理佛塔依法取僧和合得用不和合者
勸俗修補若佛塔及物乃至一錢以施主重心故捨諸天及人於此物中應生佛想塔
想乃至風吹雨爛不得貿寶供養以如來塔物無人作價故若准此義佛堂之
內而設僧席僧房之內安置經像妨僧受用並是互用由三寶位別名損分齊
故若無妨暫安理無於文云不得安佛下房已在上房也　問招提常住等是何
物耶答中含阿難受別房用施招提僧菴婆女以園施佛為首及招提僧文中不了
准此房宇等是招提僧物花菓等是僧鳥物五百問本小佛堂設像在中比丘

等所施之物　薩婆多四方僧地不合和不得作佛塔爲佛種花果若僧中分行得
已聽隨意供養花多無限者隨用供養若經荒儉三寶園田無有分別無可問
白若僧和合隨意受分若屬塔水用塔功力得者僧得重若功力由僧當籌
量多少莫令過限過則結重　十誦僧園中樹花聽取供養佛塔若是果者使
人取噉大木供僧作椽梁用樹皮葉等隨比丘用亦得借僧釜鑊瓶瓮等雜用
毗尼母云已受分房地種樹得木後用治房不須白僧僧樹治塔和僧者得僧
祇院內樹薪應准多少供溫室食廚浴室別房不得過取若無定限隨意
多少應取乾枯者若僧須木用或是樹在好地而施主不許者使淨人以魚骨刺
灰汁洗令死然後語施主知後乃斫用若僧田宅連接惡人得語檀越轉易　四分瓶
沙王以國施佛佛令與僧所以故知三寶不得互用便勸施之猶得供佛法也若本通三寶施
者隨偏用盡不得破此物以爲三分則乖本施心故善見云伏藏中物若爲三寶齋
講設會得取無罪　上律中乃至別人得用僧薪草者此要須具戒清淨應僧
法者如律所斷財法皆同若少行款乖僧用者得罪無量廣如前經中文如傳云
由取僧樹葉染作雜用罪藉藏在石函身皆入地獄受苦斯由戒非全具心無慚
愧故耳自心行者自隱而參取焉　三當分互用謂本造釋迦改作彌陀本作大品改
作涅槃本作僧房改充車乘皆望前境理義可通但違施心得互用罪律云許

作涅槃并作僧房改充車乘皆望前境理義可通但違施心得罪律云許
比丘乃與彼受及現前當直迴作五衣並得罪也若本作佛迴作菩薩本經末論等
則情理俱違本造正錄雜錄真經乃造人集偽經者因果全乖決判得重福无福
別耶正雜故若東西二倉龍佛法財物與主不合无主通用若无通師徒及眾具供養者
理通得作而不通牛馬雜畜非義之人　五百問云用佛朱色作鳥獸形得罪除
在佛前為供養故善見若施主本擬施園果為衣服湯藥等盜心迴合食者隨計
結重若擬作僧房舍重物而迴作僧食犯偷蘭若住處之少根食而欲散去无人
守護若和僧減用園果等重物作食主領守之乃至四方僧坊並得若房破壞賣應
者以相治補若賊亂世聽持隨身賊去靜時還復本處若欲供養此像迴與彼像
吉羅摩第八第九第十卷中論盜戒大嚴密十誦勒伽云持此四方僧物盜心度與餘
寺吉羅以還與僧不犯重也　僧祇若在近寺破无師具供養者通結一界彼此
等用　五百問中白衣授比丘未度者白僧與食若為僧乞白僧聽將僧食在道
若僧不許或不白行還須償不者犯重若供僧齋米僧去齋主用供後僧打
揵槌得食若不打者一飽犯重准上不得輒將僧食出界而食本无還心者犯重雖
復打鍾猶不免盜以物體揔受定故律中等利養別說戒者須作羯磨和僧方
得若直得去仍須同界同法也　若為僧差遠使路非乞食之所和僧將食在道

故僧家人犯畜生罪　三像共寶々互謂住持三寶々与理寶攝也　薩婆多云佛在
世時諸供養三寶物中常受一人分佛以滅後一大分合佛在時色身受用故取一人分
滅後供養法身功德勝僧故取一寶之分又佛在時言施佛者則色身受用言施佛寶
者置於髮塔中供養法身々常在世間故若施法者分作二分一分与經法一分与誦
經說法人若施法寶懸置塔中若施僧寶互著塔中供養亦一義諍僧若施
衆僧者凡聖俱取以言元當故准此受施之時善知通塞勿令互用致犯乖失
四隨相物中自手先約佛物有四種一佛受用物不得互轉謂堂宇衣服牀帳等物曾
經佛用者著塔中供養不得互易如前寶梁經說　五百問事云不得賣佛身上繒
与佛作衣又佛堂柱壞施主換訖故柱施僧々不得用律中佛言爲佛圖坐具者一切
天人供養不得輒用皆是塔故廣如僧像致敬法中二施屬佛物　五百問云佛
物得買取供養具供養　十誦以佛物出息佛言聽之　五百問云佛物不得移至
他寺犯棄若衆僧盡去白僧々聽將去元罪比丘客作佛像書經得物不得取
若得佛家牛畜田互不得使佛牛奴得大罪　三供養佛物僧祇供養花多聽轉賣
買香燈猶故多者轉賣著佛无盡財中　五百問云佛幡多故作餘佛幡者得施
主不許不得准此迴改作故不轉變貿如大論云如畫作佛像一以不好故壞得
福一以惡心壞便得罪也　四者獻佛物律云供養佛塔食治塔人得食　善見云佛
前獻飯侍佛比丘食若无比丘白衣侍佛亦得食[illegible]

衣一以惡心壞便得罪也　四者齋佛物律云供養佛塔食治塔人得食　善見云佛
前獻飯侍佛比丘食之若无比丘白衣侍佛亦得食准此俗家佛槃本不屬佛不勞
設贖言贖爲盜　次取法物亦有四别一法所受用如箱函匱篋巾帊之屬犯是盜
物嘗經置沒亦可迴改餘之得亦准上可知　三取僧物有二種常住屬受已定不可
轉移如上所取若通濟他寺羯磨和得初之常住上得受用十方常住鳴楗門時
及預食分若惡戒及時有施非時亦法而用並結偷蘭二種手用通和得亦准上
可知常住畜生已无壹罪准經罪重諸律无文故僧祇中施僧物並亦合受
可以意知　若論二種現前罪手如上就輕重二物斷割亦文書者獲結二罪
三出貸三寶之物　僧祇塔僧二物互貸分明券記某時貸某時還若知事交代當
於僧中讀疏分明唱記付囑後人違者結犯　十誦僧祇塔物出息取利還著塔
物无盡財中佛物出息還著佛无盡財中撥供養塔等僧物文中例同不得互雜
十誦别人得貸塔僧物若死計直輸還塔僧　善見又得貸借財物作私房　善
經病人貸三寶之物十倍還之餘不病者理无輙貸与律不同疑是俗中二衆文似出家
五衆　五百問云佛物貸子息自用同壞法身若有施佛牛奴不得受用及賣易
之若施軍器亦不得受餘如畜寶戒　第四瞻待道俗法　四分優波離白佛住處受
不迎接故當日還出佛言若知法知律知摩夷者凡所往處迎逆供給飲
食等亦不言現前四方僧物准与知事人衣是十方現前物故知亦是四方常住物

衆及識達俗士須說福食難消非為慳惜如衆網法中說　十誦供給國王大
臣薪火燈燭聽輒用十九錢不須白僧若更索者白僧給之惡賊來至隨時
將擬不限多少　僧祇若惡賊檀越王逼乃至國王大臣有力勢損益者應與飲
食　多論云於損者與之有益者亦合以是行家若彼比知法知律並得依
如二篇下說　十誦病人索僧貴藥聽與兩錢半價　善見瞻待淨人
法若分番上下若當上衣食下番不得長使者供給衣食　十誦客作應得
全日乍遇難緣不得如契者依今量之與之准於俗法從旦至中前遇難事
者給食一頓不與作直中後已去有難不役則給全日作直又須准俗語量其功勞
看其勤墮雖役經半日而直數全失者並與本價必墮者量減餘庸有僱令
適處如上卷中　大門第二盜人物中由受有主攝護二法一損正主二損護主
就正主物要有三句一有我所心有守護如檀中綿絹財物等二有我所心無
守護田中五穀是三無我所心無守護地中伏藏是盜此三並損正主結罪就守
護主二句不同一有我所心別守護如僧可分物令人守掌者二無我心別守護如
開頭奪得禁物及比丘失物為官奪得盜得此物望結守護令總二主合為
七種　一償護損失主　善見云比丘為他別人乃至三寶守護財物若從慎賞
護堅鏁藏戶而賊比丘從孔中屋中竊取或逼迫強取非是護主所禁之
限若望本主結罪不合徵守物人　若彼若縱直掌解慢不勤看錄為賊乃偷

護除鑰藏戶而賊比丘從孔中屋中竊取或逼迫强取此是護主犯禁之
限者望本主結罪不合徵守物人若徵犯重若主掌懈怠不勤賞錄為賊所偷
者守物比丘即須償之不望本主若不罪者守護結犯 二寄付損失主 十誦
云比丘遠受寄物道道著損破作言若好心捉破者不應償惡心破者須償比丘
寄居士物不好看故失者應索取若寄居士物居士寄比丘物如上二說若借他
物者不問好惡二若心捉一切須償 今云為他洗鉢盛及樣破失者並多索償隨
蒲五結重 三被盜物主 十誦若衆中失物者衆主不得為其捨投及以投竊
涌呪而取 今義張二位 一不現前盜物主護心或弱取者得想決徹主雖云心不捨
後見此物不得奪取以離地屬賊義成若奪犯重 故律云時有比丘奪劫去物
作言波羅夷 僧祇面不現前一本主不捨二奪者未作得想後得奪取及上三派
奪得重罪從自心不捨前人決定取者還成盜損不得奪之若先捨者無主物
故並不合奪雖屬於後取 二對面現前奪由守護義强奪者猶豫得想未
定本主心弱而未捨若亦得追奪 僧祇賊奪物去比丘逐賊奪得本物無犯
又聞逐賊被藏物去比丘即取得來 又賊漸近村落比丘逐賊若知偷得若恐
嚇得無犯知之無事不應告人如上諸句皆是村白被劫若已作失想不同奪
者決定不決定後還取者便為賊後奪賊者並由決屬賊故縱不失想而賊心未
取無畏並是屬賊不合追奪 毗奈耶云若失物無人奪得還比丘者得取無犯

好心施或因他逆恐怖故施得取此物莫從乞賊自与者得取之取已深壞色
而著之主識者若索還他若賊比丘邊買得衣者本主見衣不得直奪應還
本直今或有偷三寶物及以金銀經像毀成器從而得已比丘者若准上文應得受
之救理已曾經佛受用但可取之依本受用 五取因傳賊主 僧祇完未取錄未
抄物名字而寄付比丘者得取若已取錄者不得若云施佛塔僧者得取露現
持出不得覆藏者於因若言佛物僧物我物者亦許若還之 六狂人施物主
摩得伽云若狂人自持物施不知父母親眷者比丘得取若父母可知不自手
与不可取 七守視人作主 善見云偷人無罪者謂主人而落度父母所遣者
父母死負債者將去者無罪（准此能度主猶人有福無罪） 盜奴犯重 十誦九守邏人与比丘衣
疑不知成主不佛言但隨施者受之不合從乞 四分他親人与比丘衣物佛言去
以是主得受所以不合從乞以物是別主若反語而施此教他盜物故也 明了論中
盜戒極多且約眼耳鼻舌身心於塵起不如法行或犯重或犯輕若人食毒
或為蛇螫犯如此罪若人偷地水火風空等界亦犯波羅夷悉從盜戒制解云
有諸仙人是留行蛇毒藥師作仙人書字見者皆愈欲見者須價直比丘被害
偷看之計直犯重乃至他人學得偷看亦爾（秘書經等偷看者准此）若誦呪治病欲學
須直比丘密聽計直得重偷嗅香觸亦如是知若秘方要術病者心緣取果得
直方亦得直罪若比丘受法術而不與家得若不白要之直皆犯重也 次句六界前三

須直比丘密聽討直得重偷嗅香觸忍如是知美秘方要術病者心緣取美得
直方亦得直聽寫比丘受法就師心緣得美不与價直故犯重也 ·次約六界前三
可知乃呪龍藥食比丘偷搖不与價直若起閣臨池空界妨他起造取名盜空
論云若者等於識界智慧屬識人乃伎兩不空度他須与價直比丘方便就
彼學得不与價直取是盜識 謂盜習用 自外諸錄不可錄盡但知非理損財解
盜無義不取者如戒本疏說 ·大門第三盜非畜物初明作人物為乃護者望護
主法五分取他處壞幡蓋神屠中衣他所護物他心未捨直五錢犯重僧祇
盜外道塔物神祠舍物得重若無護主隨境結之故十誦盜天神像衣及花
鬘等得偷蘭善見取諸鬼神物及人鬘樹物無守護者無罪 謂非人生不護 薩婆多
云取非人物直五錢已上重偷蘭四錢已下輕蘭　今或多人取諸神衣物者授
理得否如上說無人守但神護者可擲卜而知捨法　盜畜生物四分無文乃之
斷同大重者故律云鼠偷胡桃積成大聚比丘盜之佛言波羅夷故乃解非望
畜生還望本主以鼠盜疑緣來決望人猶是本主故還就人結重餘如他部
十誦取虎殘犯吉羅由不斷望故師子殘不犯　薩婆多一切鳥獸食殘取者吉
羅 ·二取乃主想若作無主想始終不轉並罪前後互轉互得輕重處此轉犯
中 ·三取乃盜心唯此一門無之法人之亦免但世盜由心結不望境之是非故僧祇

取（賣借不還）受寄取出息取除出息之一種餘並結重　摩得伽三種劫心强奪

取軟語取施已還取也（善生中之同偷罪）　五分有四一以諂心曲心恐怖心而取他物此是盜

心　四分十種賊心一黑闇心謂癡心愚教生可學迷隨作結重僧祇寺主此是

其事二邪心者謂貪心規利邪命說法以財自䕩三曲戾心者亦瞋心也与少

憑根假賴得財或虛示威恐査存財利得物犯重四恐怯心或以迫喝或說法

怖取或自壞形怖而取財也五常乃盜他物心恒懷窺奪世六若決定取內

心籌度方便已成因必尅果動物成犯七寄物取或枉突或以少還他八恐怯

取謂余身口相畏敬故与物也九見便之取何求他悞因利求利也。十倚托取或

倚名聞威德或以名字方便也或依親友强力者謂假他威勢而取也或以言

詞辯說者托於論端浮華引接令前異望而取財利言謝或而取者亦法言

法之言亦法相規前利幼感羣情以此法交發知心業其相略頭足得垣墻防櫢

四重物謂五錢爲直五錢此餘雜物　薩婆多問曰盜五錢成重是何等錢

答有三解初云依彼王舍國法用何等錢准彼錢爲限二云隨有佛法處用何等

錢此以爲限又云佛依舍王國盜五錢得死罪依而結戒令隨有佛法處依國盜幾

物斷死以爲限雖有三釋論師以後義應是然五錢之義律論乎釋不

同判罪宜通披須急故律云下至草葉不盜今諸師職行多依十誦彼

云盜五錢者古大銅錢得重之若盜小錢八十文隨其盜處所用五錢入重

云盜五錢者古大銅錢得重罪。若盜小錢八十文隨其盜處所用五錢入重
僧祇王元定法斷盜不定，當取洴沙古法四錢三角結重。四分但云五錢，唯此處
上律論以後爲勝，從四錢三角。善見解之，並同五錢。善見云若擇中寶内
手取已出離擇得義，又解但離處得義。未出擇口法師曰於戒律中宜應從之
又觀五事定時新故貴賤故等是名律師，以此文從五錢爲允。二以義門六句不
同。一十誦伽論云錢有貴賤時，不妨錢貴盜一入重，遇值賤時百千猶輕。二四分
五分善見云貴處盜物賤處賣，還依本盜處估價。三善見云貴時盜得賤
時賣，若定罪者還依本時。上三句乎反皆同得輕降也。四摩得伽中取五千
不犯重，數數取作斷心，或不得物而入重，如四分燒埋壞色教他等。五不滿五犯重，如四
分衆多人遣一人盜五錢多人共分，或多人共盜通作一分，但使滿五一切同盜結重
或盜過五結輕，如十誦盜衆多人未分物者是，隨如人人輕物之數。六盜五人爲
一錢結重，如僧祇五人各以一錢遣一人守掌，若盜望守護人結重。善見云欲知道相
如師徒四人手和教等盜一人六錢，名得一波羅夷一偷蘭，自業不合，教他業但得一
偷蘭，此義應知。六離本處。四分云若擧撓埋藏，隨爲一事方便不成，並結偷
蘭。五分物在地中作盜心得吉羅，掘地得提，捉物吉羅，動物偷蘭，離處方重
離處義十句分之。一文書成辯離處，如律師疏判以重入輕作法判用僧物之類

剃与遠理得剃乃至口斷多端偷奪唱大行物皆重取如四分若以言詞辯說誑惑
而取皆重　三移標相者　善見標一橛時偷蘭橛二標時重謂量地度乃至得一錢
一麦皆重地深无價繩彈亦尔　四堕籌者　四分盜隱記數籌分物籌致令欠
少也　五異色者　十誦薩婆多云氍搦蓐氍毹上及樹枝葉花令從樹葉上
盜舉至樹花上犯重謂異本色故或如借他衣盋非理用損壞他五錢亦結重
罪律云若壞色故　六料畫者如十誦摴蒲移碁子等　五分蒲博睹物犯吉
羅　七離處明不離處如僧祇盜他牛馬未作得想雖舉四足不成重罪　八不離處
明離處如善見空靜處盜決污无疑如擲杖空中落无不下故動即成重　九无離
處離處離如四分盜地田宅攻擊破村燒埋壞色皆犯重等　十離明離處如空中
吹物盜鳥曲截斷流水注等並不具述廣如本流注盜戒中隱極難分了若廣作
體貌往盈卷軸豈於披撿取悟必繁故略列犯緣粗知梗概意存婧事知足
處心念道者緣境既局少應清潔若多衆務而欲高昇者必罹盜網終无及
出僧者由心懷勝劣倒想未證初果无學方可營事及心懷道者細讀附事
深思乃知故善見云戒律宜從急護此重二重戒事相難解不得不曲碎解釋
其義理分別清當善思論文如此以准上列猶恐不背者謂繁余心寔未言盡約
略如前故且削也　三明不犯中四分云与想取己有想糞掃想暫取想親厚意

其義乃分明必須善思論文始終上下猶然不背者謂繁余心寔未言盡約
略如前彼且制也 三明不犯中四分云与想取已有想畏掃想暫取想親厚意
者皆无犯 律中具七法名親厚一難作能作二難与能与三難忍能忍四密事相
告五互相覆藏六遭苦不捨七貧賤不輕如是七法人能行者是善親友准
此量之 第三殺人戒 犯緣具五一是人二人想三起殺心四興方便五命斷 初緣
人者律云從初識至後識而斷其命也 初識者謂初識在胎猶自凝滑謂是識所依乃至命終最後一念未捨執持隨煗壞者是也
其相易識故略述之 四分殺有三種一者自殺謂身現相口讚死相壞陷倚撥等
安殺具及以与藥等 二教他而殺隨其前後皆為教嘆 教遣使往來使重使展
轉使求男子教求男子遣書教遣書等並但方便但令命終得本期者亡
性之中於教犯重餘如後篇 十誦不得自傷毀形乃至斷指犯罪伽論病人
不欲起不欲飾為起者當死看病人強与食藥死者偷蘭 雖未熟強破命終
丘尒尒不与食不治療因而死者丘偷蘭 薩婆多比丘知星曆陰陽吉凶由比丘
語征破異國殺害侍財生犯盜殺二波羅夷 後婆塞例同 十誦為人作塊人死
重畜生死偷蘭為畜作塊畜死如律人死者罪為本滲心隨境輕重
薩婆多為一人讚死比人不解邊人解用此法死者无犯令多有人自契投
巖多有愚相叢七衆讚美其人令生欲樂並如律本結重又如比丘被宍刑
截償子曰從人索手巾消帛以作籠頭絞繩尋丘有无知五衆与者即名煞

而死及扶抱病人而死或以藥食及以來往出入而死者一切无害心不犯故僧律云過
失煞人者以瞖論（謂目所不見心所不意共舉重物棄高擾髮之類也）第四大妄語戒 具九緣一對境是人二
人想三境虛四自知境虛五欲誑他心六說過人法七自言已證八言章了九前人解
四分十誦多論云從得不淨觀以上至四果來者云我得皆犯重若現身前
人不疑問重疑則偷蘭 十誦問此不淨等是過人法以何犯重答是甘露初門
一切聖人由之而入 又四分云天龍鬼神來供養我等亦同犯重 又云歎向比丘說
乃向彼說一字切重 摩得伽云自稱是佛天人師等偷蘭 餘如戒本疏說 不犯中
律云自知有得不淨觀者向同意大比丘說若戲咲若疾疾說屏處獨說欲
說而比錯說彼等皆不犯重而犯吉羅以非言說之儀軌故也 僧殘篇中故
失精戒本一比戒人之喜犯故在初世多論三義故佛制此戒一爲令正法久住故
二欲止誹謗故三欲生天龍善神信敬心故 四部律中佛並呵責言云何以比
不淨手受人信施 具三緣一標心作究竟意二方便動轉（律中有六種一內色謂受色二外色謂不受色三內外色二色中間四水中逆水順水五風中內水法六空者自空動身乃至餘境）三體分盈流便犯五分臨時不淨出若覺發心身
動偷蘭身不動而心動者吉羅善見云若手捉根而眠擬出精者眠中若出僧殘
律中開夢出者不犯若亂意睡眠有五過失一者惡夢二諸天不護三心不入法
四不思明相五喜出精 五分得五吉羅以夢故不犯殘也 律不犯中若夢中失覺

四不思取相五喜出精五分得五吉羅以夢故不犯殘也 律不犯中，若夢中失覺
已恐汙身衣故以器物及手捺棄，若欲想出，若見好色不觸而失，若行時自觸兩
髀而失，若觸衣而失，若浴時失，若手指摩而失，如是一切不作出精意而自出
者无犯　十誦擔重遠行乘騎觔節斷解便有種種精出　善見云精遍身
中故。伽論中故出他偷蘭為他作壞界也 摩觸女人戒第二 多論六義 一者出
家之人飄蕩无所依止今制此戒与之作律有所依怙故 二為息鬪諍此是諍覓
根本故 三為息譏嫌不但謂捉而已謂作大惡故 四為斷大惡之原禁微防著故
五為護正念，若觸女人必失正念故 六比丘出家理應超絕塵染栖心累外為世
軌則，若觸女人則虧世人宗敬心故 具五緣成犯 一人女 二人女想 三有染心 四身相觸
五著便結犯　初明女人者律本四種女人婬戒中有婬心者愛染汙心身者從髮
至足也言相觸者有三種初比丘往觸无衣覺女睡眠新死少分壞者但使往
觸著不問受樂不受樂皆犯僧殘二者女來觸比丘不必須婬心而比丘要須身
受樂者犯殘比律文不了今准十誦言犯僧殘，若不動身而受樂者比律吉羅
若先有染心於前女後女來觸比丘不動而受樂者偷蘭遮動則犯殘如上
若彼二俱无衣以言，若手有衣者犯偷蘭 二俱有衣犯吉羅，若与二形身相觸偷蘭
此文律文不了如十誦伽論意在女者僧殘在男者偷蘭　律中若欲心觸男子

捉觸皆蘭。若以爪齒毛髮无肉骨觸女身偷蘭。若依四分戒本，若捉髮者殘，
謂以覺觸不覺也。祇律中：若觸畜生女，一切吉羅。人女亦尒，謂无婬心。
十誦：若觸不能女男身者，俱蘭。僧祇意謂男子黃門而是女人觸者，僧殘，
謂前有方便心，後稱本境。善見云：衣觸得五罪，謂衣殘、蘭、吉、指觸彼波逸提。
不犯中，律云：若有所取與衣觸，或戲笑，若衣解時衣觸，一切不犯。非不犯條界。
僧祇：若女人捉物呪，欲捉，若行食捉繩頭尾、捉杖竹木，皆非威儀，有欲心者犯吉
羅。欲心動物，及以器繩，或潰水着女，皆偷蘭。若母等近親久別，衣見抱捉，比丘者當
正念住不犯。十誦：若母女姊妹為病患及水火刀兵深坑惡獸難救者无犯，但无染
心。若為水所漂，開比丘手捉；雖婬心起，但捉一處莫放，到岸不應故觸，得殘。若女人以
水注比丘手，水流不斷，於女生婬心，偷蘭。僧祇：若城門道迮，逢女人闌者，要待希已便過。
若女人欲所須，令淨人與。无者，持着牀机上語言取取。若擔舉不舉，倩比丘者，傍无
淨人，比丘為舉着高處，令自擔擔。若乞食時有端政女人持食，比丘若起婬心，看放
盋著地，令餘人授授。准此，若就女人取針綫瓶盆等物，恐棠觸者，當語置地，從後
比丘自取。餘並例知。十誦、四分，開處猶多。若按僧祇，水溺難緣，至死不開，須知急緩之意。
過集積增，莫不由此。

与女人麁語戒第三

七緣成犯：謂人女、人女想、有染心、麁語、麁語
想、六言章了了、七前人知解。伽論：比丘性好麁語，偷蘭。律中人女者，要有所了知解婬
欲語也。麁惡語者，非梵行也，未必全聲相有麁醜，号為麁惡，不妨於善事而意

欲語也穢惡語者非梵行也未必至聲相有穢醜号為穢惡不妨作於善事而意
表於婬欲故律云若後作餘語者如云因消蘇著未衣時女形露便生消藉好不若
女情捐領律結僧殘若不解者如僧祇云比丘見女人新染衣著形露比丘言大赤好
女人云新染故尓比丘生疑白仏々令一比丘問女々具如前荅仏言義未俱解僧殘四分
解語不解義偷蘭此但論染心向女麁語若准五分具六支彼此平向穢語犯下嘆身
戒名同律中不犯者為女說不淨惡露觀九瘡九孔九入九漏九流而彼女謂為穢說
語若說毗尼時言次及此若說經受經若二人同受若彼問此荅若同誦若錯說但
无欲心一切无犯　向女嘆身索供戒第四　論犯七緣一人女二人女想三內有染心四嘆
身說穢語五穢語想六七同前戒律云嘆身者端正好顏色大姓出家持戒脩
善法行十二頭陀等求索婬欲供養者偷蘭說欲并自歎者僧殘若直說穢語犯
前戒　不犯中若為女人說法及說毗尼時言次相及而女謂自歎身並无犯
媒人戒第五　六緣成犯一人男女二人想三為媒嫁事四媒嫁想五言詞了六語往還
報便犯　律文要三時具者方結僧殘一謂受語二往彼陳說三還報知若具二者結偷
蘭處具一時者結突吉羅若受語往彼說而言已嫁若死若賊將去者偷蘭若言
癩病等還報者僧殘（以後得媒嫁故也）除二道已媒餘身分者偷蘭若媒人男畜生等並
吉羅　五分不許而報偷蘭　十誦媒不能男女若二道合一道女石女等一切偷蘭此律

五分若為男長債女使偷蘭怨後和合為女債男亦尒　十誦伽論云若指腹為媒及
自媒者偷蘭　四分媒法以語書指印遣使但情私領叅手作句皆犯若比丘持
他書往不看者及為白衣作餘使並吉羅　僧祇勸歸婦早還者偷蘭　律不
犯中若男女先已通後離別還和合者開不犯　十誦云作券書言亦我婦猶
故未唱出者偷蘭若婦禮已斷不復來往而和合者僧殘　律中開持書者若為
父母及信心精進優婆塞病若在獄繫及為佛法僧事病比丘事等看書
持往不犯　無主僧不處分過量房戒第六　具有五過一須人淫營妨脩道業
二多論云長己貪結壞少欲知足故三受乞乞覓惱乱人非人二趣不生信敬壞滅
正法令不久住故四專任自由不乞受分容障僧事多惱乱故五或自損行遠其慈
道壞梵行故　六緣成犯一無主二為己三自乞求四過量五不處分五過量不受分
想六房成結犯　薩婆多云未後二摶泥未竟輕偷蘭餘一摶在重蘭　善見云若
留一摶泥在後當成蘭決罷心者僧殘僧祇凡木板石灰泥草覆乃至最後一把
草覆竟已殘若自身受用皆吉房主若無休道施僧乃可受用律中若作此
房先知無難妨已然後來僧中乞法若不可信一切僧並往看看若可信者即
當聽作　善見云無妨難地處平治如鼓面後至僧中乞長六搩手廣四
搩手已下不須乞處分　四分云長佛十二搩手內廣七搩手並佛搩手尺量

當藏作　善見云无如黠共處[illegible]女[illegible]
搩手已下不須乞處分　四分云長佛十二搩手內廣七搩手並佛搩手尺量
不定令揔會諸部校勘是非僧祇佛搩手長二尺四寸明了論同之善見云
中人三搩手長佛一搩手　多論云佛一搩手凡人一肘半　五分佛搩手長二尺上通
明尺寸分量不定者由翻經有南北二國三藏生處不同故致多別各相乖指令
以義約佛在人倍人身量同尒此震旦國法尺寸隨俗不同而用律曆定勘則
以姬周尺升為定通古芬遵百王不易故隨煬帝立升尺秤准古立樣參親
見之唐朝御寓任世兩用不違古典故唐令云尺者以尺二寸為尺升秤二種
例准僧伽准論以言此方人長八尺佛則丈六以此為章佛搩依五分二尺為定之
當律元文可以用之後進未知前誦昧教者既不違道俗二制隨語比行一何渾
亂以大國唐朝文軌無二及論用尺五種不同或以姬周尺稱以定之官市衡量無
事不平比則閻浮通用豈必姬周古法乃至益量三升為上下者升半以文校勘
尺稱依古然竟上言故令尊稱古法不改六尺為步忽絲為先如是准酌想定
纆悄余嘗遊晉魏及以開輔諸方律肆每必須送至論尺升廢興並未露述
故乃補闕又光九代　今用五分尺寸取為章廣二丈四尺長一丈四尺也　善見云皆
謂取內為言　僧祇舜邊高一丈二尺若男若女在家出家皆為房主无比丘
主故言无主　難處者　四分中虎狼乃至蟻子也　善見下至若有蟻子窟

妨處者律云乃至不容草車迴轉處見云是人田園或怨家賊處尸陁林處王
諍護處四周不通十二桄梯間有一捲一肘者 十誦是舍四邊一尋地內之塔地
官地居士外道比丘尼地若大石流水大樹深坑等是妨處明了論或樹空山
巖石陰等得行住坐卧如作房舍所攝解云如上處等欲於中住必須隔斷
須將比丘羯磨持地所以尔者若不依量用則多有妨難自損惱他故知僧
秘二地並須乞作 僧祇若僧中无比羯磨者一切僧就彼作處一人唱言一切僧為
某比丘指授房三説立得若處遠隔水宅々署雨雪多病不得並往者應差二
三人不得羯磨四人往彼指授有四種人一越年二異界 僧三作秘房者多四妨難
二處皆不成已 此律云使可信者看故知簡別 薩婆多云處分處得餘
處不得餘人就此房上作重屋房主聽得无不處分罪 善見云長中搩一搩手
廣中長一搩手半減過得僧殘若作房未成而行客為成者无罪以人无一口房舍
若段々計人分滿過量亦犯 問何不同長衣必須過成犯荅此房為造作故犯
長衣財畜故犯 四分若教他作及教者過量犯若是房主得僧殘師得偷
蘭妨難二處各突吉羅過量不乞二僧殘衆律不犯中減量无妨難為仏畜
講堂為僧多人住屋草菴不容身屋者 有主僧不處分房戒第七

講堂為僧多人住屋草菴不容身屋者 有主僧不處分房戒第七
制意同前戒犯具六 一有主 二為己作 三長仏六搩手廣四搩手以上 四不處
分 五不處分想 六作戒便犯 此房屬於己身 為无遠去不還 隨意分處 為与
三寶親友白衣自賣取錢 隨心自在 唯不得賣地 地是僧物 僧不許賣 房主得
罪 為房主不自分處者 屬四方僧次第住之 律中妨難二吉羅 不乞過一僧殘罪
開通中 為處分作草菴葉菴 菴小容身屋 謂无過量 以小故不須乞處分 為作多
人住處及等並得 无根重罪謗他戒第八 多論為擁自行令法久住故 二為止
謗毀令梵行者安樂脩道故 同謗他是妄語得犯罪 善見云无别提罪 以謗假
處成 令以義通者 无意專謗 无妄語隨罪 為兼誑僧 望前人得僧殘 望僧
處解得墮 如慈父羅漢妄語兩舌相對手說 餘如戒本 既具八緣 一是大比丘及
尼 除下二衆 二想心 謂淨不妨安不淨 如打破戒犯墮故 文云為遮无根无餘什不
成遮治其謗罪 二謂作大比丘想 三內有嗔心 四无三根 五下至對一比丘說 僧祇對
謗比丘前罵謗語 語僧殘 六者重事加謗 七言詞了了 八前人知犯 善見云若有謗
他在僧中請判者 僧未應判 為彼語僧 為不是者 我便不受 僧應語言 汝且
礼仏 為其說法 後當為判此事 若要遂至晡去 當語明朝來 如是三反猶涇
猩者 語云此處少律師 不得斷 可往餘寺 僧知如是者 且云此無律師 如是覓寺

手寶々五四戒不手寶々名又比丘五篇他犯殘十誦四重手說成謗四分正同

假根謗戒第九　此戒假與事上見根取彼見根道見比丘事上犯也事不相當名爲假根故分二戒犯緣同上律中有五種異分一對異趣二異衆三異時四異人五假譬也　言異分者　善見云餘分以羊當人取行者婬事相似餘可相知

破僧違諫戒第十　此違諫共戒遠于下篇或事希法隱當世宜用如謗僧相僧欲不隨道等或但有因用緣不辯果爲佛在世滅後所无即此二破僧違諫者如此衆戒其相極多終不見用徒費抄略並取未詳出要如汙家擯謗因此設諫々事是難時所用處不好行々寔假生或辯相事可通行或用緣乃當時要故直略其行務以裨補神用耳

就破僧犯緣理亦可犯必須具列新學者知其教相具五緣成一先明立耶三寶二行化於時三如法僧設諫四固執不捨五三羯磨竟犯違諫僧殘破僧衆是偷蘭違別人諫彼違提餘々方法處如戒本疏律不犯中先破惡友惡知識及二人三人欲作非法羯磨或爲僧塔和上闍梨知識親友等作損減作无住處先破是人者不犯

助破僧違諫戒第十一　具五緣一明有人作破僧事二衆僧如法設諫々三四伴助破諫僧四僧如法設諫五作三法竟便結　汙家擯謗

違僧諫戒第十二　具六緣犯一作汙家惡行事二心无改悔三作法駈擯四亦准謗僧五僧如法設諫六三法竟犯汙家非戒本緣謗僧是也　四分四種汙家一依家汙家以一家所得物与一家所得之處聞之不喜所与之處思當報恩二依

謗僧五僧如法設諫六三法竟犯汙家非前本僧謗僧是也 四分四種汙家一
依家汙家從一家得物與一家所得之處聞之不喜所與之處思當報恩二依
利養汙家者比丘如法得利乃至鉢中之餘或與一居士不與一居士彼得者思
報其恩便作是言其有與我物者我當供養其不與我物我何為供養之一
三依親友汙家者比丘依王若大臣力或為一居士不為一居士所為者思報其恩
便不與餘比丘物四依僧伽藍汙家者比丘取僧花果枝葉或與一居士不與一
居士彼得者生念其有與我物者我當供養不與我者我不供養也 行惡
行者自種花樹及以溉灌自摘花自作鬘與他及教人作上事若村落中
女人同床坐起同一器食言唆歌舞倡伎俳說作鳥聲或嘯或若受雇戲唆
僧祇云依聚落得四事供養或免諸難皆名依義者依村落作非梵行飲
酒非時食不名汙家者俗人先有信心供養眾僧造立寺舍令彼退滅是名汙家
多論云若作種種惡業破他信敬善心名汙家也作不清淨汙穢垢濁又得惡
果名為惡行 又比丘凡有所求索以種種信施物為三寶自身乃至一切而與大
臣及道俗等皆名汙家何以故凡出家人無為無欲清淨自守以脩道為心若為
俗人信使往來廢亂正業非出離故 由以信施物與白衣故此破前人平等好心於
得物者歡喜愛樂不得物者縱使賢善無愛敬心失他前人深厚福田

[illegible]

塑塔造立精舍乃至四事滿閻浮提一切聖衆亦不如靜坐清淨持戒功是供養

真實法身若乃挍力於破塔壞像於僧乃折損是行以塔物僧物隨時消息

律不犯中若与父母病人小兒任身婦女牢獄繫閉及寺中客作者不犯若在

花樹自貫花乃至教人貫花持供養佛法僧者一切无犯若人欲打投賊虎

狼恐怖之處若擔 尌來於中走避者不犯若渡河溝渠塊跳躑者不犯若

同伴在後還顧不見而喚喚不犯若為父母若為病人若閉牢獄若篤信憂婆

塞乃病若在獄看書持往若為塔僧病比丘事須持書往反一切无犯 惡性

拒僧違諫戒第十三 具五緣一自身不犯離惡得故作罪二諸善比丘如法勸

諫三不受來諫自持陵他四僧如法設諫五三諫竟犯此人倚傍明教但自觀身

不須見過佛令諫之 多論問如經中說但自觀身行諦視善不善今戒文展

轉相教豈非相違答佛曰何時制戒二乘趣合不相違背乃六經不同一前人

乃愛憎發言諫乃指攻之自觀身行若為慈心乃利益者則云若語相諫二

若鈍根无智則言說无益便止若聰智利根發言乃益便諫三若中間見出

言无補便止若若問博見乃和益便諫四若為利養名聞便息若利安衆

生闡揚佛法便諫五為現法樂但欲自擇便止若欲以化益使天下同己則展轉

相諫六若為新出家者愛戀妻子便言但自觀身行若久染佛法方能兼人

[illegible]

相諫六名為行出家者受意妻子便言但自觀身行矣隨佛法者我兼人
則令展轉相教者　律不犯中初諫便捨者非法律者為无智人呵諫時語彼言
汝和上阿闍梨所行亦尔汝可更學問誦經者其事寧尔者錯說者一切不犯
二不定中文疏久列在戒本解眼述大意　多論制意四種一為正誹謗故二為除鬪
諍故三為增尚佛法故四為斷障道惡業次來故初不定中四緣犯一是屏處
二是女人三无第三人四隨所作犯　四分女人者女有智未命終也獨者一比丘一女人
在屏處者有二種一者見屏若塵若霧若黑闇中不相見也二者聞屏乃至常語
不聞聲處覆處者上有覆也若樹牆壁籬若衣及餘障也可作婬處者得容
行婬處　僧祇云若母女姉妹親里非親若老若少在家是女人也設有餘人若
眠若狂嬰兒皆悉名為獨　善見云見聞屏者謂无眼者聾者眠者及多
女人是也如上諸緣並是犯位虛如前篇　後不定戒眼同前者唯露處為異
菩薩懺法如後直明相種　初長衣過限戒一多論三意一曰開畜長貪於俗利壞
道功德財二比丘積貯与俗无別失信敬心三違佛四依非節儉行故　具六緣一是
己長衣謂三衣之外財也四分云長衣長如來八指廣四指是也多論云佛指面廣二
寸准前姬周尺長一尺六寸廣八寸也若長手過減皆不淨犯要二俱過　多論云除
不應量者過限捨作吉羅懺故須俱說　十誦七種衣不作淨施三衣坐具兩衣
覆瘡衣雨衣百一供身具　多論三衣雖不受日過无犯但有缺衣壞威儀二

淨　問：月望衣不割截過日犯者？答：彼中先有故者堪受持，故須作衣打方免

長過上論文指先無三衣者耳。以上諸文，故須求一。是已長衣留，本宗云：以一日所成故，雖知

是長為疑等緣則無有罪故。二、取屬己定。三、應量之財（綿毛之類體非衣物不合）。四、不說淨。五、

無因緣，謂迦提一月五月等。六、過十日便犯。多論：得應量衣，即說淨者善；若不（不應量）

說至十日無咎；若不作淨不受持，至十一日地色大了時，應量者捨作提，攝不應量

者同前。善見：若一處縛束一罪；若不縛束，計衣段段明相出，隨處得罪。

問：若染應量所染，云何？答：通應不應，如足食竟還不正俱足（犯）。問：若染是不應

量財而染應量不？答：大小雖殊，捨墮義一。律結大，提論結小吉，故皆一染。祇云：若

二人共物未分，若施僧物未入手，病人囑取物未與，若同受戒弟子知識送衣

未入手，若質衣決價未入手，若織衣未入手，雖過十日皆不犯捨墮。若施僧衣未分者（此是共活人）

雖久不犯。若已分多人共分中有善毗尼人為眾人作淨，無犯；不作，過日犯捨（前句不共活）。

律中邊方用五事，長衣入手十日方犯，准此餘方未必入手提始犯。伽論云：十日衣，何

為犯？謂入手，若膝上、肩上作想是我物，從是數過十日。明了論：有物眼所至得非

身至得入算數者，如人施衣蘇等，但作屬己意，過日犯。有身至得非眼至，有眼身

至得非算數者，若人分許自受，擬施三寶。有非二至得，且入算數。四分中若初日

得衣二日不得，乃至十一日通前不犯，如是等須具此八門通不犯染，餘無法緣是之

至得小等數名爲人分許自受撒施三寶乃至小二至得正入等數 四分中若初日
得衣二日不得乃至十一日通皆不犯如是等類具乃八門通不犯準餘無法緣是之
犯二者中間淨施三遺與人四者失衣五者故壞 謂風水火燒隨緣灼爛 六作非衣 謂非服用帽氈之屬 七親
厚意 以非己物故 八爲忘去 以心迷故或忘財體爲忘加法並開十日 律文云若捨墮衣不捨更貿餘衣一尼
薩耆一突吉羅昔以財去畜心深犯論中不分 多云若先應量捨墮物改作
應量不應量衣此衣盡捨作提懺若先不應量捨墮物作前二衣並捨作吉
懺 六若先應量捨墮物更貿得衣財改作二衣此衣不懺懺先提罪 准此後衣無染若不
應量貿得二衣不捨已入淨故懺先突吉羅 上律結一尼薩耆者謂前衣墮
罪一吉羅者謂不懺輒貿違佛語故律云尼薩耆衣不捨不應與人乃至作三衣
等不犯者十日內若轉淨施若遣與人若賊奪想若比物無之在謂賊持去雖經
多日無心故畜無犯 十誦更得十日用之若作失想亦同上解律云奪衣失衣燒
衣漂衣者 謂衣財無之失後還得者更得十日說淨更受持之 取著者 謂前奪失三衣並有犯長之衣以三衣體無改正衣所攝斷相續心直懺先罪故也
伽論云頗有過十日衣不一夜離宿耶答謂取過十日衣作三衣受出界外明相出
者是也故知得作作故前云犯捨不得三衣答比校有本三衣今比且無衣色罪仍
須懺如善見遭賊得著五大色衣及以僧祇中借借衣受持等律云若他與作被
不犯 是之重物不應輕對不合說淨故而未見云明 十誦施僧被傳及一人亦得更律云若付衣去遠行
謂隔界不得說 或水陸道斷等不淨施不與人皆不犯 離三衣宿戒第二 具六緣

長衣淨施衣別人可依知衣何過不同昔解 文三衣是制通上中下遠故持畜亘
衣助身用於中品遠受故輕長則下類別施他人自收非貯全故無犯餘如戒本疏
三受衣方法及以作衣等法並如下卷衣法中 三衣異人等四分他部相戒衣
四攝衣隔情界也上之三等通界並望為論界等彼此不通故文云失衣者僧
伽藍裏衣為干界 謂上三等在伽藍院內放衣則衣多界 不失衣者僧伽藍亩衣有一界 謂無上三等也 初
明染等者律云比丘脫衣在俗人處形露亾今除村〻衣五義謂謗誘生疑為
護梵行等比比女人与比丘同處性相乖悖多致譏通亾不許同室同坐同行同住
並生染故為取衣持以壞梵行必与同處衣須隨身 二者隔等律云若水陸
道斷怨難等離衣則無有過 僧祇寺門外不投戶鑰無十二梯橙是名離
衣 三者情等律云為奪想失想為賊惡獸命梵等緣 僧祇兄弟分齋〻
處多論王來界內大小行處近王左右並非衣界及以作紉作樂人等入界亦
如王法以情隔故妨於來往故名失衣 四者等界衣兩種自然作法上〻二等入此
二界通界失衣並非衣界為無三等二界各別通得護衣 五分云為作法衣界
及自然衣界比丘於中不得自在住返是名別界及上同界為論作法下卷明〻今
明自然有十五界 四分有十一種〻一僧伽藍界二者村界名有四種謂周匝垣墻柵
籬〻墻不周四周有屋也此等諸相不周伽藍相壞樹車等界薫土故云為干

籬籬墻不周四周有屋也此等諸相不同伽藍相壞樹車等界藂生故云若干
界此正是別界不名僧村二所合言若干界者凡上三昇乎生來往識難故失衣也
僧祇五分中同界者僧獨居作不失衣界於中得自在往及異界者不得自在往
反是也乃至屋舍尼寺聚落重屋車乘場露地行道界亦爾　三樹界者与人
等量蔭覆跏趺坐　如此樹相以上乃有衣界可護　此但明其小相十誦不相接樹取日正中時蔭
影覆處若雨墮時水不及處置衣在此樹身在餘處若不取衣等皆犯若犯
接樹乃至一拘盧舍者隨所著衣无犯　善見曰正中時影覆處內上若樹枝
偏長衣在蔭頭人在樹根亦不失衣林界者衣在林中四肘中不失衣若林有人
來往无衣界應隨身不隨者失上十誦林界一拘盧者謂是大林无雜若言十
四肘者謂四樹相連勢非廣及放衣界狹小也僧祇蒲桃蔓枷一切瓜瓠等架
各四相取廿五肘名衣界　明了論解若衣樹下身在上者失衣若衣在上身在
樓樹下不失以上竝落下攝　四場界者律云於中治五穀處也謂村外空靜處
五車界六船界並俱在陸地律云若車船迴轉處此但明住車　十誦行車者
前車向中車杖所及處中車向前後車杖所及處後車向中車杖所及處若不及者
是名異界僧祇載船水中亦多住處若自在往及不舍无犯反上此犯　七舍界
四无相此謂村外別舍若据村聚相後當廣說僧祇若樓閣梯隥道外廿五肘名
衣界若著衣在閣上下宿乃梯道无犯准四分庫倉界據明內為言兩无任持

無異聚而亦多家三亦具二界聚落亦二亦多家是四俱非者空衆爲界也

聚落者十誦多論人民所住名聚落界言別界者雞飛不及糞掃外箭射

及外名爲異界言同界者四邊聚落名有一家若亦車梯迴轉及得登出

入身在梯根下卧置衣在四聚落不失衣以梯渠相接无隔异故聚落亦亦一家

衣在家內車梯上下卧不失衣以无別家可對故若自然界內箭射及處並明相出不失衣

若衣在外身在家中亦爾若衆多家衣在家內身在梯下車失衣以家界各別故

家亦一界別別界別者父母兄弟兒子若異食異業雖同一處事各不同是名

族界若同食業名一家界族亦亦一界別界各亦住處是名一界別界者若作

食處取水處便利處是若在二處皆失衣僧祇四聚相接衣枕頭卧頭及手脚

各在一界衣在頭底明相出衣離頭犯捨若手脚至衣所不犯　十多云若安衣二

中在二界上卧不失衣名亦身分故　十誦舍界者若外道舍門屋下食堂中庭前

處衣在一外道舍身在餘舍者失衣若同見同論不犯若諸戲笑人遊行營處

如前取水處等失衣若同屬一主不犯此謂情异　多論重舍屬一主人衣在上下重不失

若是異主衆人上下中間不通故失並四分文理須通允　八藝界者律云多敞露

九庫界者積藏諸車乘販賣物　十倉界者儲積穀米處　十一阿蘭若界律

云蘭若者无界謂迥在空野无別諸界假以樹量大小　八樹中間一樹間七弓弓長四肘通計五十八步

四尺八寸兼其勢分七十九餘步　次明不足者取外部成用　十二道行界者　十誦比丘与

云蘭若者无界 謂近(?)...无別諸界假以樹量大小 八樹中間一樹間七弓〻長四肘通計五十八步
四尺八寸兼其勢分七十五步餘 次明不足者取外部衆用 十二道行界者
師持衣道中行前後卅九弓內不失 多論縱廣亦得卅九弓等 僧祇道中臥持三衣枕頭明相出中衣離者犯准
應身在樹界蘭若也 善見若使沙彌估人持衣前入界比丘後入不知謂言界外明相
出謂失不失衣依心忍尔律云失想界外爲言若弟子夏未滿爲師持衣值人說法
會聞故明出不犯離師和上得離衣罪明了論不便等所逼事由他加行難所作據隱
比義轉車我中座說解云大小便病怖畏難逼夜出界未得還而曉亦不失衣又二
人共宿三衣同置一處一人急事須夜行不待白衣慢持住人衣去至曉行人失衣
由行人慢取故失不由住人故不失衣行人意賊故言加行猶此住人是難佛許此
難不失衣 十三洲界者善見云十四肘內不失衣若外人來往衣不隨身者
失 十四水界見云蘭若處坐禪天欲曉患熱脫衣置岸入池洗浴明相出捨
毗尼母云著衣岸上入一肘水中者不犯失衣 僧祇水中道行界者廿五肘若船
上有入水即捨 十五井界僧祇道行露地井蘭傍宿置衣在廿五肘內身在外者
失衣在井中應繩連垂手繩井中得會衣与井上界別也以比例餘坑窨窖等
比十五種自然界大小如上若准四分加於勢分文云僧伽藍界者在伽藍邊中人
若用塼石擲所及處是名界乃至庫藏界亦如是諸部並无勢分善見中无也
彼內擲石〻文別為餘事彼文云中人擲石者不健不羸人盡力擲至落處又不取持

安居然後受持衣无衣者後夜當疾還寺莫踰城出到寺門未開（以門屋梁連界内故彼律无勢分以此為自然界）
（不同四分應知）若无者内手著門孔中水瀆中先以物攪勿令觸毒虫又无此孔應踰墻入勿
令人疑若不得入當捨衣寧無衣犯小罪以輕易重故若准此言必界内在上三得不得
外護必失持衣故文云若在條受宿明相未出若至擲石所及受（謂界内无三得）若手捉衣
（謂界内而有染情得）若捨衣（謂界内隔得等及界外事）若不作如上三事明相出隨所離衣犯捨　上十五自
然衣界各別不通故有別名律云此伽藍界非彼伽藍乃至樹車庫藏一一亦尔
而僧村二界據相殺雖有樹舍没名不顯諸界相望不論强弱故樹下有車
別有車界車外有樹乃至樹界无別勢分在樹下界便於樹界僧界中分勢（若僧村二界有勢分）
分如此例餘准知若當庫有車舡山從當庫之界律云庫者積藏諸乘也
由彼當庫四面取樹本障是强不同樹車場等无外可捨故如浄地不周通皆
置食不犯類餘諸界相未足捨他若手錯殊名別在界如戒本疏中　第五无
因緣有因緣汎列七種一列人作法或首或心念（非謂作法開離以輕易重）二對僧作法離有二
初有緣者得四分云夫病比丘（卅已去名為夫）三衣重者羯磨離衣法如疏說二者共作迦
絺那衣三者對處作法離謂不失衣界四蘭若迷怖離五王路隔塞命梵等離
六迦提賞勞離七如五分僧塔諸緣及他要事聽六夜離无罪先託事不及者罪
就七中更分前三得法離後三无法離第七若通有无六夜送入村无法離過失逕
捨是有法離　得罪分別第二第四第五六七一向无罪以有緣故五中隔塞或恙

就七中更分前三得法離後三无法離第為通九无共夜送入村无法離界失還
捨是九法離　得罪分別第二第四第五六七一向无罪以九緣故五中隔塞或忘
斷故失衣不失如後說　就第三捨衣界中无三身故用通往反為九三身不免失衣
第三對僧作法九緣時在不失限滿便失得罪餘一一准思知而會通律不犯中
奪失燒漂壞五恐者（衣寄之現在意起想心淫宿失多无罪決心謂失此是捨心无情過故　不犯捨也善見不失者師主疑心恐在界外此謂失體不用論之衣不失愛也）
為水陸道斷若賊惡獸命梵等難為不捨衣不犯比是情隔兩身失受无罪為先
慢不捨後雖往緣失衣犯捨為諸難恐生往會不得恒懷領受必不失法由難恐生
非情過故離立无罪如受欲事界內九難持出界外還來不失此立同之前言矣
受事隔不知而徑明相失受无罪為女人來往染身進退比二身可知又有不立染身
心是情捨者比亦通諸部同忌不持衣外出行夜方覺取會无緣失不犯彼足
恒自持隨身忽忘事同七衣用之上且解如是亦盡極多唐如戒本含注疏及
刪補羯磨疏中明之　月望衣戒三　此戒是但三衣者得亦財為換故衣以不足
故佛開一月過限而畜故制畜長比丘得此浣淨不須此戒　六緣成犯一故壞三衣
二財少不足三為換三衣擬替故者四不說淨作三衣五无因緣（因長衣也）六過限犯
此戒三位初十日常開為十一日至廿九日得者隨日作成亦得受用至卅日為得不
得為同亦同一向限之　僧祇云十日已作作衣時餘人相助浣染擣裁割長割短費
染作淨已受持為恐不貪糠行總竟受持後更細割比律但線縫裁割已免長

具五緣：一是比丘尼簡下二衆，取得吉羅。二非親里，律云親里者，父母親里七世有
親也。善見：父親者，叔伯兄弟孫；母親者，舅姨乃至兒孫，皆謂同氣親。
不離異姓。又云：出家婦者非親里也，叔伯之婦例同。十誦云：若是親里，予尚持
与，何況不足而取。五分：若親里尼犯戒，取衣者吉羅。三應量衣，律中五衣中取
一衣，故為犯緣。僧祇：若取蓋及餘小小物，得無犯。四處心送与，除乞得無犯。
僧祇：尼借比丘衣，得著破還，無犯。若尼与下二衆及俗人衣，云汝持此衣与某比
丘，可得福德，取者無犯。五假受已。伽論：尼放衣置地，寄大德隨意用，便捨
去，比丘作同意無犯。僧祇：使人受同犯。十誦：多論十僧取尼一衣，十僧皆隨一尼
衣，持一衣与一僧，得十墮。十誦：若尼先為說法故，与一切無犯。五分：諸尼以衣鉢
施比丘，若先無心求，彼自布施者，當觀衣長者得取，準此犯戒止在貪心制
戒之意，可見。四分文云：佛告尼言，當畜五衣堅者，餘衣隨意淨施，若与人，既云
与人，則何聞於道俗。律不犯中，若從親里比丘尼邊取衣。準律七世父母為親里，自從親有七世不同：一高祖，二
曾祖，三祢祖，四父，五己身，六兒，七孫是也。若貿易，為佛圖及僧取者，皆不犯。使非親尼浣故衣戒五
浣染打要是之戒，同由一衣生此戒業。章律云：倍使浣染打，若作者三尼薩耆波
逸提。五緣成：一是比丘尼，若是下二衆，律結小罪。二非親里。善見：令出家婦浣染，亦犯。若
使尼煖水覓柴樵，攢火，一切吉羅。五分：令非親尼浣，而親里浣，如是乎作五句，皆墮。
僧祇：若使尼為師浣者，吉羅。令或及人畜尼弟子，多令浣染，以非俗親，皆犯捨墮。

使尼浣小兒被拷尖一切吉羅　五分令非親尼浣而新衣浣[illegible]

僧祇若使尼為師浣者吉羅令或及人畜尼弟子多令浣（染）從以非俗親皆犯捨墮忍

悮子弟曰交致染遂犯重罪深須慎之・三是已故衣律云乃至一經身着者僧祇云

乃至一枕頭　善見若草屣囊无犯　伽中乃至尼師檀忍犯捨墮・四自使浣打

僧祇自与使与等四句皆犯。若使親尼浣而弟子為浣不犯。若云遣汝弟子為我

浣者犯。若着垢膩衣入尼寺為浣者不犯。若先有方便心者犯捨　十誦若犯捨衣

与浣犯小罪准此无重犯一衣无過九重犯　僧祇若為車馬踐汙使尼湔洗犯捨不可

截故全捨・五浣染打竟便犯　四分使浣打新衣及使尼家人浣俱吉羅　善見云若浣

竟比丘言未淨重使尼浣比尼丘薩耆吉羅　不犯中律云若病從佛法僧若借他衣

而尼染等不犯　從非親俗人乞衣戒六　・多論制不聽乞有四益一令佛法增

尚故二為止諍訟故三為滅前人不善心故四為令眾生於僧中生信樂故　五百問

論昔有比丘多乞積聚不肯為福又不行道命終作一肉駱駝山居數十里時世

飢餓一國之人日日取食隨割隨生及一他國人來便斫取便大喚動地人問其故

便言吾本是道人為貪財不施負此國人物以肉償之我不負御物是故喚耳

佛告比丘貪為大患捨之則應比丘之法　又云若（人）与比丘物云是好非好若寧好

言好得物犯墮不好言好犯棄若貿之比丘中前得將白衣沙弥入市乞錢中沒不

合　應是无　戒沙弥　・具六緣成一三衣具足之　從不具六者須乞取衣若　乞五穀律結吉羅　・二无因緣謂奪失三衣若非

五分多說[illegible]
袱乞得四肘以上犯，若自乞、使人乞、作寒暑相、若為方便說法，是等得者皆墮。除乞
漉水囊、小小補衣物、縈頭物、裹瘡衣、緣中縧、裹腳襆、腰帶、拭手面身巾等，皆得。若
乞是物時，施主施全衣財者，得取。本有方便心，但索小者，或容得大者，犯捨。 五、彼
與六領受犯。 四分若被賊奪衣，裸形者，得言當以軟草樹葉覆形，應往寺邊。若
取長衣，若知友邊取；若元者，僧中問取可分衣；若元者，問取僧衣、臥具；若不與者，
自開庫看，若得敷褥，拔摘解取，裁作衣，出外乞衣。若得已，應還浣染縫治安
著本處；若不還本處，如法治。 十誦本處空，隨著近處。餘如雜法中。律不犯中，若奪
失三衣，從非親里乞。 五分開衣壞時乞，通前五緣。 律文云：或為他乞，他為己乞，或不
求而得，若從親里乞，若同出家人乞者，一切不犯。 五分非法求施，施非法求，二俱犯罪。
過分取衣戒七 五緣：一、比丘失奪三衣，二、非親居士，三、為失奪故施，若不為失，隨受无罪。
四、比丘知彼為失故施，五、過知足。律云：若失一衣，不應取；若失二衣，餘有一衣重數，若二
重三重四重，應摘作若僧伽梨乃至安陀會。 善見云：若都失者，取上下二衣，
餘一衣別乞。 四分若自恣多與衣者，若衣細若薄若不牢，應取作二三四重，當
安緣肩上，應揲垢膩處，應安鉤紐；若有餘殘，語居士言：此餘殘裁作何等？若
彼言我不以失衣故與，我曹自與。 大德耳。若彼歡受便取。 前戒為他不犯，此戒
若為他乞受犯。 勸增衣價戒第八 論犯六緣成：一、非親俗人，二、施期有
限，三、知限施，四、嫌少勸增，五、彼為增價，六、領受便犯。 四分中為居士施衣，嫌少更求

限三知限施四嫌少勸增五彼為增價讓六領受便犯　四分中為居士施衣嫌少更求
乃至增一錢十六分之一分為增讓乃至一錢也　十誦九勸增色量價三捨墮　律不
犯中先受自恣而往求知足於求中減少作為從親里求出家人求已為他求已
不求自得不犯餘如疏中　勸二家增價戒第九　制緣同前唯勸合二家為異
五分乃至勸夫婦合作一衣亦捨墮　祇中知足者為与油者言我是練若頭陁林中
住索不如者嫌者皆犯捨（以口自述疏）　過限切索衣價戒十　五緣成犯一施主送寶二為
貿衣用三付人轉貿四過分索之五得入手便犯　律不犯者若遣使告主知為彼言不
須以相布施是比丘應以時軟語方便索衣為為作波利迦羅故与以時軟語方便
索得去不犯　乞蠶綿作袈裟戒十一　多論四意一為止誹謗故二長信敬故三
為行道得安樂故四不害眾生命故　四分曰比丘蠶家乞未成綿已成綿作
卧具便待看暴爾作聲曰呵制之為純作為雜以毳劫貝為麻及餘縷雜作成
者為行斧細挫斬和泥塗壁及墡　多論中憍奢耶者此是綿名如秦地養蠶法
為乞繭乞綿乞縷乞織布成衣者墮言卧具者是三衣也（此三衣揔名卧具猶如外國作此致之相故取通号）
衣凡有二種一細擗布貯如作褥法二綿作縷織成衣也旦得作三衣受持以乞得故
故作成捨墮　善見云乃至雜一毛便犯憍奢耶者綿中微者蠶口初出名忽　僧祇
云細擗經緯穿雜者一切捨墮受用得越　央掘經綿皮物為展轉來離殺者手施

受已施僧不得自入　以此諸部相對故知所制意在野蠶尚犯何况家蠶雖然尚犯何
况徒作多有人乞繭而作三衣此合斬捨不合受持着〻皆得罪如律明亦如諸律所明
不得往屠家乞肉血及往蘇乳家乞乳並犯故多論為无蠶家乞爾自作綿无罪
為賣故及蟲者吉羅為乞成綿貯衣不犯為蟲壞者作敷具无犯作不應量衣一切
敷具吉羅　律中自作教他作成者犯墮不成吉羅為為他作一切吉羅不犯者為
得已成者斧斬和泥塗墻餘如戒疏　黑毛卧具戒十二　此四卧具並是三衣揔号普
人異〻至今不決僧祇揵僧伽梨乃至坐具等　四緣成犯一純黑毛二作袈裟三為己四
成犯　律中自作教他同犯墮如上不犯者若得已成者若截割壞（无作擬割）若細薄疊
作兩重（无意皮得）若作褥若作小方坐具若作卧氈或攞鉢內揵剃刀囊作帽作韈作
拭拭巾作裹草屣〻巾一切不犯　白毛三衣戒十三　四緣同前但制糸作遠教故犯五
緣成一三毛糸作二擬作三衣卧具三為己四增好惡減下至一兩五作成便犯
減六年作三衣戒十四　六緣成一是故卧具減六年三不捨故者与人三僧不聽許四更
作新者五為己六作成便犯僧祇以老病持揵僧伽梨未滿六年不得更作若身不
羸瘦顏色不惡白羯磨示〻不成四分不犯者僧白二聽及滿六年若減六年捨
更作新若得已成者若已无若他与作一切得　不揲坐具戒十五　五緣一先有故坐
具二更作新者三為己四无心〻故者揲五作成便犯　此与後九十中者相對四句一作新
如量不揲犯此戒二作故過量犯後二具句犯知　律中連斷坐具持若故者未壞未

具三更作新者三爲已四无心故者揲五作成便犯　此与後九十中却對四句一作新

如量不揲犯　此戒二作故過量犯後三俱句准知　律中造新坐具時若故者未壞未

有穿孔當取浣染治牽挽令舒截割取從廣一搩手揲新者上若邊若中央

以壞色故但言須揲不言捐布隨十種衣通得　僧祇捐作方一搩手取故捐時不得

從少聞犯戒者无問者住壞房不治者惡名人斷見人遠離二師者不喜諸聞人不

分別魔事人不應取ˎ則反上不夾耶幽鉄角穿壞加臧著時令方圓得

正　多云若无長者拒五應用　善云見故者下至一經坐不須揲　律不犯

中截取故者揲若彼自无得出處更作新者　次有得處　如上律論　若他爲作若得已成

者若純故者作不犯　持羊毛過限戒十六　四緣一是好毛余賊故律云頭頂是

毛不犯　僧祇持駞毛爛毛猪毛越成器不犯　五分聽用駞毛貯褥二是已物三

自持僧祇三人共有各持齊九由旬重擔者俱犯　四本四分云若道行得羊毛處

須者應取自持至三由旬當令人持乃至彼處中間不得佐助若持去罪令足四

衆五吉若持餘衣若麻等ˎ皆吉若拄餘物杖頭忽吉若擔氈莚繩及餘處毛若

作帽巾等不犯　使非親尼浣染毛戒十七　制意犯緣用浣衣戒又多論云爲僧

上佐法故制若諸尼衆執作浣染廢脩正業則无威儀破增尚法又心惡法次弟

因緣若令清淨故餘如疏中　畜錢寶戒十八　多論云佐制此有三益一爲息誹

謗故二爲滅鬪爭故三爲成聖種節儉行故寶是八不淨財且因斛蔺四門ˎ一列數頭

及諸重物此之八名經論及律賊列通數顯過不應相承次比如上具述不出佛經 二明
過者諸戒不對俗制唯此對之令道俗通禁見畜捉者知非佛子故律經中皆言沙
門四惡即毀戒是爲八畜者非我子五分五云犯是不信我之法律由此八種皆長貪壞
道汙染梵行及得穢果故名不淨也餘如正解中 二明開畜者經中禁重如後所
明律中在事不撰意楨故多開畜未一不淨中田是不淨妨道別人不用一口小房及資
道要依上開畜 毗尼母云畢陵伽爲國人所重施一小寺置網車轝駝驢等畜
僧房所須開受 僧祇中爲僧故得受 善見居士施田地別人不得用爲供養僧者
得受 多論檀越欲作大房舍應開解示語令不作順方欲法爲爲容多人故作
者不應遠意 五分有人施僧田宅店肆受使淨人知之 善見有人以池施僧供給
浣濯及一切衆生聽飲用者隨意得受 二種殖根栽爲如僧祇爲僧營理者得別
人不開內汙家法中自種教他一切不合除供養佛法僧餘如雜法中說 三明積穀
帛俗云儉開卅六石出善生經余自披撿真僞二本並无棊世夢傳 涅槃云
聲聞僧者无有積聚所謂奴婢僕使庫藏穀米鹽豉胡麻大小諸豆有自手
作食自磨自舂種種非法故有有說言如來聽畜非法之物舌則卷縮 僧祇
云有比丘糴米時作念此後時還貴令糴此穀我當依是得誦經坐禪行道
而不言多少准酌一夏之糧並隨時樹其豐儉鹽則准前穀量形壽藥中加法

云若比丘乘粟時作念此沒時貴令余此穀我當依是得誦經坐禪行道
而不言多少准酌一夏之糧足隨時糴其豐儉增損則准前穀量形盛擧中加法
然得律中比丘道行得大麥小麥斑豆粳米佛用受之安置囊襆內盛之應合淨
施故又中說比丘得道路糧用受淨人當集後奉其所說淨方法　四畜諸僮僕
一云長者將女施佛佛不受若受者漸生重罪曰說欲過羅刹女等事　僧祇若
人云施僧奴若施人若施園人婦一切不應受若言施供給僧男淨人聽受若施
別人不得若施淨人爲料理僧役別人得受若施尼僧乃至別人及前唯言女淨人犯盜婬么通
爲異令諸伽藍多畜女人或賣買奴婢者其中織難孰可言哉畫唯曰泥房
王與使人三反不受云若於盡壽持五戒奉齋法後受之十誦守僧園寺有五百
人王舍城中也有十種施無福謂施女人戲具畫鬪女和合像四酒五非法語六器
仗七大刀八毒藥九惡書十教他作如是施　五畜生律中比丘畜羆子狗子乃
至衆鳥並不得畜僧祇若人施僧一切衆生並不應受衆生者馬驢豬羊麞
鹿如是一切自餘野鳥獸等若見比丘不受云我當殺之應語令汝自施水草守
護勿令傷害不得剪翅籠繫若於飛行自活者放去莫拘之善見若施牛羊
不得受若云施乳酪等五味得受餘一切畜生亦爾涅槃經中比丘之法不得賣買
生口等　伽論爲塔故受駱馬驢今有施佛法家畜生而知事者賣去並不合聖

宅園林馬車奴婢等常住僧物若滿五人分得受之大集無因 四分乘戒開老病
得乘男乘女乘尼騎如瞿曇病法僧祇船車牛馬等乘元病不合唯因水中船行
者得六畜錢寶若元作自畜之意不合若擬淨施與他依律受用 僧祇十誦善
見云若病人得者合淨人畜爲貿藥故若多人與藥價直得置椅褥底眼闇求時
手觸在坐不犯又云未剃夫人施僧布薩錢佛言聽受准義付他又居士持金銀與僧
作寺食堂園田比丘不得受犯吉羅應付淨人口得受分若施作飲食衣藥卧具
無不自受若受後得衣服用得吉羅應付淨人 雜含云自今已後須木直索木
乃至須人工等工直索之慎勿受取金寶財破四分人解律云若爲作屋故求材木
竹草樹皮得受不應自爲身受 若又不了引經自明 餘如正解七聽畜金物 毗尼母别人聽
受銀鍱木林唯除金寶若寶若作褥者他施與錢者十誦聽受 毗尼母四分云氍
氀等他施聽受唯三肘長五肘淨施畜若鐵瓦瓶等銅瓮瓶坻等器别人得受
八者佛不開者善見云不得捉一切穀除米 若施器仗者僧應打壞不得賣施樂
器者不得捉賣得 増一云若得金寶施呪願已還反施主 涅槃云若有人言如
來憐愍一切衆生善知時宜說輕爲重說重爲輕觀知我等弟子有人
供給所須元乏如是之人佛則不聽受畜一切八不淨若諸弟子人供須時世飢餓飲
食難得爲欲護持建立正法我聽弟子受畜奴婢金銀車銀車乘田宅穀米
賣易所須雖聽受畜如是等物要須淨施篤信檀越如是四法所應依止我爲

食難得為故護持建立正法我聽弟子受畜奴婢金銀車乘田宅穀米
賣易所須雖聽受畜如是等物要須淨施篤信檀越如是四法所應依止我為
肉眼諸衆生說是四依終不為慧眼者說若依三藏及上說者並不應依又說八不
淨財十餘處文皆極毀破不令畜服又云若優婆塞知比丘比丘尼破戒受畜八法不應
給施又不應以袈裟因緣恭敬礼拜為共僧事死墮地獄十輪經說我不知持犯者
並須恭敬　又涅槃經窮終撫教不用忌持以護法故小小非要　三明畜罪輕重八中六
七金錢綿褥得隨以遠淨施故餘則吉羅畜者立步　四交貿輕重者以此八貿衣
犯捨以衣得寶綿氈立捨者得篠六並得吉羅者以衣寶相易皆隨貿篠六種
吉羅六目相貿皆吉得衣寶者皆提此謂与俗人增減与五衆得不罪多論者說
淨錢寶淺貿衣財作三衣並若入百一物數不須說淨已外須說若犯罪者悔於僧
中已用錢寶貿衣財物及百一物者不須捨之入淨故已外成衣一切說淨无罪也
解本戒　此是畜寶戒九十是捉寶戒文云手捉則明意也　四具緣一是錢寶二
知是三為己四受取便犯此之一戒人患者多但內无高見外成鄙穢不思聖誡嚴極
唯從无始貪癡故律云非我弟子准此失戒矣又文云仏告大臣若見沙門釋子
以我戒為師而受金銀錢寶則決定知非沙門釋子又雜含云若為沙門釋子自受
畜者當知五欲功德悉應清淨又增一云梵志書述若是如來者不受豚寶　故略引

出此言者望自矜持不思位是下凡輕擬大聖一分之利尚討不及俗士高逸仍異螻
蜋桓輪之智不殊飛蛾赴火之於豈唯畜捉長貪方生重盜之始故略述誡勸在
智者臨境深思涅槃云若於遠離八毒蛇法是名清淨聖衆福田應為人天供養云
清淨果報非肉眼所於分別又云祇洹比丘不爲与受金銀者共住說戒自恣一河飲
永利養之物悉不共之若在共僧事者命終墮大地獄　智論云出家菩薩守護
戒故不畜財物以戒之功德勝於布施　又涅槃第十一卷下文菩薩持息世譏嫌戒与性
重元别在在明文息世戒者以自四羯磨所得諸文如彼恒須細讀四分錢者在八種金
銀等上在文像　僧祇生色似色皆提生色者金似色者銀（似猶像也）錢者隨國用一切得
捉捉得提應僧中悔　多云七寶者金銀摩尼真珠珊瑚車渠馬瑙皆取犯捨隨墮
莫自手取如法說淨者不犯若似寶銅鐵虎珀水精偽珠鍮石等以五種取為畜
垓者吉羅不應自取如法說淨得若捉金薄金像藏積自他寶並隨不犯此戒若
似寶入百一物數不須作淨皆得畜百一之外皆是長物若不入百一數如前說淨
僧祇云不淨物者金銀錢不得觸故餘寶得觸故名淨不得着故名不淨物若
不淨者自捉使人一切皆提若相成就國土不用得越若凡得錢及安居衣直不得
手取使淨人知元者指腳邊地語令之是中知着地已自用葉博凡等遮擲覆上
後將淨人令知持去不可信者令在前行若可信者任意貴舉　四分吉可信人來已
云此是我所不應汝當知之若彼人取還与比丘者當為彼人物故受勅淨人貴之

云此是我所不應汝當知之若彼人取還与比丘者當為彼人物故受勑淨人賞之
若彼為比丘貿衣鉢等應持貿易受持之若彼優婆塞取已与比丘淨衣鉢
應取持之若不語彼人知是看是突吉羅　僧祇若知俗僧事者為錢寶故舉
貰若生地使淨人知處死土使比丘掘若淨人不可信者裹眼三旋然後知地已
內錢坑中若散落者得已塼瓦擲入如是作已如前裹眼使去後欲須時如前方法
至錢寶之受淨人不可信者還裹眼三旋將來取之　若施主作金鋺令比丘受
用為得福者當持食來時舒手示器應言受之已食之不得觸器四邊讃
歎手捉此是從九十中　多論五種受一以手受二以衣取三以器取四言著是中五
若言与是淨人皆犯捨下三衆亦不得畜之得吉羅　僧祇若身者一切身分乃
至手腳等若身初便去謂繫三衣紐乃至衣鉢盂中皆捨墮　多論五種長畜
一重寶二似寶三若衣衣財應量以上四一切不應量衣及衣財五一切穀米重寶捨
与同意淨人衆僧中悔若錢寶之比丘不得畜若僧中次行者說淨餘似寶之及白
一物數一切捨与同心淨人衆作吉悔　錢寶之說淨有二若白衣持來施与比丘比丘言此
不淨物我不應畜若淨當受此當說淨之二者淨人言是淨物畜此當說淨若
彼此不語取得捨墮若捨与白衣不得与沙彌　僧祇云目連將專頭沙彌往阿耨
池取金砂擭安伽澡灌下乃至老比丘將沙彌還本村眷屬以道行无食以錢繫衣
內在道邊為非人盜遂以空盆之罵言此不吉利各以事白便俱令棄之非人還為作礼

他物若文云与自往語言仏教比丘作淨与汝不還我者此物應与僧塔和上知識及
本主施不欲令失彼信施故　貿寶戒十九　多云此以說淨寶物易与他求利當与
他時得捨隨此与貿衣五種不同如戒疏說　律中以財物易錢寶故犯但无衣食為
異　五緣成一是錢寶二手和易三決價四為己五受犯　五分應對僧悔不得向二三
人前律不犯中若以錢貿瓔珞具為仏法僧者得　販賣戒廿　多論四義制一為佐
法增尚故二為止鬪諍故三為成四聖種故四為長信敬不生誹謗故論犯六成一在
家二衆二共和交貿三決價四為己五自貿易六領受律令淨人貿准餘部懺
開四分衣藥交貿諍價高下數數上下皆犯　多云此販賣隨一切墮中最重寧
作屠兒何以故屠兒止害一生販賣一切俱害不問道俗賢愚持戒毀戒无往不欺
常懷惡心設若居穀恒悕天下荒餓霜雹灾變若居塩積貯恒欲四遠反亂
王路隔塞多有此過故比販賣物作塔像不得向礼又云但作仏意礼之設与僧
作食及四方僧房一切不得住中持戒比丘不應受用得罪若死得羯磨分之何
以宗者以此販賣業罪過深重若生存時僧得用者此比丘言雖販賣有罪猶
得作福償作无已今不聽僧食用无供僧福後得重罪以此因緣不敢更作比（无更作理故得分之若販賣食咽咽墮作衣著著墮作卧具隨）
丘既死轉轉墮故重結　五百問云治生得物施人犯捨若窮厄无食爰使白
衣作食治生道人白衆言此非我物得食不者犯墮若施僧僧人人与僧不犯
僧祇若糴穀時此後當貴糶時越菓時直若恐後貴糴自食竟有利後糶

衣作食治生道人白衆言此非我物得食不者犯墮若施僧〻人〻与僧不犯
僧祇若籴穀時此後當貴籴時越粜時墮若恐後貴擬自食行道到後穀
貴食長或与師僧作功德餘者出粜得利无罪諸藥草等亦尒衣盋不爲利
後賣不犯　十誦若扠似賣扠似如衣盋灌瓶戶鉤四藥支貿不扠似去以衣易
鉢一切墮若可捨物金銀錢籴粟或用粟買物若可食噉口吉可作衣着〻提
五百問云不求利販賣作福无罪耶答此人尚不免地獄何况得福不隨佛語故非
供養　四分中販賣買三事但爲利故買賣俱墮十誦中授一物爲語　多論若衆僧
衣未三唱得益價若三唱已不應益以屬他故若衆中三唱得衣設悔不應還
十誦若賣買前人悔七日內者還〻若過不應　四分文不了此是私賣買也　五分使
淨人易時應心念寧使彼得我利我不得彼利比丘共僧貿易應倍者當使價
灼然後交博若貿无可倍者知賢善知足聽直与　四分衣法中亦貴價衣令淨人貿易
无淨人者乃至遣比丘貿易准此開之若无淨人亦制与衆　僧祇若自問價若使人問
價作不淨語諍價高下皆越得物墮四藥隨輕物重物淨不淨物扠貿得提
若肆上見衣其價已定比丘買直來与物主雖搖頭作与扠者比丘亦須語云〻足直知是物
世若估客物直五十而索百錢比丘以五十知〻如是求者不名爲下　若前人欲買此物
比丘不得抄市當問云汝止未若報云我休者比丘方云我以是價知是物好不比丘
自貿抄市者越　若僧中賣物得上價取若和上闍梨取不得抄上若營事比丘

前人物此好此惡撩細汁碎大小香臭者无罪　五百問若白其物價前人信之買取
故犯盜罪　僧祇先食殘持博蘇油等作不淨語犯捨墮治草屣罪作不淨語
越若前与食後治前治後与食无罪乃至殘食雇治草去等准前　多論如販賣
戒中物或方便取罪果頭无罪如爲利居壚穀後得好心以施僧作福或果頭取
罪如爲福糴米不賣後見利便賣以利自入此是方便无罪言得施者謂一切俱
捨懺世律不犯者聽五衆出家人共交易應自審定不應共相高下如市道法不
得与餘人貿易令淨人貿若悔聽還若蘇油相易者无犯准上衣法得令淨人作
者謂授己者云云　十誦五度語索不得者覓淨人使買淨人不知亦易當教以茶
所物買是物應知好惡量得者不犯此賤彼貴己利不犯　畜長鉢過限戒廿一
五緣成一先己受持鉢二更得三如法鉢非餘油根芽四不淨施善見買鉢未還直
不成受主言但受不成受不犯長若般價已熏訖報令取過限若犯五過十日便
犯餘如長衣戒　乞鉢戒廿二　六緣先有受持鉢二減五綴不漏三隨小親乞四爲
已五乞如法鉢六欲受便犯事希少故廣如疏中　律不犯者五綴漏若減漏求新
若親里索從出家人索若爲他爲己不求而得自己買畜皆不犯　自乞縷使非
親織戒廿三　多云己三義制一爲除惡法故二爲止誹謗故三爲四聖種故四緣一自乞
縷二使非親織三不与價四成織犯　十誦若爲无衣故從非親乞縷欲作衣互吉若少衣
止得乞衣少縷止得乞縷　五分自行求縷雇人作衣互墮　四分若織師与錢者

止得乞衣少縷止得乞縷　五分自行求縷自雇人作衣又墮　四分若織師與錢者（若與縷者非親看織作維一切吉羅不犯者若自織作鉢囊草屣囊針）
俱親不犯襆禪帶腰帶作帽作襪鐍盛巾草屣巾一切不犯　勸織師增衣縷
戒廿四　論犯六緣一非親居士處心辨縷遣織二本期有限三知有限四讚勸好
織許直五彼爲增縷六領受便犯　四分若求衣不得者罪不犯若減少求從親里索
出家人索他爲已者　奪衣戒廿五　五緣一是大比丘親下衆非行類故二本規同
行三者不定與前人決定取多生惱故四句中一句初受與俱定二決定與而受者
不定奪取犯重若與受俱不定者吉四瞋奪五得屬已　四分不犯者不瞋恚言
我悔不與汝衣還我來若知悔以還若餘人語便還若借他衣着他着無道
理還奪取不犯若恐失恐壞若彼人破見戒威儀若被舉滅擯應擯若爲走
東故及命梵難一切奪並不藏者　畜七日藥過限戒廿六　辨明四藥體狀義
加法是非廣如下卷及戒本疏　五緣成犯一是七日藥二爲直手直不加口法三无
長罪二明作二受竟三不說淨四畜過七日五緣无犯　律不犯者若過七日藥穢
油塗戶嚮窨石蜜與守園人第七日藥捨與餘比丘食若未滿七日還彼比丘用
塗脚然燈也　過前求雨衣過前用戒廿七（二戒並由過前故合制）　過前求五緣成一是雨衣二過
前求三自爲已四彼與五領受犯　過前用四緣一是雨衣二時中得三過前受四過前
用犯　四分七種衣中比丘取雨中浴被應三月十六日求四月一日用若二過前求用犯捨
僧祇此衣不得受當三衣不得淨施不得着入河池中浴不二雨時不得用不得裸身浴

浣者得著入餘水中洗多論云三月十六日應求應作乃至四月十五日立尔畜諸
得用浴揩拭行來長丈二尺廣六尺以天多雨故爲護三衣爲行路覺欲雨取此
衣露身上若大雨在路須脫三衣襆裹著此衣行雨中於露浴若著此衣此浴衣語
通以受濕故名浴非唯著洗浴也若著餘衣浴須以水薄洒此衣令濕不得燥異
得吉由此是浴衣故　僧祇四月一日用八月十五日當捨　五分若過限不作餘衣受持淨
施不施人者吉　僧祇至時唱言大德僧聽今僧捨雨衣三說已不得至十六日（准此受持是應）
通（唱）律不犯者若捨作餘用若著浴若浣若舉者　過前受急施衣過後畜戒廿八
（是立二戒合制不同一衣）　過前五緣一是急施律云本是夏竟衣爲緣用前受若受便得不受便失
二知是急施三過前四无緣五受便犯過後五緣一三同上緣三是十日內四不作淨五過
限便犯事希法隱略知大途餘如疏本中廣明時非時法　有難蘭若離衣戒廿九
六緣一是受持三衣二冬分非時三有疑怖處四置衣在村五无因緣六過七夜犯
四分疑者畏有賊盜十誦疑失一衣畏怖畏者乃至畏比丘畏　言村內者僧祇寄
著可疑俗人家（以不良家知此比丘无衣隨身）　五分上二衣中隨所重者聽寄一衣不得寄下衣以隨
身故禮拜入寺乞食不得單著但寄一衣　明雨緣者僧祇夏三月在蘭若恐怖受
用置一衣村內不作日限　五分夏中不許離衣要待後安居竟賊難恐怖因緣得
寄白衣家不作日限唯須十日一度往看恐有濕爛虫嚙等過　善見若蘭若受僧
坊堅密不須寄衣无者得寄六夜一看見衣已還蘭若所　上來諸部恐有急

寄衣處不代日限所須七日一度行看此衣濕爛虫嚙等過 善見若蘭若受僧
坊堅密不須寄衣无去得寄六夜一看見衣已還蘭若所 上來諸部然在急
難賊怖則聽寄衣不作日限必有他緣方制六夜 四分初緣因蘭若賊劫比丘令置
一衣村內不制日限後因聚落比丘起過更開緣至六夜而不顯緣机按今古師妄執
今准諸部明文凡緣皆開五分在路怖者亦限多日如上更開塔僧事和上闍梨事
及他事皆聽六夜留一一衣白衣處 明了論中蘭若比丘夏安居中須往餘處聽去
不可恒得三衣聽留寄餘處六宿不失至第七日還取衣過第七夜已如前寄二事
若未竟中間恒許 律不犯中已寄六宿至第七夜明相未出前若到衣所若手捉衣
謂蘭若俗人家
女人受染投衣
若至擲石所及受若捨衣餘因聚落離衣戒說 迴僧物入已戒卅
具四緣一是許道僧物二作許想三迴向已入手便犯 律云 僧物有三種一者已許僧
謂道
明施
僧而未分僧別
二異此迴犯捨
二為僧故作未許僧
謂俗家為僧作床褥器具
供僧之物決得迴吉羅也
三已与僧者已許僧已捨
与僧
此決施於僧不
計別衆迴犯吉羅
僧祇若人持物來問僧何處施答言隨汝所敬處与若言
何處果報多答言施僧若言何者持戒清淨答言僧无犯戒不清淨者言我已
施僧今施尊者得受无罪若言決物置何處使我常見受用答其甲比丘坐禪誦
經持戒若施彼者長見受用 四分若物許僧轉與塔許四方僧迴與現在僧許
比丘僧迴与尼僧許異處迴與異處受乃至許異受迴與決受一切吉羅
並未謂決定若
決則施隨前犯
僧祇迴決彼畜生物越毗尼心悔 十誦多論若擅越施此自恣僧物迴与彼自恣僧者

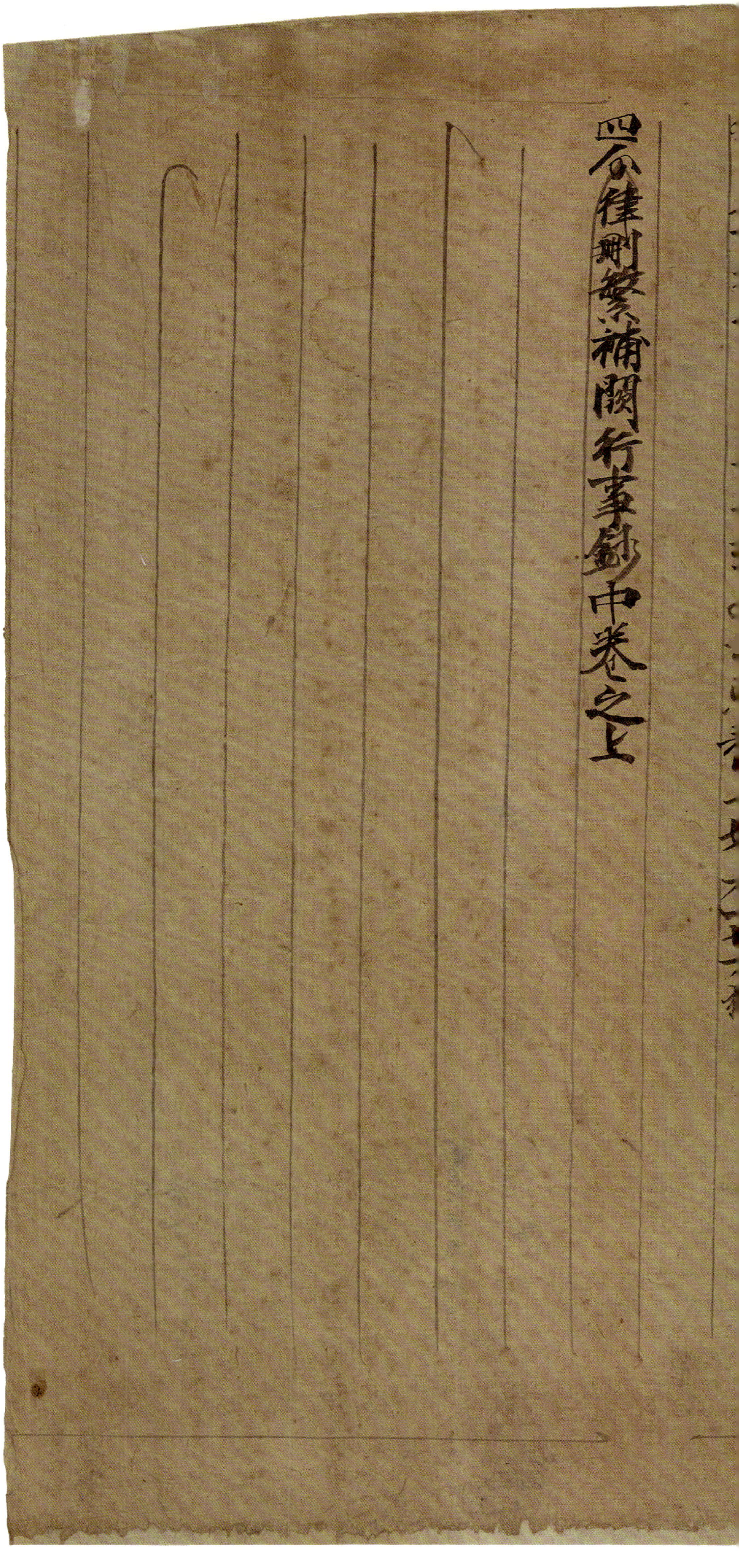

四分律刪繁補闕行事鈔中卷之上

BD00801　四分律刪繁補闕行事鈔中卷

BD00802 金剛般若波羅蜜經

（後秦）鳩摩羅什 譯

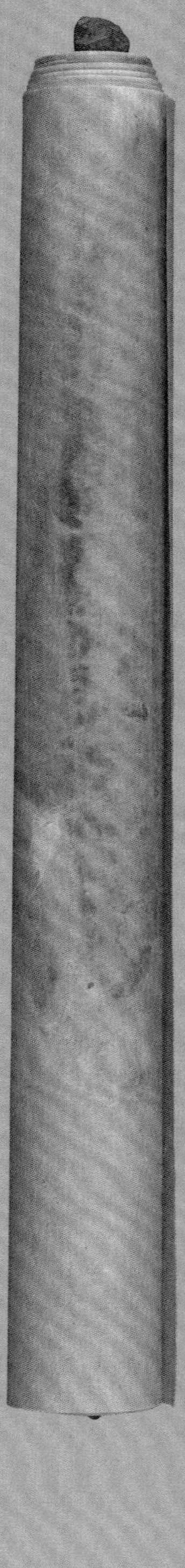

277.5cm × 27cm

以要言之是經有
可稱量無邊功德如来為發大乘者説
最上乘者説若有人能受持讀誦廣
説如来悉知是人悉見是人皆得成就不
量不可稱無有邊不可思議功德如是人等
則為荷擔如来阿耨多羅三藐三菩提何以
故須菩提若樂小法者著我見人見衆生見
壽者見則於此經不能聽受讀誦為人解説
須菩提在在處處若有此經一切世間天人阿
脩羅所應供養當知此處則為是塔皆
應恭敬作礼圍遶以諸華香而散其處
復次須菩提善男子善女人受持讀誦此經
若為人輕賤是人先世罪業應墮惡道以今世人

世人輕賤故先世罪業則為消滅當得阿耨
多羅三藐三菩提須菩提我念過去無量阿
僧祇劫於然燈佛前得值八百四千萬億那由
他諸佛悉皆供養承事無空過者若復有人
於後末世能受持讀誦此經所得功德於我
所供養諸佛功德百分不及一千萬億分乃
至算數譬喻所不能及須菩提若善男子
善女人於後末世有受持讀誦此經所得功
德我若具說者或有人聞心則狂亂狐疑不
信須菩提當知是經義不可思議果報亦
不可思議
尒時須菩提白佛言世尊善男子善女人發
阿耨多羅三藐三菩提心云何應住云何降伏
其心佛告須菩提善男子善女人發阿耨多

阿耨多羅三藐三菩提心云何應住云何降伏
其心佛告須菩提善男子善女人發阿耨多
羅三藐三菩提者當生如是心我應滅度
一切衆生滅度一切衆生已而無有一衆生
實滅度者何以故若菩薩有我相人相衆生
相壽者相則非菩薩所以者何須菩提實無
有法發阿耨多羅三藐三菩提者須菩提
於意云何如來於然燈佛所有法得阿耨多
羅三藐三菩提不不世世尊如我解佛所說義
佛於然燈佛所無有法得阿耨多羅三藐三
菩提佛言如是如是須菩提實無有法如來
得阿耨多羅三藐三菩提須菩提若有法如
來得阿耨多羅三藐三菩提然燈佛則不與

實無有法得阿耨多羅三藐三菩提是故然
燈佛與我受記作是言汝於来世當得作佛号
釋迦牟尼何以故如来者即諸法如義若有
人言如来得阿耨多羅三藐三菩提須菩提
實無有法佛得阿耨多羅三藐三菩提須菩
提如来所得阿耨多羅三藐三菩提於是中
無實無虚是故如来說一切法皆是佛法須
菩提所言一切法者即非一切法是故名一切法
須菩提譬如人身長大須菩提言世尊如来
說人身長大則為非大身是名大身
須菩提菩薩亦如是若作是言我當滅度無
量衆生則不名菩薩何以故須菩提無有法
名為菩薩是故佛說一切法無我無人無衆
生無壽者須菩提若菩薩作是言我當莊

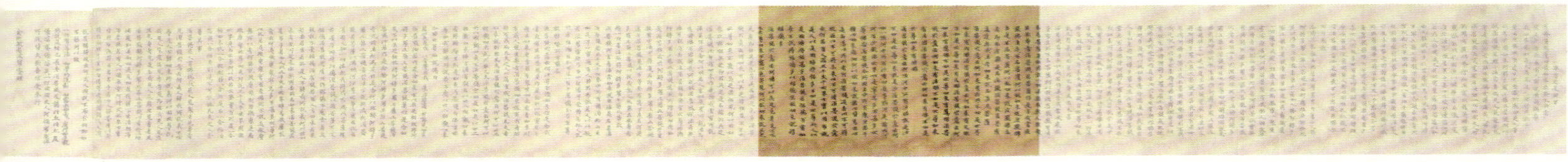

名為菩薩是故佛說一切法無我無人無衆
生無壽者須菩提若菩薩作是言我當庄
嚴佛土是不名菩薩何以故如来說庄嚴佛
土是不名菩薩何以故如来說庄嚴佛土
者即非庄嚴是名庄嚴須菩提若菩薩
通達無我法者如来說名真是菩薩
須菩提於意云何如来有肉眼不如是世尊
如来有肉眼須菩提於意云何如来有天眼
不如是世尊如来有天眼須菩提於意云何
如来有慧眼不如是世尊如来有慧眼須菩
提於意云何如来有法眼不如是世尊如来
有法眼須菩提於意云何如来有佛眼不如是
世尊如来有佛眼
須菩提於意云何恒河中所有沙佛說是沙

不如是世尊如来說是沙須菩提於意云何
如一恒河中所有沙有如是等恒河是諸恒河
所有沙數佛世界如是寧為多不甚多世
尊佛告須菩提尒所國土中所有衆生若干
種心如来悉知何以故如来說諸心皆為非心
是名為心所以者何須菩提過去心不可得
現在心不可得未来心不可得須菩提於意
云何若有人滿三千大千世界七寶以用布施
是人以是因緣得福多不如是世尊此人以
是因緣得福甚多須菩提若福德有實如
来不說得福德多以福德無故如来說得
福德多
須菩提於意云何佛可以具足色身見不不
也世尊如来不應以具足色身見何以故如来說具足

須菩提於意云何佛可以具足色身見不不
也世尊如來不應以色身見何以故如來說具足
色身即非具足色身是名具足色身須菩
提於意云何如來可以具足諸相見不不也
世尊如來不應以具足諸相見何以故如
來說諸相具足即非具足是名諸相具足
須菩提汝勿謂如來作是念我當有所說
法莫作是念何以故若人言如來有所說法即
為謗佛不能解我所說故須菩提說法者無
法可說是名說法須菩提白佛言世尊佛得
阿耨多羅三藐三菩提為無所得耶如是如
是須菩提我於阿耨多羅三藐三菩提乃至
無有少法可得是名阿耨多羅三藐三菩提

多羅三藐三菩提以無我無人無衆生無壽者
脩一切善法則得阿耨多羅三藐三菩提
須菩提所言善法者如来說非法是名善法
須菩提若三千大千世界中所有諸須弥山王
如是等七寶聚有人持用布施若人以此般
若波羅蜜經乃至四句偈等受持爲他人說
於前福德百分不及一百千萬億分乃至筭
數譬喻所不能及
須菩提於意云何汝等勿謂如来作是念我
當度衆生須菩提莫作是念何以故實無有
衆生如来度者若有衆生如来度者如来則
有我人衆生壽者須菩提如来說有我者則
非有我而凡夫之人以爲有我須菩提凡夫者
如来說則非凡夫須菩提於意云何可以卅二

非有我而凡夫之人以爲有我須菩提凡夫者
如来說則非凡夫須菩提於意云何可以卅二
相觀如来說則非凡夫須菩提於意云何可以
卅二相觀如来不須菩提言如是如是以卅二
相觀如来佛言須菩提若以卅二相觀如来
者轉輪聖王則是如来須菩提白佛言世
尊如我解佛所說義不應以卅二相觀如来
尒時世尊而說偈曰
若以色見我　以音聲求我　是人行耶道　不能見如来
須菩提汝若作是念如来不以具足相故得阿
耨多羅三藐三菩提須菩提莫作是念如
来不以具足相故得阿耨多羅三藐三菩提須
菩提汝若作是念發阿耨多羅三藐三菩提
者說諸法斷滅莫作是念何以故發阿耨

羅三藐三菩提心者於法不說斷滅相須菩
提若菩薩以滿恒河沙等世界七寶布施若
復有人知一切法無我得成於忍此菩薩勝
前菩薩所得功德須菩提以諸菩薩不受
福德須菩提菩薩所作福德不應貪着是
故說不受福德須菩提若有人言如来若来
若去若坐若卧是人不解我所說義何以故如
来者無所從来亦無所去故名如来須菩提若
善男子善女人以三千大千世界碎為微塵於
意云何是微塵衆寧為多不甚多世尊何
以故若是微塵衆實有者佛則不說是微塵
衆所以者何佛說微塵衆則非微塵衆是名
微塵衆世尊如来所說三千大千世界則非
世界是名世界何以故若世界實有則是一合

微塵衆世尊如来所說三千大千世界則非
世界是名世界何以故若世界實有則是一合
相如来說一合相則非一合相是名一合相須
菩提一合相者則是不可說但凡夫之人貪
着其事

須菩提若人言佛說我見人見衆生見壽者
見須菩提於意云何是人解我所說義不世
尊是人不解如来所說義何以故世尊說
我見人見衆生見壽者見即非我見人見衆
生見壽者見是名我見人見衆生見壽者見
須菩提發阿耨多羅三藐三菩提心者於一切
法應如是知如是見如是信解不生法相須
須菩提若有人以滿無量阿僧祇世界七寶

說其福勝彼云何為人演說不取於相如如
不動何以故
一切有為法　如夢幻泡影　如露亦如電　應作如是觀
佛說是經已長老須菩提及諸比丘比丘尼
優婆塞優婆夷一切世間天人阿脩羅聞佛
所說皆大歡喜信受奉行

金剛般若波羅蜜經

BD00803 金光明最勝王經卷三

（唐）義净 譯

587.1cm × 25.5cm

□光明最勝王經滅業障品第五　　三藏法師義淨奉　制譯

尒時世尊住正分別入甚深微妙靜慮從
身毛孔放大光明光是種種諸色諸佛
刹土悉現光中十方恒河沙校量譬喻所不
能及五濁惡世為光所照是諸衆生作十惡
業五无間罪誹謗三寶不孝尊親輕慢師長
婆羅門衆應墮地獄餓鬼傍生彼各蒙光至
所住處是諸有情見斯光已因光力故皆得
安樂端正姝妙色相具足福智莊嚴得見諸
佛是時帝釋一切天衆及恒河女神并諸大
衆蒙光希有皆至佛所右繞三帀退坐一
面
尒時天帝釋承佛威力即從座起偏袒右肩

行大乘攝受一切邪倒有情曾所造作業障
罪者云何懺悔當得除滅
佛告天帝釋善哉善哉善男子汝今修行欲
為无量无邊衆生令得清淨解脫安樂哀愍
世間福利一切若有衆生由業障故造諸罪
者應當策勵晝夜六時偏袒右肩右膝著地
合掌恭敬一心專念口自說言歸命頂禮現
在十方一切諸佛已得阿耨多羅三藐三菩
提者轉妙法輪持照法輪雨大法雨擊大法
鼓吹大法螺建大法幢秉大法炬為利利益
安樂諸衆生故常行法施誘進群迷令得大
果證常樂故如是等諸佛世尊以身語意稽
首歸誠至心礼敬彼諸世尊以真實慧以真

首歸誠至心礼敬彼諸世以真寶慧以真
寶眼真寶證明真寶平等悲知悲見一切衆
生善惡之業我從无始生死以來隨惡流轉
共諸衆生造業障罪爲貪瞋癡之所纏縛未
識佛時未識法時未識僧時未識善惡由身
語意造无間罪惡心出佛身血誹謗正法破
和合僧殺阿羅漢殺害父母身三語四意三
種行造十惡業自作教他見作隨喜於諸善
人横生毀謗升稱欺誑以僞真不淨飲食
施與一切於六道中所有父母更相惱害或
盜窣覩波物四方僧物現前僧物自在而用
世尊法律不樂奉行師長教示不相隨順見
行聲聞獨覺大乘行者喜生罵辱令諸行人

增長於諸佛所而起誹謗法說非法非法說
法如是衆罪佛以真實慧真實眼真實證
明真實平等悉知悉見我今歸命對諸佛前皆
悉發露不敢覆藏未作之罪不復作已作之
罪今皆懺悔所作業障應墮惡道地獄傍生餓
鬼之中阿蘇羅衆及八難處願我此生所有
業障皆得消滅所有惡報未來不受亦如過
去諸大菩薩修菩提行所有業障悉已懺悔
我之業障今亦懺悔皆悉發露不敢覆藏已
作之罪願得除滅未來之惡更不敢造亦如
未來諸大菩薩修菩提行所有業障悉已懺
懺我之業障今亦懺悔皆悉發露不敢覆藏
已作之罪願得除滅未來之惡更不敢造亦

已作之罪願得除滅未來之惡更不敢造亦
如現在十方世界諸大菩薩修菩提行所有
業障悉已懺悔我之業障今亦懺悔皆悉發
露不敢覆藏已作之罪願得除滅未來之惡
更不敢造
善男子以是因緣若有造罪一剎那中不得
覆藏何況一日一夜乃至多時若有犯罪欲
求清淨心懷愧恥信於未來必有惡報生大
恐怖應如是懺如人被火燒頭燒衣救令速
滅火若未滅心不得安若人犯罪亦復如是
即應懺悔令速除滅若有願生富樂之家多
饒財寶復欲發意修習大乘亦應懺悔滅除
業障欲生豪貴婆羅門種剎帝利家及轉
輪王七寶具足亦應懺悔滅除業障

天覩史多天樂變化天他化自在天亦應懺
悔滅除業障若欲生梵衆梵輔大梵天少光
无量光極光淨天少淨无量淨遍淨天无雲
福生廣果无煩无熱善現天善見色究竟天
亦應懺悔滅除業障若欲求須流果一來果
不還果阿羅漢果亦應懺悔滅除業障若欲
願求三明六通聲聞獨覺自在菩提至究竟
地求一切智智淨智不思議智不動智三藐
三菩提正遍智者亦應懺悔滅除業障何以
故善男子一切諸法從因緣生如來所說異
相生異相滅因緣異如是過去諸法皆已
滅盡所有業障无復遺餘是諸行法未得現
生而今得生未來業障更不復起何以故善

生而令得生未來業障更不須起何以故善
男子一切法空如來所說无有我人衆生壽
者亦无生滅亦无行法善男子一切諸法皆
依於本亦不可說何以故過一切相故若有
善男子善女人如是入於微妙真理生信敬
心是名无衆生而有於本以是義故說於懺
悔滅除業障
善男子若人成就四法能除業障永得清淨
云何爲四一者不起邪心正念成就二者於
甚深理不生誹謗三者於初行菩薩起一切
智心四者於諸衆生起慈无量是謂爲四尒
時世尊而說頌言
專心護三乘　不誹謗深法　作一切智想　慈心淨業障

於菩薩律儀犯極重惡二者於大乘經心生
誹謗三者於自善根不能增長四者貪著三
有无出離心復有四種對治業障云何為四
一者於十方世界一切如来至心親近說一
切罪二者為一切衆生勸請諸佛說深妙法
三者隨喜一切衆生所有功德四者所有一
切功德善根悉皆迴向阿耨多羅三藐三菩
提尒時天帝釋白佛言世尊世間所有男子
女人於大乘行有能行者有不行者云何能
得隨喜一切衆生功德善根佛言善男子若
有衆生雖於大乘未能修習然於晝夜六時
偏袒右肩右膝著地合掌恭敬一心專念作
隨喜時得福无量應作是言十方世界一切
衆生現在修行施戒心慧我今皆悉深生隨

衆生現在修行施戒心慧我今皆悉深生隨
喜由作如是隨喜福故必當獲得尊重殊勝
无上无等最妙之果如是過去未來一切衆
生所有善根皆悉隨喜又於現在初行菩薩
發菩提心所有功德過百千劫行菩薩行有
大功德獲无生忍至不退轉一生補處如是
一切功德之蘊皆悉至心隨喜讚歎過去未
來一切菩薩所有功德隨喜讚歎亦復如是
復於現在十方世界一切諸佛應正遍知證
妙菩提為度无量諸衆生故轉无上法輪行
无礙法施擊法鼓吹法螺建法幢雨法雨哀
愍勸化一切衆生咸令信受皆蒙法施悉得
无患无盡安樂又復所有菩薩聲聞獨覺功

悲念具足我皆隨喜[illegible]
薩聲聞獨覺所有功德亦皆至心隨喜讚歎
善男子如是隨喜當得无量功德之聚如恒河
沙三千大千世界所有衆生皆斷煩惱成阿
羅漢若有善男子善女人盡其形壽常以上
妙衣服飲食卧具醫藥而爲供養如是功德
不及如前隨喜功德千分之一何以故供養
功德有數有量不攝一切諸功德故隨喜功
德无量无數能攝三世一切功德是故若人
欲求增長勝善根者應脩如是隨喜功德若
有女人願轉女身爲男子者亦應脩習隨喜
功德必得隨心現成男子尒時天帝釋白佛
言世尊已知隨喜功德勸請功德唯願爲說
欲令未來一切菩薩當轉法輪現在菩薩正修

欲令未來一切菩薩當轉法輪現在菩薩正演
行故佛告帝釋若有善男子善女人願求阿
耨多羅三藐三菩提者應當修行聲聞獨覺
大乘之道是故當於晝夜六時如前威儀一
心專念住如是言我今歸依十方一切諸佛
世尊已得阿耨多羅三藐三菩提未轉无上
法輪欲捨報身入涅槃者我皆至誠頂礼勸
請轉大法輪雨大法雨然大法燈照明理趣
施无礙法莫般涅槃久住於世度脫安樂一
切衆生如前所說乃至无盡安樂我今以此
勸請功德迴向阿耨多羅三藐三菩提如過
去未來現在諸大菩薩勸請功德迴向菩提
我亦如是勸請功德迴向无上正等菩提善

得功德其福勝彼何以故彼是財施此是法
施善男子且置三千大千世界七寶布施若
人以滿恒河沙數三千世界七寶供養一切
諸佛勸請功德亦勝於彼由其法施有五勝
利云何爲五一者法施兼利自他財施不尒
二者法施能令衆生出於三界財施之福不
出欲界三者法施能淨法身財施但唯增長
於色四者法施无窮財施有盡五者法施能
斷无明財施唯伏貪愛是故善男子勸請功
德无量无邊難可譬喻如我昔行菩薩道時
勸請諸佛轉大法輪由彼善根是故今日一
切帝釋諸梵王等勸請於我轉大法輪善男
子請轉法輪爲欲度脫安樂諸衆生故我於

BD00803　金光明最勝王經卷三

子請轉法輪為欲度脫安樂諸衆生故我於
往昔為菩提行勸請如來久住於世莫般涅
槃依此善根我得十力四无所畏四无导辯
大慈大悲證得无數不共之法我當入於无
餘涅槃我之正法久住於世我法身者清淨
无比種種妙相无量智慧无量自在无量功
德難可思議一切衆生皆蒙利益百千萬劫
說不能盡法身攝藏一切諸法一切諸法不
攝法身法身常住不墮常見雖復斷滅亦非
斷見能破衆生種種異見能生衆生種種真
見能解一切衆生之縛无縛可解能植衆生
諸善根本未成熟者令成熟已成熟者令解
脫无作无動遠離闠閙寂靜无為自在安樂

[illegible]
皆由勸請功德善根力故如是法身我今已
得是故若有欲得阿耨多羅三藐三菩提者
於諸經中一句一頌為人解說功德善根尚
无限量何况勸請如来轉大法輪久住於世
莫般涅槃
時天帝釋復白佛言世尊若善男子善女人
為求阿耨多羅三藐三菩提故修三乘道所
有善根云何迴向一切智智佛告天帝善男
子若有衆生欲求菩提修三乘道所有善根
願迴向者當於晝夜六時慇重至心作如是
說我從无始生死以来於三寶所修行成就
所有善根乃至施與傍生一摶之食或以善
言和解諍訟或受三歸及諸學處或復懺悔

BD00803　金光明最勝王經卷三

言和解諍訟或受三歸及諸學處或復懺悔
勸請隨喜所有善根我今作意悉皆攝取迴
施一切衆生無悔恡心是解脫分善根所攝
如佛世尊之所知見不可稱量无㝵清淨如
是所有功德善根悉以迴施一切衆生不住
相心不捨相心我亦如是功德善根悉以迴
施一切衆生願皆獲得如意之手撝空出寶
滿衆生願富樂无盡智慧无窮妙法辯才悉
皆无滯共諸衆生同證阿耨多羅三藐三菩
提得一切智因此善根更復出生无量善法
亦皆迴向无上菩提又如過去諸大菩薩修
行之時功德善根悉皆迴向一切種智現在
未來亦復如是然我所有功德善根亦皆迴

樹下不可思議无礙清淨住於无盡法藏陀
羅尼首楞嚴定破魔波旬无量兵衆應見覺
知應可通達如是一切一剎那中悉皆照了
於後夜中獲甘露法證甘露義我及衆生願
皆同證如是妙覺猶如
无量壽佛　勝光佛　妙光佛　阿閦佛
功德善光佛　師子光明佛　百光明佛　網光明佛
寶相佛　寶燄佛　燄明佛　燄盛光明佛
吉祥上王佛　微妙聲佛　妙莊嚴佛　法幢佛
上勝身佛　可愛色身佛　光明遍明佛　梵淨王佛
上性佛
如是等如來應正遍知過去未來及以現在
亦現應化得阿耨多羅三藐三菩提轉无上

亦現應化得阿耨多羅三藐三菩提轉无上
法輪為度衆生我亦如是廣説如上
善男子若有淨信男子女人於此金光明最
勝經王滅業障品受持讀誦憶念不忘為他
廣説得无量无邊大功德聚譬如三千大千
世界所有生生一時皆得成就人身得人身
已成獨覺道若有男子女人盡其形壽恭敬
尊重四事供養一一獨覺各施七寶如須彌
山此諸獨覺入涅槃後皆以珎寶起塔供養
其塔高廣十二踰繕那以諸花香寶幢幡蓋
常為供養善男子於意云何是人所獲功德
寧為多不天帝釋言甚多世尊善男子若復
有人於此金光明微妙經典衆經之王滅業

[illegible]
億分乃至挍量譬喻所不能及何以故是善
男子善女人住正行中勸請十方一切諸佛
轉无上法輪皆為諸佛歡喜讚歎善男子如
我所說一切施中法施為勝是故善男子於
三寶所設諸供養不可為比勸受三歸持一
切戒无有毀犯三業不空不可為比一切世
界一切衆生隨力隨能隨所願樂於三乘中
勸發菩提心不可為比於三世中一切世界
所有衆生皆得无㝵速令成就无量功德不
可為比三世剎土一切衆生令无障礙得三
菩提不可為比三世剎土一切衆生勸令速
出四惡道苦不可為比三世剎土一切衆生
勸令除滅極重惡業不可為比一切苦惱勸

BD00803　金光明最勝王經卷三

出四魔道者不可[illegible]
勸令除滅極重惡業不可爲比一切苦惱勸
令解脫不可爲比一切怖畏苦惱逼切皆令
得解不可爲比三世佛前一切衆生所有功
德勸令隨喜發菩提願不可爲比勸除惡行
罵辱之業一切功德皆願成就所在生中勸
請供養尊重讚歎一切三寶勸請衆生淨修
福行成滿菩提不可爲比是故當知勸請一
切世界三世三寶勸請滿足六波羅蜜勸請轉
於无上法輪勸請住世經无量劫演說无
量甚深妙法功德甚深无能比者
尒時天帝釋及恒河女神无量梵王四大天
衆從座而起偏袒右肩右膝著地合掌頂礼
白佛言世尊我等皆得聞是金光明冣勝王
經入[illegible]

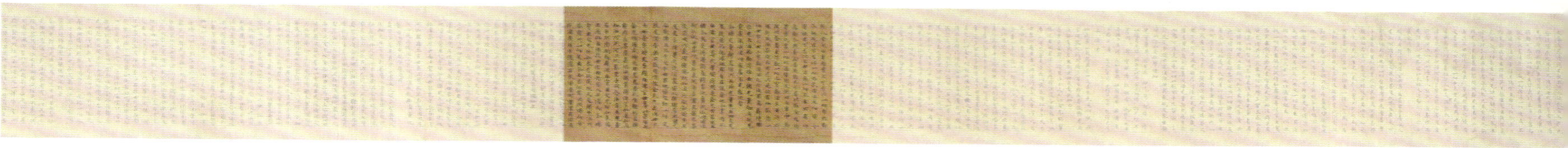

[illegible]
提隨順此義種種勝相如法行故尒時梵王
及天帝釋等於說法處皆以種種曼陁羅花
而散佛上三千大千世界地皆大動一切天
鼓及諸音樂不鼓自鳴放金色光遍滿世界
出妙音聲時天帝釋白佛言世尊此等皆是
金光明經威神之力慈悲普救種種利益種
種增長菩薩善根滅諸業障佛言如是如是
如汝所說何以故善男子我念往昔過無量
百千阿僧祇劫有佛名寶王大光照如來應
正遍知出現於世住世六百八十億劫尒時
寶王大光照如來為欲度脫人天釋梵沙門
婆羅門一切衆生令安樂故當出現時初會
說法度百千億億万衆皆得阿羅漢果諸漏

說法度百千億億万衆皆得阿羅漢果諸漏
已盡三明六通自在无㝵於第二會復度九
十千億億萬衆皆得阿羅漢果諸漏已盡三
明六通自在无㝵於第三會復度九十八千
億億万衆皆得阿羅漢果圓滿如上
善男子我於尒時作女人身名福寶光明於
第三會親近世尊受持讀誦是金光明經為
他廣説求阿耨多羅三藐三菩提故時彼世
尊爲我受記此福寶光明女於未來世當得
作佛号釋迦牟尼如来應正遍知明行足善
逝世間解无上士調御丈夫天人師佛世尊
捨女身後從是以来越四惡道生生天中受
上妙樂八十四百千生作轉輪王至于今日
得成正覺名稱普聞遍滿

妙法善男子去此索訶世界東方過百千恒
河沙數佛土有世界名寶莊嚴其寶王大光
照如來今現在彼未般涅槃說微妙法廣化
羣生汝等見者即是彼佛
善男子若有善男子善女人聞是寶王大光
照如來名号者於菩薩地得不退轉至大涅
槃若有女人聞是佛名者臨命終時得見彼
佛來至其所既見佛已究竟不復更受女身
善男子是金光明微妙經典種種利益種種
增長菩薩善根滅諸業障善男子若有苾芻
苾芻尼鄔波索迦鄔波斯迦隨在何處為人
講說是金光明微妙經典於其國土皆獲四種
福利善根云何為四一者國王無病離諸灾

BD00803　金光明最勝王經卷三

福利善根云何為四一者國王无病離諸灾
厄二者壽命長遠无有障礙三者无諸怨敵
兵衆勇健四者安隱豐樂正法流通何以故如
是人王常為釋梵四王藥叉之衆共守護故
尒時世尊告天衆曰善男子是事實不是時
无量釋梵四王及藥叉衆俱時同聲荅世尊
言如是如是若有國土講宣讀誦此妙經王
是諸國主我等四王常來擁護行住共俱其
王若有一切灾障及諸怨敵我等四王皆使
消殄憂愁疾疫亦令除差增益壽命感應禎
祥所願遂心恒生歡喜我等亦能令其國中
所有軍兵悉皆勇健佛言善哉善哉善男子
如汝所說汝當修行何以故是諸國主如法

白佛言如是世尊佛言若有講讀此妙經典
流通之處於其國中大臣輔相有四種益云
何為四一者更相親穆尊重愛念二者常為
人王心所愛重亦為沙門婆羅門大國小國
之所遵敬三者輕財重法不求世利嘉名普
暨衆所欽仰四者壽命延長安隱快樂是名
四益若有國土宣說是經沙門婆羅門得四
種勝利云何為四一者衣服飲食卧具醫藥
无所乏少二者皆得安心思惟讀誦三者依
於山林得安樂住四者隨心所願皆得滿足
是名四種勝利若有國土宣說是經一切人
民皆得豐樂无諸疾疫商估往還多獲寶
貨具足勝福是名種種功德利益

貧具足勝福是名種種功德利益
尒時梵釋四天王及諸大衆白佛言世尊如
是經典甚深之義若現在者當知如來卅七
種助菩提法住世未滅若是經典滅盡之時
正法亦滅佛言如是如是善男子是故汝等
於此金光明經一句一頌一品一部皆當一
心正讀誦正聞持正思惟正修習爲諸衆生
廣宣流布長夜安樂利福无邊時諸大衆聞
佛說已咸蒙勝益歡喜受持

金光明最勝王經卷第三

BD00804 妙法蓮華經（八卷本）卷六

（後秦）鳩摩羅什 譯

94cm×25.5cm

諸佛[illegible]在[illegible]佛[illegible]
處說法悉能受持一切佛法又能出於深妙法
音尒時世尊欲重宣此義而說偈言
是人舌根淨　終不受惡味　其有所食噉　悉皆成甘露
以深淨妙聲　於大衆說法　以諸因緣喻　引導衆生心
聞者皆歡喜　設諸上供養
諸天龍夜叉　及阿脩羅等　皆以恭敬心　而共來聽法
是說法之人　若欲以妙音　遍滿三千界　隨意即能至
大小轉輪王　及千子眷屬　合掌恭敬心　常來聽受法
諸天龍夜叉　羅刹毗舍闍　亦以歡喜心　常樂來供養
梵天王魔王　自在大自在　如是諸天衆　常來至其所
諸佛及弟子　聞其說法音　常念而守護　或時為現身

言若誦若解說若書寫得八百身功德得清
淨身如淨琉璃衆生憙見其身淨故三千大
千世界衆生生時死時上下好醜生善處惡
處悉於中現及鐵圍大鐵圍彌樓山摩訶彌
樓山等諸山及其中衆生悉於中現下至阿
鼻地獄上至有頂所有及衆生悉於中現若
聲聞辟支佛菩薩諸佛說法皆於身中現其
色像尒時世尊欲重宣此義而說偈言
若持法華者　其身甚清淨　如彼淨琉璃　衆生皆憙見
又如淨明鏡　悉見諸色像　菩薩於淨身　皆見世所有
唯獨自明了　餘人所不見
三千世界中　一切諸群萌　天人阿脩羅　地獄鬼畜生
如是諸色像　皆於身中現
諸天等宮殿　乃至於有頂　鐵圍及彌樓　摩訶彌樓山
諸大海水等　皆於身中現

諸天等宮殿　乃至於有頂　鐵圍及彌樓　摩訶彌樓山
諸大海水等　皆於身中現
諸佛及聲聞　佛子菩薩等　若獨若在衆　說法悉皆現
雖未得无漏　法性之妙身　以清淨常體　一切於中現
復次常精進若善男子善女人如來滅後受
持是法華經若讀若誦若解說若書寫得千二百
意功德以是清淨意根乃至聞一偈一句通
達无量无邊之義解是義已能演說一句一
偈至於一月四月乃至一歲諸所說法隨其義
趣皆與實相不相違背若說俗間經書治
世語言資生業等皆順正法三千大千世界
六趣衆生心之所行心所動作心所戲論皆
悉知之雖未得无漏智慧而其意根清淨如
此是人有所思惟籌量言說皆是佛法无不
真實亦是先佛經中所說爾時世尊欲重宣

[illegible]
是人意清淨　明利无穢濁　以此妙意根　知上中下法
乃至聞一偈　通達无量義　次第如說法　月四月至歲
是世界内外　一切諸衆生　若天龍及人　夜叉鬼神等
其在六趣中　所念若干種　持法華之報　一時皆悉知
十方无數佛　百福莊嚴相　為衆生說法　悉聞能受持
思惟无量義　說法亦无量　終始不忘錯　以持法華故
悉知諸法相　隨義識次第　達名字語言　如所知演說
此人有所說　皆是先佛法　以演此法故　於衆无所畏
持法華經者　意根淨若斯　雖未得无漏　先有如是相
是人持此經　安住希有地　為一切衆生　歡喜而愛敬
能以千萬種　善巧之言語　分別而說法　持法華經故

蓮華經卷第六

BD00805　妙法蓮華經（八卷本）卷五

（後秦）鳩摩羅什　譯

296.7cm × 25.7cm

諸天為聽法故亦常隨侍若在聚落城邑空閑
林中有人來欲難問者諸天晝夜常為法故
而衛護之能令聽者皆得歡喜所以者何
此經是一切過去未來現在諸佛神力所護故
文殊師利是法華經於無量國中乃至名字不
可得聞何況得見受持讀誦文殊師利譬如
強力轉輪聖王欲以威勢降伏諸國而諸小
王不順其命時轉輪王起種種兵而往討伐
王見兵眾戰有功者即大歡喜隨功賞賜
或與田宅聚落城邑或與衣服嚴身之具或
與種種珍寶金銀琉璃車璩馬瑙珊瑚虎珀
象馬車乘奴婢人民唯髻中明珠不與之所
以者何獨王頂上有此一珠若以與之王諸眷
屬必大驚怪文殊師利如來亦復如是以禪

不肯順伏如來賢聖諸將與之共戰其有
功者心亦歡喜於四衆中為説諸經令其心
悅賜以禪定解脫无漏根力諸法之財又復
賜與涅槃之城言得滅度引導其心令皆歡
喜而不為説是法華經文殊師利如轉輪
王見諸兵衆有大功者心甚歡喜以此難信
之珠久在髻中不妄與人而今與之如來亦復
如是於三界中為大法王以法教化一切衆
生見賢聖軍與五陰魔煩惱魔死魔共
戰有大功勲滅三毒出三界破魔網尒時如來
亦大歡喜此法華經能令衆生至一切智一切
世間多怨難信先所未説而今説之文殊師
利此法華經是諸如來第一之説於諸説中
最為甚深末後賜與如彼強力之王久護明

利此法華經是諸如來第一之說於諸說中
最為甚深末後賜與如彼強力之王久護明
珠今乃與之文殊師利此法華經諸佛如來
秘密之藏於諸經中最在其上長夜守護不
妄宣說始於今日乃與汝等而敷演之爾時
世尊欲重宣此義而說偈言
常行忍辱　哀愍一切　乃能演說　佛所讚經
後末世時　持此經者　於家出家　及非菩薩
應生慈悲　斯等不聞　不信是經　則為大失
我得佛道　以諸方便　為說此法　令住其中
譬如強力　轉輪之王　兵戰有功　賞賜諸物
象馬車乘　嚴身之具　及諸田宅　聚落城邑
或與衣服　種種珍寶　奴婢財物　歡喜賜與
如有勇健　能為難事　王解髻中　明珠賜之
如來亦爾　為諸法王　忍辱大力　智慧寶藏

以大慈悲　如法化世　見一切人　受諸苦惱
欲求解脫　與諸魔戰　為是眾生　說種種法
以大方便　說此諸經　既知眾生　得其力已
末後乃為　說是法華　如王解髻　明珠與之
此經為尊　眾經中上　我常守護　不妄開示
今正是時　為汝等說　我滅度後　求佛道者
欲得安隱　演說斯經　應當親近　如是四法
讀是經者　常无憂惱　又无病痛　顏色鮮白
不生貧窮　卑賤醜陋　眾生樂見　如慕賢聖
天諸童子　以為給使　刀杖不加　毒不能害
若人惡罵　口則閉塞　遊行无畏　如師子王
智慧光明　如日之照　若於夢中　但見妙事
見諸如來　坐師子座　諸比丘眾　圍繞說法
又見龍神　阿修羅等　數如恒沙　恭敬合掌
自見其身　而為說法　又見諸佛　身相金色

見諸如來 坐師子座 諸比丘眾 圍遶說法
又見龍神 阿脩羅等 數如恒沙 恭敬合掌
自見其身 而為說法 又見諸佛 身相金色
放无量光 照於一切 以梵音聲 演說諸法
佛為四眾 說无上法 見身處中 合掌讚佛
聞法歡喜 而為供養 得陁羅尼 證不退智
佛知其心 深入佛道 即為授記 成最正覺
汝善男子 當於來世 得无量智 佛之大道
國土嚴淨 廣大无比 亦有四眾 合掌聽法
又見自身 在山林中 脩習善法 證諸實相
深入禪定 見十方佛
諸佛身金色 百福相莊嚴 聞法為人說 常有是好夢
又夢作國王 捨宮殿眷屬 及上妙五欲 行詣於道場
在菩提樹下 而處師子座 求道過七日 得諸佛之智
成无上道已 起而轉法輪 為四眾說法 經千万億劫

說无漏妙法　度无量衆生　後當入涅槃　如烟盡燈滅
若後惡世中　說是第一法　是人得大利　如上諸功德
妙法蓮華經從地踊出品第十五
尒時他方國土諸来菩薩摩訶薩過八恒河
沙數於大衆中起合掌作礼而白佛言世尊
若聽我等於佛滅後在此娑婆世界勤加精
進護持讀誦書寫供養是經典者當於此土
而廣說之尒時佛告諸菩薩摩訶薩衆止善
男子不須汝等護持此經所以者何我娑婆
世界自有六万恒河沙等菩薩摩訶薩一一
菩薩各有六万恒河沙眷屬是諸人等能於
我滅後護持讀誦廣說此經佛說是時娑
婆世界三千大千國土地皆震裂而於其中
有无量千万億菩薩摩訶薩同時踊出是諸
菩薩身皆金色三十二相无量光明先盡在此

BD00805　妙法蓮華經（八卷本）卷五

婆世界三千大千國土地皆震裂而於其中
有无量千万億菩薩摩訶薩同時踊出是諸
菩薩身皆金色三十二相无量光明先盡在此
娑婆世界之下此界虛空中住是諸菩薩
聞釋迦牟尼佛所說音聲從下發來一一菩薩
皆是大衆唱導之首各将六万恒河沙眷屬
況将五万四万三万二万一万恒河沙等眷屬
者況復乃至一恒河沙半恒河沙四分之
一乃至千万億那由他分之一況復千万億
那由他眷屬況復億万眷屬況復千万百万
乃至一万況復一千一百乃至一十況復将五四
三二一弟子者況復單已樂遠離行如是
等比无量无邊筭數譬喻所不能知是諸菩
薩從地踊出已各詣虛空七寶妙塔多寶如
來釋迦牟尼佛所到已向二世尊頭面禮足

至諸寶樹下師子座上佛所亦皆作禮右
繞三迊合掌恭敬以諸菩薩種種讚法而以
讚歎住在一面欣樂瞻仰於二世尊是諸菩
薩摩訶薩從初踊出以諸菩薩種種讚法而
讚於佛如是時間經五十小劫是時釋迦牟
尼佛嘿然而坐及諸四衆皆嘿然五十小劫
佛神力故令諸大衆謂如半日尒時四衆亦
以佛神力故見諸菩薩遍滿無量百千万
億國土虛空是菩薩衆中有四導師一名上
行二名無邊行三名淨行四名安立行是四
菩薩於其衆中最為上首唱導之師在大
衆前各共合掌觀釋迦牟尼佛而問訊言世尊
少病少惱安樂行不所應度者受教易不不
令世尊生疲勞耶尒時四大菩薩而說偈言
世尊安樂　少病少惱　教化衆生　得無疲惓

BD00805　妙法蓮華經（八卷本）卷五

令世尊生疲勞耶尒時四大菩薩而說偈言
世尊安樂　少病少惱　教化衆生　得无疲惓
又諸衆生　受化易不　不令世尊　生疲勞耶
尒時世尊於菩薩大衆中而作是言如是如
是諸善男子如來安樂少病少惱諸衆生等
易可化度无有疲勞所以者何是諸衆生
世世已來常受我化亦於過去諸佛供養尊重
種諸善根此諸衆生始見我身聞我所說即皆
信受入如來慧除先脩習學小乘者如是之
人我今亦令得聞是經入於佛慧尒時諸大
菩薩而說偈言
善哉善哉　大雄世尊　諸衆生等　易可化度
能問諸佛　甚深智慧　聞已信行　我等隨喜
於時世尊讚歎上首諸大菩薩善哉善哉善

男子汝等自當因是得聞 爾時彌勒菩
薩及八千恒河沙諸菩薩眾皆作是念我等
從昔已來不見不聞如是大菩薩摩訶薩眾
從地踊出住世尊前合掌供養問訊如來時
弥勒菩薩摩訶薩知八千恒河沙諸菩薩等
心之所念并欲自決所疑合掌向佛以偈問曰
无量千万億 大眾諸菩薩 昔所未曾見 願兩足尊說
是從何所來 以何因緣集 巨身大神通 智慧叵思議
其志念堅固 有大忍辱力 眾生所樂見 為從何所來
一一諸菩薩 所將諸眷屬 其數无有量 如恒河沙等
或有大菩薩 將六万恒沙 如是諸大眾 一心求佛道
是諸大師等 六万恒河沙 俱來供養佛 及護持此經
將五万恒沙 其數過於是 四万及三万 二万至一万
一千一百等 乃至一恒沙 半及三四分 億万分之一
千万那由他 万億諸弟子 乃至於半億 其數復過上

將五万恒沙　其數過於是　四万及三万　二万至一万
一千一百等　乃至一恒沙　半及三四分　億万分之一
千万那由他　万億諸弟子　乃至於半億　其數復過上
百万至一万　一千及一百　五十與一十　乃至三二一
單己无眷屬　樂於獨處者　俱來至佛所　其數轉過上
如是諸大眾　若人行籌數　過於恒沙劫　猶不能盡知
是諸大威德　精進菩薩眾　誰為其說法　教化而成就
從誰初發心　稱揚何佛法　受持行誰經　修習何佛道
如是諸菩薩　神通大智力　四方地震裂　皆從中踊出
世尊我昔來　未曾見是事　願說其所從　國土之名号
我常遊諸國　未曾見是眾　我於此眾中　乃不識一人
忽然從地出　願說其因緣　今此之大會　无量百千億
是諸菩薩等　皆欲知此事　是諸菩薩眾　本末之因緣
无量德世尊　唯願決眾疑
尒時釋迦牟尼佛分身諸佛從无量千万億

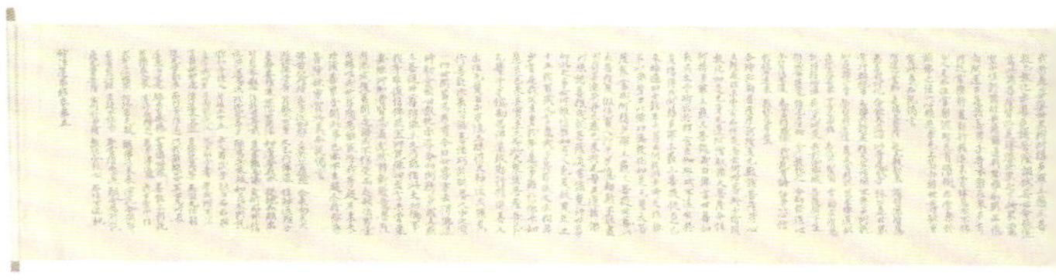

他方國土來者在於八方諸寶樹下師子之座上
結跏趺坐其佛侍者各各見是菩薩大衆
於三千大千世界四方從地踊出住於虛空各
白其佛言世尊此諸无量无邊阿僧祇菩薩
大衆從何所來尒時諸佛各告侍者諸善
男子且待須臾有菩薩摩訶薩名曰弥勒釋
迦牟尼佛之所授記次後作佛已問斯事佛
今荅之汝等自當因是得聞尒時釋迦牟尼佛
告弥勒菩薩善哉善哉阿逸多乃能問佛
如是大事汝等當共一心被精進鎧發堅固意
如來今欲顯發宣示諸佛智慧諸佛自在神
通之力諸佛師子奮迅之力諸佛威猛大勢之
力尒時世尊欲重宣此義而說偈言
當精進一心　我欲說此義　勿得有疑悔　佛智叵思議
汝今出信力　住於忍善中　昔所未聞法　今皆當得聞

BD00805　妙法蓮華經（八卷本）卷五

力尒時世尊欲重宣此義而說偈言
當精進一心　我欲說此義　勿得有疑悔　佛智叵思議
汝今出信力　住於忍善中　昔所未聞法　今皆當得聞
我今安慰汝　勿得懷憂懼　佛无不實語　智慧不可量
所得第一法　甚深叵分別　如是今當說　汝等一心聽
尒時世尊說此偈已告弥勒菩薩我今於此
大衆宣告汝等阿逸多是諸大菩薩摩訶薩
无量无數阿僧祇從地踊出汝等昔所未見者
我於是娑婆世界得阿耨多羅三藐三菩
提已教化示導是諸菩薩調伏其心令發道
意此諸菩薩皆於是娑婆世界之下此界虛
空中住於諸經典讀誦通利思惟分別正憶
念阿逸多是諸善男子等不樂在衆多有
所說常樂靜處勤行精進未曾休息亦不依
止人天而住常樂深智无有障礙亦常樂於

諸佛之法一心精進求无上慧尒時世尊欲重

宣此義而說偈言

阿逸汝當知　是諸大菩薩　從无數劫來　修習佛智慧

悉是我所化　令發大道心　此等是我子　依止是世界

常行頭陀事　志樂於靜處　捨大衆憒閙　不樂多所說

如是諸子等　學習我道法　晝夜常精進　為求佛道故

在娑婆世界　下方空中住　志念力堅固　常勤求智慧

說種種妙法　其心无所畏　我於伽耶城　菩提樹下坐

得成最正覺　轉无上法輪　尒乃教化之　令初發道心

今皆住不退　悉當得成佛　我今說實語　汝等一心信

我從久遠來　教化是等衆

尒時弥勒菩薩摩訶薩及无數諸菩薩等心

生疑惑怪未曾有而作是念云何世尊於少時間

教化如是无量无邊阿僧祇諸大菩薩令住

阿耨多羅三藐三菩提即白佛言世尊如來為太子

教化如是无量无邊阿僧祇諸大菩薩令住
阿耨多羅三藐三菩提即白佛言世尊如
來為太子時出於釋宮去伽耶城不遠坐於
道場得成阿耨多羅三藐三菩提從是已
來始過四十餘年世尊云何於此少時大作佛
事以佛勢力以佛功德教化如是无量大菩
薩衆當成阿耨多羅三藐三菩提世尊此
大菩薩衆假使有人於千万億劫數不能盡
不得其邊斯等久遠已來於无量无邊諸佛
所殖諸善根成就菩薩道常脩梵行世尊
如此之事世所難信譬如有人色美髮黑年二
十五指百歲人言是我子其百歲人亦指年
少言是我父生育我等是事難信佛亦如
是道已來其實未久而此大衆諸菩薩等已於
量千万億劫為佛道故勤行精進善入

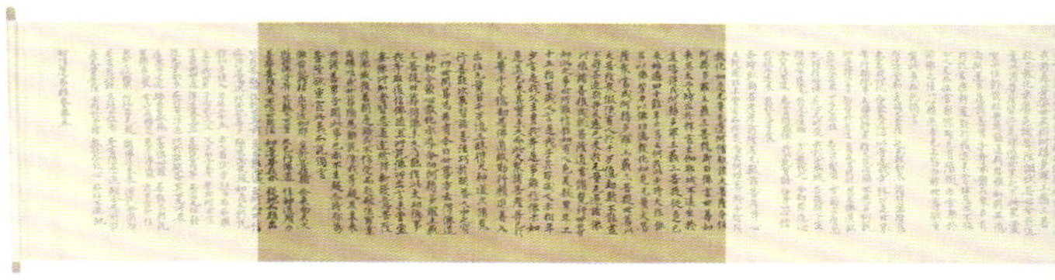

出住无量百千万億三昧得大神通久修梵
行善能次第習諸善法巧於問答人中之寶
一切世間甚為希有今日世尊方云得佛道
時初令發心教化示導令向阿耨多羅三藐
三菩提世尊得佛未久乃能作此大功德事
我等雖復信佛隨宜所說佛所出言未曾虛
妄佛所知者皆悉通達然諸新發意菩薩
於佛滅後若聞是語或不信受而起破法罪業
因緣唯然世尊願為解說除我等疑及未來
世諸善男子聞此事已亦不生疑尒時弥勒
菩薩欲重宣此義而說偈言
佛昔從釋種　出家近伽耶　坐於菩提樹　尒來尚未久
此諸佛子等　其數不可量　久已行佛道　住神通智力
善學菩薩道　不染世間法　如蓮華在水　從地而踊出

善學菩薩道　不染世間法　如蓮華在水　從地而踊出
皆起恭敬心　住於世尊前　是事難思議　云何而可信
佛得道甚近　所成就甚多　願為除衆疑　如是分別說
譬如少壯人　年始二十五　示人百歲子　髮白而面皺
是等我所生　子亦說是父　父少而子老　舉世所不信
世尊亦如是　得道來甚近　是諸菩薩等　志固无怯弱
從无量劫來　而行菩薩道　巧於難問答　其心无所畏
忍辱心決定　端正有威德　十方佛所讚　善能分別說
不樂在人衆　常好在禪定　為求佛道故　於下空中住
我等從佛聞　於此事无疑　願佛為未來　演說令開解
若有於此經　生疑不信者　即當墮惡道　願今為解說
是无量菩薩　云何於少時　教化令發心　而住不退地

妙法蓮華經卷第五

BD00806

大般若波羅蜜多經卷一一五

（唐）玄奘 譯

742.2cm × 25.2cm

眼界
无所得為方便迴
正斷四神足五
支慶喜眼界眼
與四念住四正斷四
八聖道支无二无二
界眼識界及眼觸為
為方便无生為方便
切智智脩習四念住四正
力七等覺支八聖道支慶喜色界眼識界
及眼觸眼觸為緣所生諸受色界眼識界及
眼觸眼觸為緣所生諸受住空何以故以色界
眼識界及眼觸眼觸為緣所生諸受性空與四念
住四正斷四神足五根五力七等覺支八

觸為緣所生諸受無二為方便無生為方便無所得為
方便迴向一切智智脩習四念住四正斷四神
足五根五力七等覺支八聖道支世尊云
何以耳界無二為方便無生為方便無所得
為方便迴向一切智智脩習四念住四正斷四
神足五根五力七等覺支八聖道支慶喜
耳界耳界性空何以故以耳界性空與四念
住四正斷四神足五根五力七等覺支八聖
道支無二無二分故世尊云何以聲界耳識
界及耳觸耳觸為緣所生諸受無二為方便
無生為方便無所得為方便迴向一切智智
脩習四念住四正斷四神足五根五力七等覺
支八聖道支慶喜聲界耳識界及耳觸耳
觸為緣所生諸受聲界耳識界及耳觸耳
觸為緣所生諸受性空何以故以聲界耳識

觸為緣所生諸受性空何以故以聲界耳識
界及耳觸耳觸為緣所生諸受性空與四念住
四正斷四神足五根五力七等覺支八聖道
支无二无二分故廣喜由此故説以耳界等
无二為方便无生為方便无所得為方便迴
向一切智智脩習四念住四正斷四神足五根
五力七等覺支八聖道支世尊云何以鼻界
无二為方便无生為方便无所得為方便迴
向一切智智脩習四念住四正斷四神足五
根五力七等覺支八聖道支廣喜鼻界鼻
界性空何以故以鼻界性空與四念住四正
斷四神足五根五力七等覺支八聖道支无
二无二分故世尊云何以香界鼻識界及鼻
觸鼻觸為緣所生諸受无二為方便无生為

念住四正斷四神足五根五力七等覺支八
聖道支慶喜香界鼻識界及鼻觸鼻觸為
緣所生諸受香界鼻識界及鼻觸鼻觸為緣
所生諸受性空何以故香界鼻識界及鼻觸
鼻觸為緣所生諸受性空與四念住四正斷
四神足五根五力七等覺支八聖道支无二无
二分故慶喜由此故說以鼻界等无二為方
便无生為方便无所得為方便迴向一切智
智脩習四念住四正斷四神足五根五力七
等覺支八聖道支世尊云何以香界无二
為方便无生為方便无所得為方便迴向一
切智智脩習四念住四正斷四神足五根五
力七等覺支八聖道支慶喜香界香界性
空何以故以香界性空與四念住四正斷四神
足五根五力七等覺支八聖道支无二无二

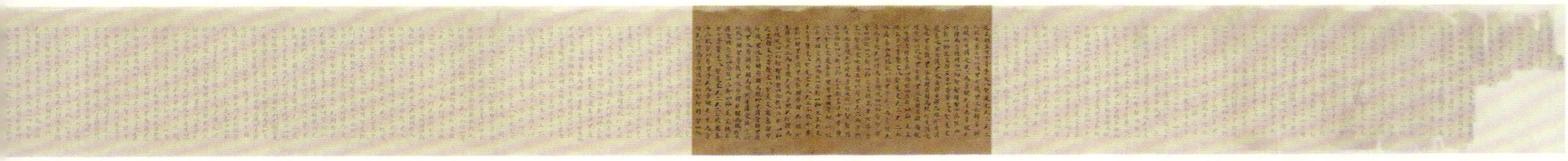

足五根五力七等覺支八聖道支无二无二
分故世尊云何以味界舌識界及舌觸舌觸
為緣所生諸受无二為方便无生為方便无
所得為方便迴向一切智智脩習四念住四
正斷四神足五根五力七等覺支八聖道支
應憙味界舌識界及舌觸舌觸為緣所生諸
受味界舌識界及舌觸舌觸為緣所生諸受
性空何以故味界舌識界及舌觸舌觸為緣
所生諸受性空與四念住四正斷四神足五
根五力七等覺支八聖道支无二无二分
故應憙由此故說以舌界等无二為方便无
生為方便无所得為方便迴向一切智智脩
習四念住四正斷四神足五根五力七等覺
支八聖道支世尊云何以身界无二為方便
生為方便无所得為方便迴向一切智智脩

習四念住四正斷四神足五根五力七等覺支八
支八聖道支慶喜身界身界性空何以故
以身界性空與四念住四正斷四神足五根五
力七等覺支八聖道支无二无二分故世尊
云何以觸界身識界及身觸身觸為緣所
生諸受无二為方便无生為方便无所得為
方便迴向一切智智脩習四念住四正斷四神
足五根五力七等覺支八聖道支慶喜觸界
身識界及身觸身觸為緣所生諸受觸界身
識界及身觸身觸為緣所生諸受性空何
以故以觸界身識界及身觸身觸為緣所生
諸受性空與四念住四正斷四神足五根五
力七等覺支八聖道支无二无二分故慶喜
由此故説以身界等无為方便无生為方
便无所得為方便迴向一切智智脩習四念

便无所得為方便迴向一切智智脩習四念
住四正斷四神足五根五力七等覺支八聖
道支世尊云何以意界无二為方便无生為
方便无所得為方便迴向一切智智脩習四
念住四正斷四神足五根五力七等覺支八
聖道支慶喜意界意界性空何以故以意
界性空與四念住四正斷四神足五根五力七
等覺支八聖支无二无二分故世尊云何
以法界意識界及意觸意觸為緣所生諸
受无二為方便无生為方便无所得為方便
迴向一切智智脩習四念住四正斷四神足五
根五力七等覺支八聖道支慶喜法界意
識界及意觸意觸為緣所生諸受法界意識
界及意觸意觸為緣所生諸受性空何以故

覺支八聖道无二无二分故慶喜由此故
説以意界等无二為方便无生為方便无所
得為方便迴向一切智智脩習四念住四正
斷四神足五根五力七等覺支八聖道支世
尊云何以眼界无二為方便无生為方便
无所得為方便迴向一切智智脩習空解脫
門无相解脫門无願解脫門慶喜眼界眼
界性空何以故以眼界性空與空解脫門无
相解脫門无願解脫門无二无二分故世尊
云何以色界眼識界眼觸眼觸為緣所生諸
受无二為方便无生為方便无所得為方便
迴向一切智智脩習空解脫門无相解脫門
无願解脫門慶喜色界眼識界及眼觸眼觸
為緣所生諸受色界眼識界及眼觸眼觸為

為緣所生諸受色界眼識界及眼觸眼觸為
緣所生諸受性空何以故以色界眼識界及
眼觸眼觸為緣所生諸受性空與空解脫門
无相解脫門无願解脫門无二无二分故慶
喜由此故說以色界等无二為方便无生為方
便无所得為方便迴向一切智智脩習空解
脫門无相解脫門无願解脫門世尊云何以
耳界无二為方便无生為方便无所得為方
便迴向一切智智脩習空解脫門无相解脫
門无願解脫門慶喜耳界耳界性空何以
故以耳界性空與空解脫門无相解脫門无
願解脫門无二无二分故世尊云何以聲界
耳識界及耳觸耳觸為緣生諸受无二為
方便无生為方便无所得為方便迴向一切

門慶喜聲界耳識界及耳觸耳觸為緣所生
諸受聲界耳識界及耳觸耳觸為緣所生諸
受性空何以故以聲界耳識界及耳觸耳觸
為緣所生諸受性空與空解脫門无相解脫
門无願解脫門无二无二分故慶喜由此故
說以耳界等无二為方便无生為方便无所
得為方便迴向一切智智脩習空解脫門无
相解脫門无願解脫門世尊云何以鼻界无
二為方便无生為方便无所得為方便迴向一
切智智脩習空解脫門无相解脫門无願
解脫門慶喜鼻界鼻界性空何以故以鼻
界性空與空解脫門无相解脫門无願解脫
門无二无二分故世尊云何以香界鼻識界及
鼻觸鼻觸為緣所生諸受无二為方便无生
為方便无所得為方便迴向一切智智脩習

為方便无所得為方便迴向一切智智脩習
空解脫門无相解脫門无願解脫門慶喜香
界鼻識界及鼻觸鼻觸為緣所生諸受香
界鼻識界及鼻觸鼻觸為緣所生諸受性空
何以故以香界鼻識界及鼻觸鼻觸為緣所
生諸受性空與空解脫門无相解脫門无願
解脫門无二无二分故慶喜由此故說以鼻界
等无二為方便无生為方便无所得為方便
迴向一切智智脩習空解脫門无相解脫門
无願解脫門世尊云何以舌界无二為方便
无生為方便无所得為方便迴向一切智智
脩習空解脫門无相解脫門无願解脫門
慶喜舌界舌界性空何以故以舌界性空與空
解脫門无相解脫門无願解脫門无二无二

為緣所生諸受无二為方便无生為方便无
所得為方便迴向一切智智脩習空解脫門
无相解脫門无願解脫門慶喜味界舌識界
及舌觸舌觸為緣所生諸受味界舌識界及
舌觸舌觸為緣所生諸受性空何以故以味
界舌識界及舌觸舌觸為緣所生諸受性空
與空解脫門无相解脫門无願解脫門无二
无二分故慶喜由此故說以舌界等无二為
方便无生為方便无所得為方便迴向一切
智智脩習空解脫門无相解脫門无願解脫
門世尊云何以身界无二為方便无生為方
便无所得為方便迴向一切智智脩習空解
脫門无相解脫門无願解脫門慶喜身界身
界性空何以故以身界性空與空解脫門无
相解脫門无願解脫門无二无二分故世尊

相解脫門无願解脫門无二无二分故世尊
云何以觸界身識界及身觸身觸爲緣所生
諸受无二爲方便无生爲方便无所得爲方
便迴向一切智智脩習空解脫門无相解脫
門无願解脫門慶喜觸界身識界及身觸身
觸爲緣所生諸受觸界身識界及身觸身觸
爲緣所生諸受性空何以故以觸界身識界
及身觸身觸爲緣所生諸受性空與空解脫
門无相解脫門无願解脫門无二无二分故
慶喜由此故說以身界等无二爲方便无生
爲方便无所得爲方便迴向一切智智脩習
空解脫門无相解脫門无願解脫門世尊
云何以意界无二爲方便无生爲方便无所得
爲方便迴向一切智智脩習空解脫門无相解
門无願解脫門慶喜意界意界性空何

以故以意界性空與空解脫門无相解脫門
无願解脫門无二无二分故世尊云何以法
界意識界及意觸意觸為緣所生諸受无二
為方便无生為方便无所得為方便迴向一
切智智脩習空解脫門无相解脫門无願解脫
門慶喜法界意識界及意觸意觸為緣
所生諸受法界意識界及意觸意觸為緣所
生諸受性空何以故以法界意識界及意觸意
觸為緣所生諸受性空與空解脫門无相解
脫門无願解脫門无二无二分故慶喜由此
故說以意界等无二為方便无生為方便无
所得為方便迴向一切智智脩習空解脫門无
相解脫門无願解脫門
世尊云何以眼界无二為方便无生為方便
无所得為方便迴向一切智智脩習五眼六神

无所得為方便迴向一切智智脩習五眼六神
通慶喜眼界眼界性空何以故以眼界性空
與五眼六神通无二无二分故世尊云何以色
界眼識界及眼觸眼觸為緣所生諸受无二
為方便无生為方便无所得為方便迴向一
切智智脩習五眼六神通慶喜色界眼識
界及眼觸眼觸為緣所生諸受色界眼識
界及眼觸眼觸為緣所生諸受性空何以故
以色界眼識界及眼觸眼觸為緣所生諸受
性空與五眼六神通无二无二分故慶喜由
故說以眼界等无二為方便无生為方便
无所得為方便迴向一切智智脩習五眼六
通世尊云何以耳界无二為方便无生為
便无所得為方便迴向一切智智脩習五
六神通慶喜耳界耳界性空何以故以耳

性空與五眼六神通无二无二分故世尊云
何以聲界耳識界及耳觸耳觸為緣所生
受无二為方便无生為方便无所得為方
迴向一切智智脩習五眼六神通慶喜聲
耳識界及耳觸耳觸為緣所生諸受聲
界耳識界及耳觸耳觸為緣所生諸受性空何
故以聲界耳識界及耳觸耳觸為緣所生
受性空與五眼六神通无二无二分故慶
由此故說以耳界等无二為方便无生為
便无所得為方便迴向一切智智脩習五
六神通世尊云何以鼻界无二為方便无
為方便无所得為方便迴向一切智智脩
習五眼六神通慶喜鼻界鼻界性空何以故
鼻界性空與五眼六神通无二无二分故世
尊云何以香界鼻識界及鼻觸鼻觸為緣

云何以香界鼻識界及鼻觸鼻觸為緣
生諸受无二為方便无生為方便无所得
方便迴向一切智智脩習五眼六神通慶喜
香界鼻識界及鼻觸鼻觸為緣所生諸受
香界鼻識界及鼻觸鼻觸為緣所生諸受
性空何以故以香界鼻識界及鼻觸鼻觸為
緣所生諸受性空與五眼六神通无二无二分
故慶喜由此故說以鼻界等无二為方便无
生為方便无所得為方便迴向一切智智脩
習五眼六神通世尊云何以舌界无二為方
便无生為方便无所得為方便迴向一切智
智脩習五眼六神通慶喜舌界舌界性空何
以故以舌界性空與五眼六神通无二无二
分故世尊云何以味界舌識界及舌觸舌觸

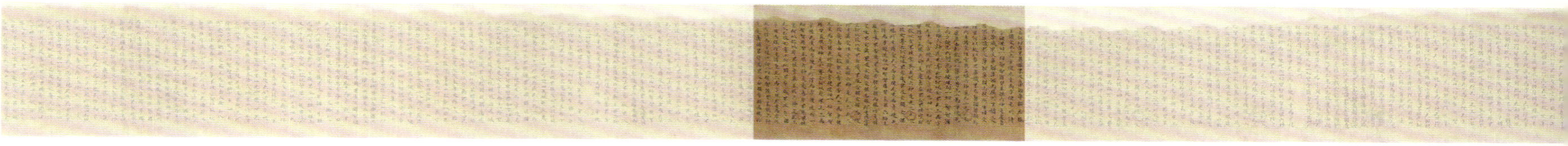

所得為方便迴向一切智智脩習五眼六神
慶喜味界舌識界及舌觸舌觸為緣所生諸
受味界舌識界及舌觸舌觸為緣所生諸受性
空何以故以味界舌識界及舌觸舌觸為緣
所生諸受性空與五眼六神通无二无二
分故慶喜由此故說以香界等无二為方便
无生為方便无所得為方便迴向一切智智
脩習五眼六神通世尊云何以身界无二為
方便无生為方便无所得為方便迴向一
切智智脩習五眼六神通慶喜身界身界性
空何以故以身界性空與五眼六神通无二
无二分故世尊云何以觸界身識界及身觸
身觸為緣所生諸受无二為方便无生為方便
无所得為方便迴向一切智智脩習五眼六神
通慶喜觸界身識界及身觸身觸為緣所

通處喜觸界身識界及身觸身觸為緣所
生諸受觸界身識界及身觸身觸為緣所生
諸受性空何以故以觸界身識界及　身觸
身觸為緣所生諸受性空與五眼六神通无
二无二分故處喜由此故說以身界等无二
為方便无生為方便无所得為方便迴向一
切智智脩習五眼六神通世尊云何以意界
无二為方便无生為方便无所得為方便迴
向一切智智脩習五眼六神通處喜意界意
界性空何以故以意界性空與五眼六神通
无二无二分故世尊云何以法界意識　界及
意觸意觸為緣所生諸受无二為方便无生
為方便无所得為方便迴向一切智智脩習
五眼六神通處喜法界意識界及意觸意觸
[illegible]意識界及意觸意觸為

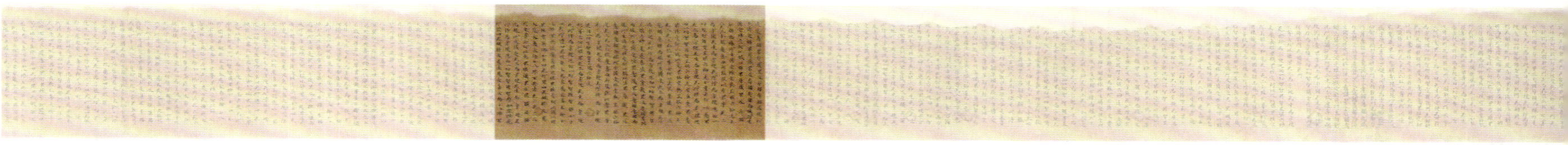

緣所生諸受性空何以故以法界意識界及
意觸意觸為緣所生諸受性空與五眼六神
通无二无二分故慶喜由此故説以意界等
无二為方便无生為方便无所得為方便
迴向一切智智脩習五眼六神通
世尊云何以眼界无二為方便无生為方便
无所得為方便迴向一切智智脩習佛十力
四无所畏四无礙解大慈大悲大喜大捨十
八佛不共法慶喜眼界眼界性空何以故以眼
界性空與佛十力四无所畏四无礙解大慈
大悲大喜大捨十八佛不共法无二无二分
故世尊云何以色界眼識界及眼觸眼觸
為緣所生諸受无二為方便无生為方便无
所得為方便迴向一切智智脩習佛十力四无
所畏四无礙解大慈大悲大喜大捨十八佛不

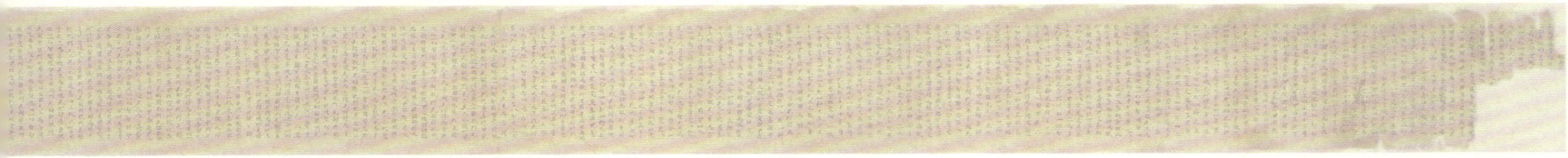

所畏四无礙觧大慈大悲大喜大捨十八佛不
共法慶喜色界眼識界及眼觸眼觸為緣
所生諸受色界眼識界及眼觸眼觸為緣
所生諸受性空何以故以色界眼識界及眼
觸眼觸為緣所生諸受性空與佛十力四无
所畏四无礙觧大慈大悲大喜大捨十八佛
不共法无二无二分故慶喜由此故說以眼界
等无二為方便无生為方便无所得為方
便迴向一切智智脩習佛十力四无所畏四
无礙觧大慈大悲大喜大捨十八佛不共法
世尊云何以耳界无二為方便无生為方便
无所得為方便迴向一切智智脩習佛十力
四无所畏四无礙觧大慈大悲大喜大捨十
八佛不共法慶喜耳界耳界性空何以故以
耳界性空與佛十力四无所畏四无礙觧大

慈大悲大喜大捨十八佛不共法无二无

分故世尊云何以聲界耳識界及耳觸耳觸

為緣所生諸受无二為方便无生為方便无

所得為方便迴向一切智智脩習佛十力四

无所畏四无礙解大慈大悲大喜大捨十八

佛不共法慶喜聲界耳識界及耳觸耳觸

為緣所生諸受聲界耳識界及耳觸耳觸為

緣所生諸受性空何以故以聲界耳識界及耳

觸耳觸為緣所生諸受性空與佛十力四无

所畏四无礙解大慈大悲大喜大捨十八佛

不共法无二无二分故慶喜由此故說以耳界

等无二為方便无生為方便无所得為方便

迴向一切智智脩習佛十力四无所畏四无

礙解大慈大悲大喜大捨十八佛不共法世尊

云何以鼻界无二為方便无生為方便无所

BD00806　大般若波羅蜜多經卷一一五

云何以鼻界无二為方便无生為方便无所
得為方便迴向一切智智脩習佛十力四无
所畏四无礙解大慈大悲大喜大捨十八
佛不共法慶喜鼻界鼻界性空何以故以
鼻界性空與佛十力四无所畏四无礙解大
慈大悲大喜大捨十八佛不共法无二无二
分故世尊云何以香界鼻識界及鼻觸鼻
觸為緣所生諸受无二為方便无生為方便
无所得為方便迴向一切智智脩習佛十力
四无所畏四无礙解大慈大悲大喜大捨十八
佛不共法慶喜香界鼻識界及鼻觸鼻觸
為緣所生諸受香界鼻識界及鼻觸鼻觸
為緣所生諸受性空何以故以香界鼻識界及
鼻觸鼻觸為緣所生諸受性空與佛十力四

不共法无二无二分故慶喜由此故說以舌
界等无二為方便无生為方便无所為方
便迴向一切智智脩習佛十力四无所畏四无礙
觧大慈大悲大喜大捨十八佛不共法
世尊云何以舌界无二為方便无生為方便无
所得為方便迴向一切智智脩習佛十力四
无所畏四无礙觧大慈大悲大喜大捨十
八佛不共法慶喜舌界舌界性空何以故以
舌界性空與佛十力四无所畏四无礙觧大
慈大悲大喜大捨十八佛不共法无二无二
分故世尊云何以味界舌識界及舌觸舌觸
為緣所生諸受无二為方便无生為方便无
所得為方便迴向一切智智脩習佛十力四无
所畏四无礙觧大慈大悲大喜大捨十八佛
不共法慶喜味界舌識界及舌觸舌觸為緣

所畏四无礙解大慈大悲大喜大捨十八佛
不共法處喜味界舌識界及舌觸舌觸為緣
所生諸受味界舌識界及舌觸舌觸為緣所
生諸受性空何以故以味界舌識界及舌觸
舌觸為緣所生諸受性空與佛十力四无所
畏四无礙解大慈大悲大喜大捨十八佛
不共法无二无二分故處喜由此說以舌
界等无二為方便无生為方便无所得為方
便迴向一切智智脩習佛十力四无所畏四无
礙解大慈大悲大喜大捨十八佛不共法
世尊云何以身界无二為方便无生為方便
无所得為方便迴向一切智智脩習佛十力四
无所畏四无礙解大慈大悲大喜大捨十八
佛不共法處喜身界身界性空何以故以
身界性空與佛十力四无所畏四无礙解大慈

故世尊云何以觸界身識界及身觸身觸
為緣所生諸受无二為方便无生為方便无
所得為方便迴向一切智智脩習佛十力四
无所畏四无礙解大慈大悲大喜大捨十八
佛不共法慶喜觸界身識界及身觸身觸為
緣所生諸受觸界身識界及身觸身觸為緣
所生諸受性空何以故觸界身識界及身
觸身觸為緣所生諸受性空與佛十力四无
所畏四无礙解大慈大悲大喜大捨十八佛
不共法无二无二分故慶喜由此故說以身
界等无二為方便无生為方便无所得為方
便迴向一切智智脩習佛十力四无所畏四无礙
解大慈大悲大喜大捨十八佛不共法世尊
云何以意界无二為方便无生為方便无所
得為方便迴向一切智智脩習佛十力四无
所畏四无礙解大慈大悲大喜大捨十八

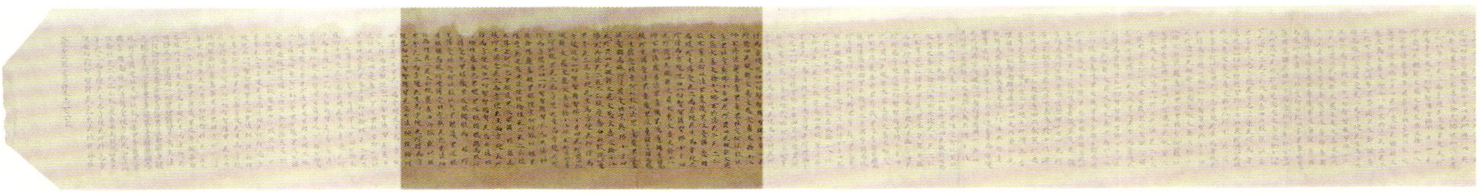

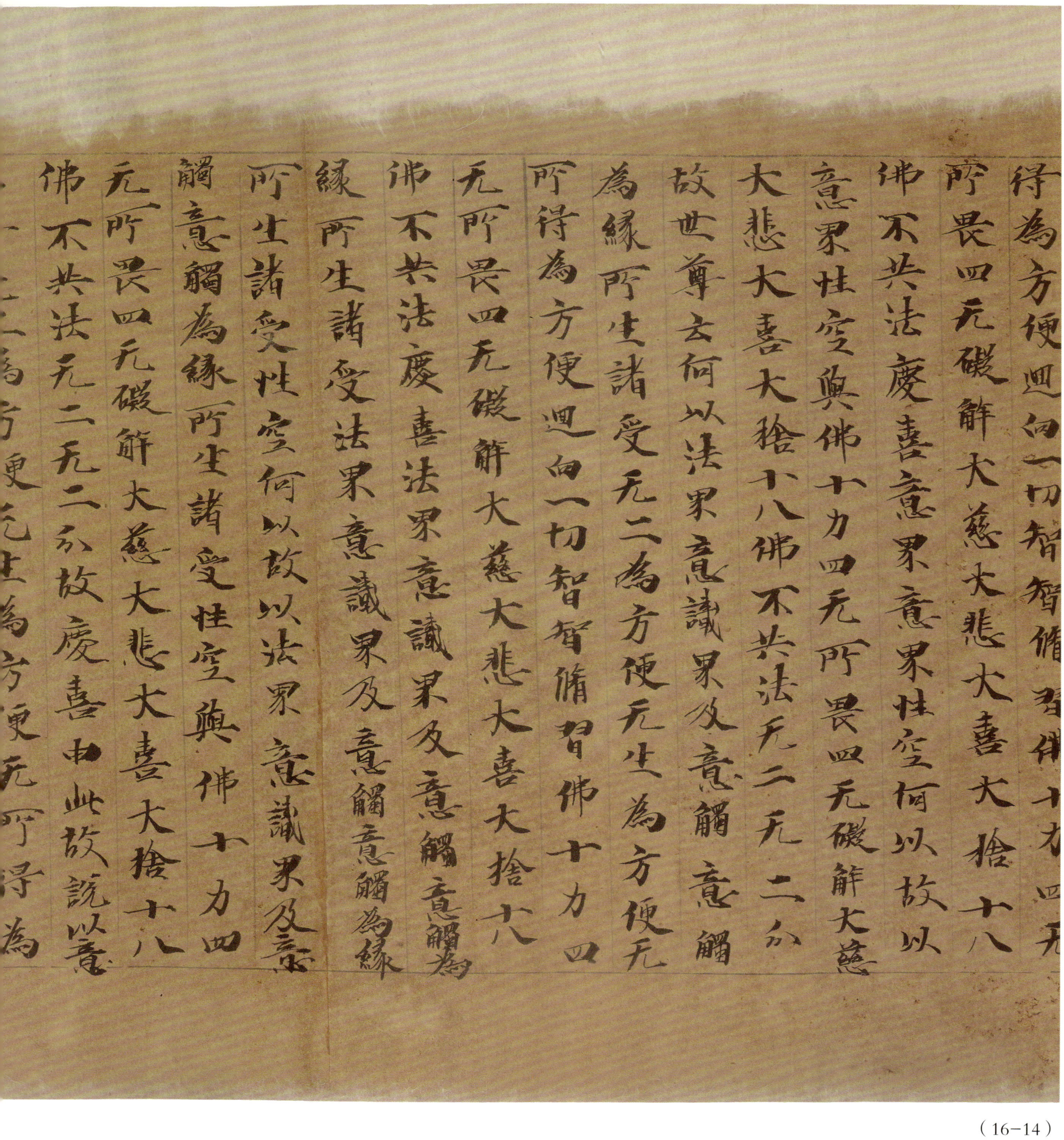

得為方便迴向一切智智脩習佛十力四无
所畏四无礙解大慈大悲大喜大捨十八
佛不共法慶喜意界性空何以故以
意界性空與佛十力四无所畏四无礙解大慈
大悲大喜大捨十八佛不共法无二无二分
故世尊云何以法界意識界及意觸意觸
為緣所生諸受无二為方便无生為方便无
所得為方便迴向一切智智脩習佛十力四
无所畏四无礙解大慈大悲大喜大捨十八
佛不共法慶喜法界意識界及意觸意觸為
緣所生諸受法界意識界及意觸意觸為緣
所生諸受性空何以故以法界意識界及意
觸意觸為緣所生諸受性空與佛十力四
无所畏四无礙解大慈大悲大喜大捨十八
佛不共法无二无二分故慶喜由此故說以意
二為方便无生為方便无所得為

方便迴向一切智智修習佛十力四无所畏四无
礙解大慈大悲大喜大捨十八佛不共法世尊
云何以眼界无二為方便无生為方便无所
得為方便迴向一切智智修習无忘失法恒
住捨性慶喜眼界眼性空何以故以眼界
性空與无忘失法性住捨性无二无二分故
世尊云何以色界眼識界及眼觸眼觸為
緣所生諸受无二為方便无生為方便无所
得為方便迴向一切智智修習无忘失法恒
住捨性慶喜色界眼界及眼觸眼觸為緣所
生諸受色界眼識界及眼觸眼觸為　緣所
生諸受性空何以故以色界眼識界及眼
觸眼觸為緣所生諸受性空與无忘失法恒
住捨性无二无二分故慶喜由此故說以眼
界等无二為方便无生為方便无所得為方
便迴向一切智智修習无忘失法恒住捨性

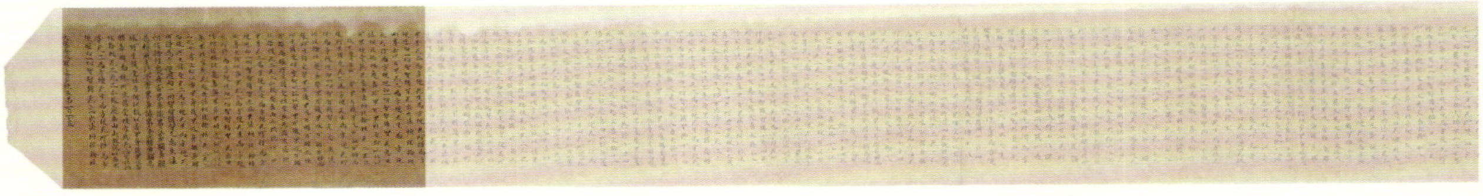

界等无二為方便无生為方便无所得為方
便迴向一切智智脩習无忘失法恒住捨性
世尊云以耳界无二為方便无生為方便
无所得為方便迴向一切智智脩習无忘失
法恒住捨性慶喜耳界耳界性空何以故以
耳界性空與无忘失法恒住捨性无二无二
故世尊云何以聲界耳識界及耳觸耳觸為
緣所生諸受无二為方便无生為方便无所
得為方便迴向一切智智脩習无忘失法
恒住捨性慶喜聲界耳識界及耳觸耳觸為
緣所生諸受聲界耳識界及耳觸耳觸為緣
所生諸受性空何以故以聲界耳識界及耳觸
耳觸為緣所生諸受性空與无忘失法恒
住捨性无二无二分故慶喜由此故說以耳
界等无二為方便无生為方便无所得為方
一切智智脩習无忘失法恒住捨性

世尊云何以鼻界无二爲方便无生爲方便
无所得爲方便迴向一切智智脩習无忘失
法恒住捨性慶喜鼻界鼻界性空何以故以
鼻界性空與无忘失法恒住捨性无二无二
分故世尊云何以香界鼻識界及鼻觸鼻觸
爲緣所生諸受无二爲方便无生爲方便无
所得爲方便迴向一切智智脩習无忘失法
恒住捨性慶喜香界鼻識界及鼻觸鼻觸
爲緣所生諸受香界鼻識界及鼻觸鼻觸爲
緣所生諸受性空何以故以香界鼻識界及鼻
觸鼻觸爲緣所生諸受性空與无忘失法恒
住捨性无二无二分故慶喜由此故說以鼻界
等无二爲方便无生爲方便无所得爲方
便迴向一切智智脩習无忘失法恒住捨性

大般若波羅蜜多經卷第一百一十五

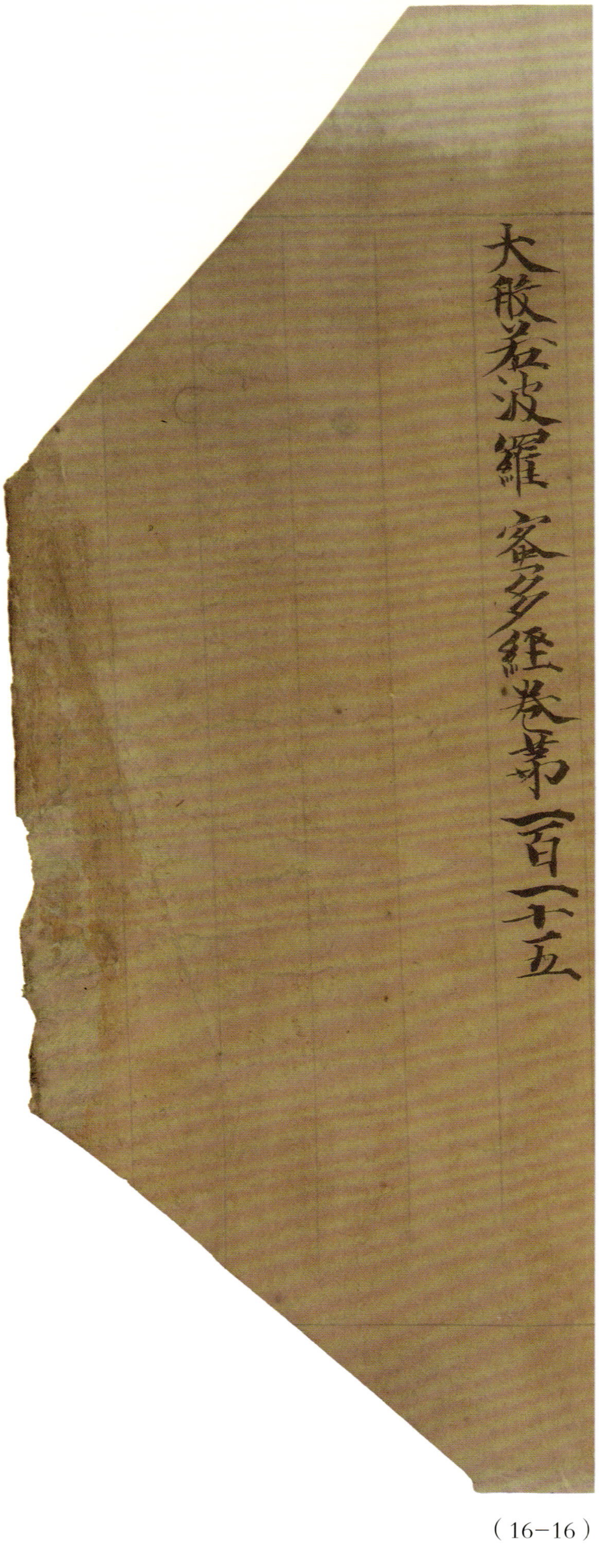

BD00806　大般若波羅蜜多經卷一一五

BD00807 金光明經卷二

（北涼）曇無讖 譯

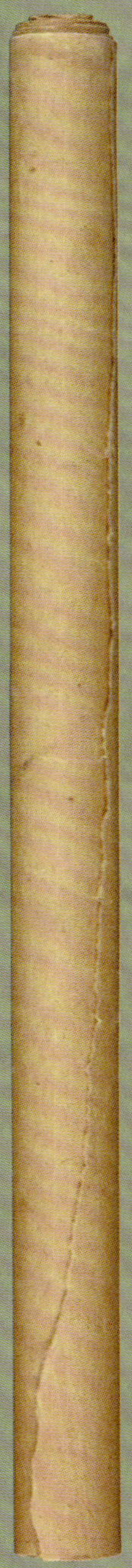

106.7cm×26.3cm

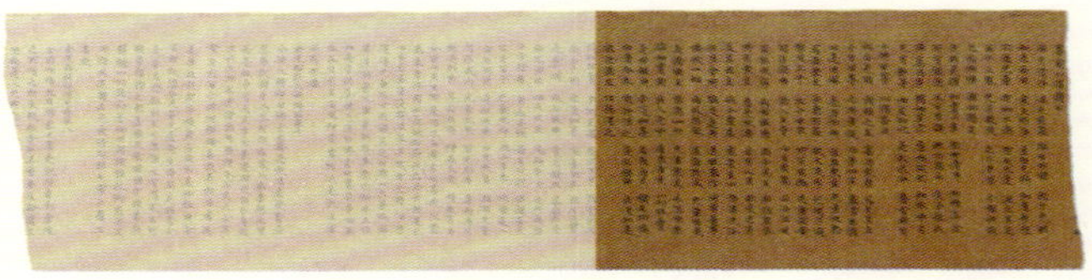

尊前以偈讚曰
佛月清淨　滿足莊嚴　佛日暉曜　放千光明
如來面目　最上明淨　齒白无垢　如蓮華根
功德无量　猶如大海　智淵无邊　法水具足
百千三昧　无有缺減　足下平滿　千輻相現
足指網縵　猶如鵝王
光明晃曜　如寶山王　微妙清淨　如鍊真金
所有福德　不可思議　佛功德山　我今敬禮
佛真法身　猶如虛空　應物現形　如水中月
无有鄣㝵　如炎如化　是故我今　稽首佛月
尒時世尊　以偈荅曰
此金光明　諸經之王　甚深最勝　爲无有上
十方世尊　之所宣說　汝等四王　應當勤護

以是因緣　是諸妙典　能與衆生　无量快樂
爲諸衆生　安樂利益　故久流布　於閻浮提
能滅三千　大千世界　所有惡趣　无量諸苦
閻浮提内　諸人王等　心生慈愍　正法治世
若能流布　此妙經典　則令其王　安隱豐熟
所有衆生　悉受快樂　若有人王　欲受己身
及其國土　欲令豐盛　應當至心　淨潔洗浴
往法會所　聽受是典　是經能作　所有善事
摧伏一切　内外怨敵　復能除滅　无量怖畏
是諸經王　能與一切　无量衆生　安隱快樂
譬如寶樹　在人宅中　悉能出生　一切珎寶
是妙經典　亦復如是　悉能出生　諸王功德
如清冷水　能除渴乏　是妙經典　亦復如是
能除諸王　功德渴乏

能除諸王 切德渴之
譬如珎寶 異物篋器 悉在于手 隨意所用
是金光明 亦復如是 隨意能與 諸王法寶
是金光明 微妙經典 常爲諸天 恭敬供養
亦爲護世 四天大王 威神勢力 之所護持
十方諸佛 常念是經 若有演說 稱讚善哉
亦有百千 无量鬼神 從十方來 擁護是人
若有得聞 是妙經典 心生歡喜 踊躍无量
閻浮提内 无量大衆 皆悉歡喜 集聽是法
聽是經典 具識威德 增益天衆 精氣身力
尒時四天王聞是偈已白佛言世尊我從昔
來未曾得聞如是微妙寂滅之法我聞是已
心生悲喜涕淚橫流舉身戰動支體怡解
復得无量不可思議具足妙樂以天妙曼陁羅

華摩訶曼陀羅華供養奉散於世尊上作
如是等供養佛已復白佛言世尊我等四王
各各自有五百鬼神常當隨逐是說法者
而爲守護

金光明經大辯神品第七

尒時大辯神白佛言世尊是說法者我當益
其樂說辯才令其所說莊嚴次第善得大智
若是經中有失文字句義違錯我能令是說
法比丘次第還得能與惣持令不忘失若有
衆生於百千佛所種諸善根是說法者爲
是等故於閻浮提廣宣流布是妙經典令
不斷絶復令无量无邊衆生得聞是經當令
是等悉得猛利不可思議大智慧聚不可
稱量福德之報善解无量種種方便善能

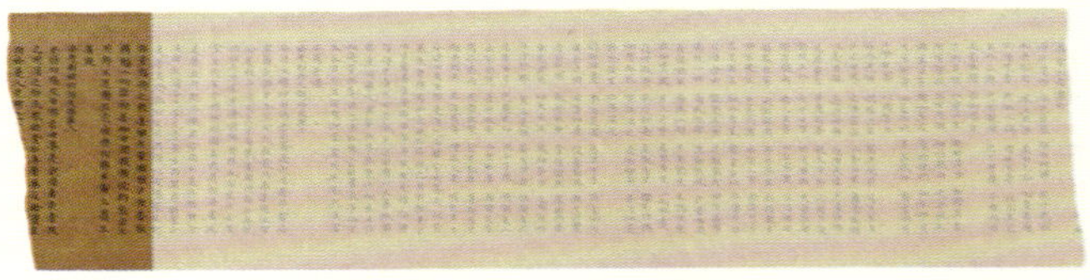

稱量福得之報善解无量種種方便善能
辯暢一切諸論善知世間種種伎術能出生
死得不退轉必定疾得阿耨多羅三藐三
菩提
金光明經功德天品第八
爾時功德天白佛言世尊是說法者我當隨
之所須之物衣服飲食臥具醫藥及餘資生
供給是人无所乏

BD00808 妙法蓮華經卷五

（後秦）鳩摩羅什 譯

693.6cm×26.5cm

身皆金色三十二相无量光明先盡在此娑
婆世界之下此界虛空中住是諸菩薩聞
釋迦牟尼佛所說音聲從下發來一一菩薩
皆是大衆唱導之首各將六万恒河沙眷屬
況將五万四万三万二万一万恒河沙等眷
屬者況復乃至一恒河沙半恒河沙四分之
一乃至千万億那由他分之一況復千萬億
那由他眷屬況復億萬眷屬況復千万百万
乃至一萬況復一千一百乃至一十況復將
五四三二一弟子者況復單己樂遠離行
如是等比无量无邊筭數譬喻所不能知是諸
菩薩從地出已各詣虛空七寶妙塔多寶如
來釋迦牟尼佛所到已向二世尊頭面禮足
及至諸寶樹下師子座上佛所亦皆作禮右
遶三帀合掌恭敬以諸菩薩種種讚法而以

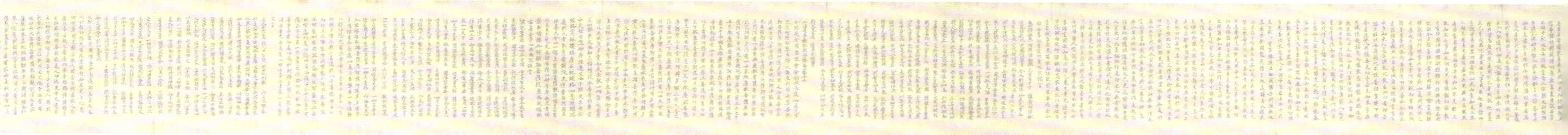

讚歎住在一面欣樂瞻仰於二世尊是諸菩
薩摩訶薩從初踊出以諸菩薩種種讚法
而讚於佛如是時間經五十小劫是時釋迦牟
尼佛嘿然而坐及諸四眾亦皆嘿然五十小劫
佛神力故令諸大眾謂如半日尒時四眾
亦以佛神力故見諸菩薩遍滿无量百千万
億國土虛空是菩薩眾中有四導師一名
上行二名无邊行三名淨行四名安立行是四
菩薩於其眾中最為上首唱導之師在大眾
前各共合掌觀釋迦牟尼佛而問訊言世尊
少病少惱安樂行不所應度者受教易不不
令世尊生疲勞耶尒時四大菩薩而說偈言
世尊安樂　少病少惱　教化眾生　得无疲惓
又諸眾生　受化易不　不令世尊　生疲勞耶
尒時世尊於菩薩大眾中而作是言如是如

尒時世尊於菩薩大衆中而作是言如是如
是諸善男子如來安樂少病少惱諸衆生等
易可化度无有疲勞所以者何是諸衆生世
世已來常受我化亦於過去諸佛諸供養尊
重種諸善根此諸衆生始見我身聞我所說
即皆信受入如來慧除先脩習學小乘者如是
之人我今亦令得聞是經入於佛慧尒時諸
大菩薩而說偈言
善哉善哉　大雄世尊　諸衆生等　易可化度
能問諸佛　甚深智慧　聞已信行　我等隨喜
於時世尊讚歎上首諸大菩薩善哉善哉善
男子汝等能於如來發隨喜心尒時弥勒菩
薩及八千恒河沙諸菩薩衆皆作是念我等
從昔已來不見不聞如是大菩薩摩訶薩
衆從地踊出住世尊前合掌供養問訊如來時

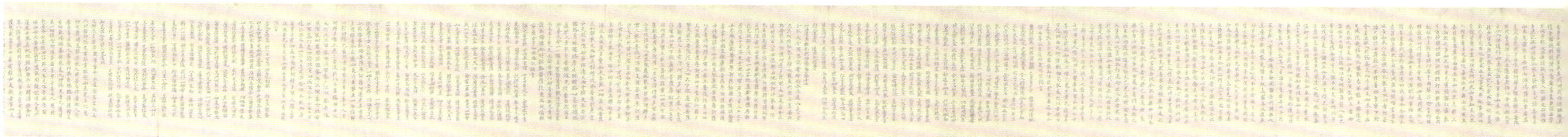

弥勒菩薩摩訶薩知八千恒河沙諸菩薩等
心之所念并欲自決所疑合掌向佛以偈問曰
无量千万億　大衆諸菩薩　昔所未曾見　願兩足尊說
是從何所來　以何因緣集　巨身大神通　智慧叵思議
其志念堅固　有大忍辱力　衆生所樂見　為從何所來
一一諸菩薩　所将諸眷屬　其數无有量　如恒河沙等
或有大菩薩　将六万恒沙　如是諸大衆　一心求佛道
是諸大師等　六萬恒河沙　俱來供養佛　及護持此經
将五万恒沙　其數過於是　四万及三万　二万至一万
一千一百等　乃至一恒沙　半及三四分　億万分之一
千万那由他　万億諸弟子　乃至於半億　其數復過上
百万至一万　一千及一百　五十與一十　乃至三二一
單己无眷屬　樂於獨處者　俱來至佛所　其數轉過上
如是諸大衆　若人行籌數　過於恒沙劫　猶不能盡知
是諸大威德　精進菩薩衆　誰為其說法　教化而成就

如是諸大衆　若人行籌數　過於恒沙劫　猶不能盡知
是諸大威德　精進菩薩衆　誰爲其說法　教化而成就
從誰初發心　稱揚何佛法　受持行誰經　脩習何佛道
如是諸菩薩　神通大智力　四方地震裂　皆從中踊出
世尊我昔來　未曾見是事　願說其所從　國土之名号
我常遊諸國　未曾見是衆　我於此衆中　乃不識一人
忽然從地出　願說其因緣　今此之大會　无量百千億
是諸菩薩等　皆欲知此事　如是諸菩薩　本末之因緣
无量德世尊　唯願決衆疑
尒時釋迦牟尼佛分身諸佛從无量千万億他
方國土來者在於八方諸寶樹下師子座上結
跏趺坐其佛侍者各各見是菩薩大衆於三
千大千世界四方從地踊出住於虛空各
白其佛言世尊此諸无量无邊阿僧祇菩
薩大衆從何所來尒時諸佛各告侍者諸善

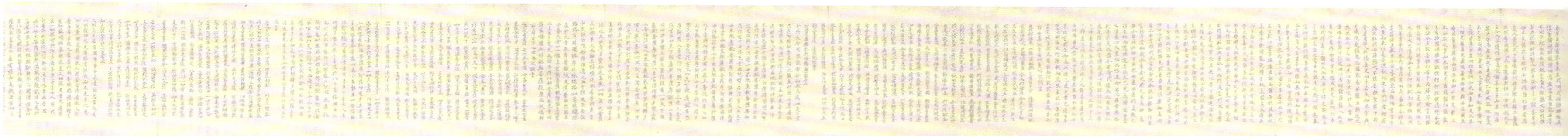

男子且待須臾有菩薩摩訶薩名弥勒釋
迦牟尼佛之所授記次後作佛已問斯事佛今
荅之汝等自當因是得聞尒時釋迦牟尼佛
告弥勒菩薩善哉善哉阿逸多乃能問佛如
是大事汝等當共一心被精進鎧發堅固意
如來今欲顯發宣示諸佛智慧諸佛自在神
通之力諸佛師子奮迅之力諸佛威猛大勢
之力尒時世尊欲重宣此義而說偈言
當精進一心　我欲說此事　勿得有疑悔　佛智叵思議
汝今出信力　住於忍善中　昔所未聞法　今皆當得聞
我今安慰汝　勿得懷疑懼　佛无不實語　智慧不可量
所得第一法　甚深叵分別　如是今當說　汝等一心聽
尒時世尊說此偈已告弥勒菩薩我今於此
大衆宣告汝等阿逸多是諸大菩薩摩訶薩
无量无數阿僧祇從地踊出汝等昔所未見者

大衆宣告汝等阿逸多是諸大菩薩摩訶薩
无量无數阿僧祇從地踊出汝等昔所未見者
我於是娑婆世界得阿耨多羅三藐三菩提
已教化示導是諸菩薩調伏其心令發道意
此諸菩薩皆於是娑婆世界之下此界虛
空中住於諸經典讀誦利思惟分別正憶念
力阿逸多是諸善男子等不樂在衆多有所
說常樂靜處勤行精進未曾休息亦不依止
人天而住常樂深智无有障礙亦常樂於諸
佛之法一心精進求无上慧尒時世尊欲重宣
此義而說偈言
阿逸汝當知 是諸大菩薩 從无數劫來 脩習佛智慧
悉是我所化 令發大道心 此等是我子 依止是世界
常行頭陀事 志樂於靜處 捨大衆憒鬧 不樂多所說
如是諸子等 學習我道法 晝夜常精進 為求佛道故

在娑婆世界 下方空中住 志念力堅固 常勤求智慧
說種種妙法 其心无所畏 我於伽耶城 菩提樹下坐
得成最正覺 轉无上法輪 尒乃教化之 令初發道心
令皆住不退 悉當得成佛 我今說實語 汝等一心信
我從久遠來 教化是等衆
尒時弥勒菩薩摩訶薩及无數諸菩薩等心
生疑惑恠未曾有而作是念云何世尊於少
時間教化如是无量无邊阿僧祇諸大菩薩
令住阿耨多羅三藐三菩提即白佛言世尊如
來為太子時出於釋氏宮去伽耶城不遠坐
於道場得成阿耨多羅三藐三菩提從是已
來始過四十餘年世尊云何於此少時大作
佛事以佛勢力以佛功德教化如是无量大
菩薩衆當成阿耨多羅三藐三菩提世尊此
大菩薩衆假使有人於千万億劫數不能盡

菩薩衆當成阿耨多羅三藐三菩提世尊此
大菩薩衆假使有人於千万億劫數不能盡
不得其邊斯等久遠已來於无量无邊諸佛
所植諸善根成就菩薩道常脩梵行世尊如
此之事世所難信譬如有人色美髮黑年二十
五指百歲人言是我子其百歲人亦指年少
言是我父生育我等是事難信佛亦如是
得道已來其實未久而此大衆諸菩薩等已
於无量千万億劫爲佛道故勤行精進善入
出住无量百千万億三昧得大神通久脩梵
行善能次第習諸善法巧於問答人中之寶
一切世間甚爲希有今日世尊方云得佛道
時初令發心教化示導令向阿耨多羅三藐
三菩提世尊得佛未久乃能作此大功德事
我等雖復信佛隨宜所説佛所出言未曾

虛妄佛所知者皆悉通達然諸新發意菩
於佛滅後若聞是語或不信受而起破罪業
因緣唯然世尊願爲解說除我等疑及未來
世諸善男子聞此事已亦不生疑尒時弥勒
菩薩欲重宣此義而說偈言
佛昔從釋種　出家近伽耶　坐於菩提樹　尒來尚未久
此諸佛子等　其數不可量　久已行佛道　住神通智力
善學菩薩道　不染世間法　如蓮華在水　從地而踊出
皆起恭敬心　住於世尊前　是事難思議　云何而可信
佛得道甚近　所成就甚多　願爲除衆疑　如實分別說
譬如少壯人　年始二十五　示人百歲子　髮白而面皺
是等我所生　子亦說是父　父少而子老　舉世所不信
世尊亦如是　得道來甚近　是諸菩薩等　志固無怯弱
從無量劫來　而行菩薩道　巧於難問答　其心無所畏
忍辱心決定　端正有威德　十方佛所讚　善能分別說

從无量劫來 而行菩薩道 巧於難問荅 其心无所畏
忍辱心決定 端正有威德 十方佛所讚 善能分別說
不樂在人衆 常好在禪定 為求佛道故 於下空中住
我等從佛聞 於此事无疑 願佛為未來 演說令開解
若有於此經 生疑不信者 即當墮惡道 願今為解說
是无量菩薩 云何於少時 教化令發心 而住不退地

妙法蓮華經如來壽量品第十六

尒時佛告諸菩薩及一切大衆諸善男子汝
等當信解如來誠諦之語復告大衆汝等當
信解如來誠諦之語又復告諸大衆汝等當
信解如來誠諦之語是時菩薩大衆弥勒為
首合掌白佛言世尊唯願說之我等當信受
佛語如是三白已復言唯願說之我等當信
受佛語尒時世尊知諸菩薩三請不止而告
之言汝等諦聽如來秘密神通之力一切世

聞天人及阿脩羅皆謂今釋迦牟尼佛出釋
氏宮去伽耶城不遠坐於道場得阿耨多羅
三藐三菩提然善男子我實成佛已來无
量无邊百千万億那由他劫譬如五百千萬億
那由他阿僧祇三千大千世界假使有人抹
為微塵過於東方五百千万億那由他阿僧
祇國乃下一塵如是東行盡是微塵諸善
男子於意云何是諸世界可得思惟挍計知
其數不弥勒菩薩等俱白佛言世尊是諸世界
无量无邊非筭數所知亦非心力所及一切聲
聞辟支佛以无漏智不能思惟知其限數
我等住阿惟越致地於是事中亦所不達
世尊如是諸世界无量无邊尒時佛告菩薩
衆諸善男子今當分明宣語汝等是諸世界
若著微塵及不著者盡以為塵一塵一劫我

衆諸善男子今當分明宣語汝等是諸世界
若著微塵及不著者盡以爲塵一塵一劫我
成佛已來復過於此百千万億那由他阿僧
祇劫自從是來我常在此娑婆世界說法教
化亦於餘處百千万億那由他阿僧祇國導
利衆生諸善男子於是中間我說然燈佛等
又復言其入於涅槃如是皆以方便分別諸
善男子若有衆生來至我所我以佛眼觀其
信等諸根利鈍隨所應度處處自說名字
不同年紀大小亦復現言當入涅槃又以種種
方便說微妙法能令衆生發歡喜心諸善男子
如來見諸衆生樂於小法德薄垢重者爲
是人等說我少出家得阿耨多羅三藐三菩提
然我實成佛已來久遠若斯但以方便教化衆
生令入佛道作如是說諸善男子如來所演

典皆為度脫衆生或說己身或說他身或
示己身或示他身或示己事或示他事諸所
言說皆實不虛所以者何如來如實知見三界
之相无有生死若退若出亦无在世及滅度
者非實非虛非如非異不如三界見於三
界如斯之事如來明見无有錯謬以諸衆
生有種種性種種欲種種行種種憶想分別
故欲令生諸善根以若干因緣譬喻言辭種
種說法所作佛事未曾暫癈如是我成佛已
來甚大久遠壽命无量阿僧祇劫常住不滅
諸善男子我本行菩薩道所成壽命今猶未
盡復倍上數然今非實滅度而便唱言當取
滅度如來以是方便教化衆生所以者何若
佛久住於世薄德之人不種善根貧窮下賤
貪著五欲入於憶想妄見網中若見如來常在

佛久住於世薄德之不種善根貧窮下賤
貪著五欲入於憶想妄見網中若見如來常在
不滅便起憍恣而懷猒怠不能生難遭之
想恭敬之心是故如來以方便說比丘當知
諸佛出世難可值遇所以者何諸薄德人過无
量百千萬億劫或有見佛或不見者以此事
故我作是言諸比丘如來難可得見斯衆生
等聞如是語必當生於難遭之想心懷戀慕
渴仰於佛便種善根是故如來雖不實滅
而言滅度又善男子諸佛如來法皆如是爲
度衆生皆實不虛譬如良醫智慧聰達明練
方藥善治衆病其人多諸子息若十二十乃
至百數以有事緣遠至餘國諸子於後飲他
毒藥藥發悶亂宛轉于地是時其父還來
歸家諸子飲毒或失本心或不失者遙見其父

皆大歡喜拜跪問訊善安隱歸我等愚癡誤
服毒藥願見救療更賜壽命父見子等苦惱
如是依諸經方求好藥草色香美味皆悉具
足擣篩和合與子令服而作是言此大良藥
色香美味皆悉具足汝等可服速除苦惱
无復衆患其諸子中不失心者見此良藥色
色俱好即服之病盡除愈餘失心者見其父
來雖亦歡喜問訊求索治病然與其藥而不
肯服所以者何毒氣深入失本心故於此好
色香藥而謂不美父作是念此子可愍為毒
所中心皆顛倒雖見我喜求索救療如是好
藥而不肯服我今當設方便令服此藥即作是
言汝等當知我今衰老死時已至是好良
藥今留在此汝可取服勿憂不差作是教已
復至他國遣使還告汝父已死是時諸子聞

復至他國遣使還告汝父已死是時諸子聞
父背喪心大憂惱而作是念若父在者慈愍
我等能見救護今者捨我遠喪他國自惟孤
露无復恃怙常懷悲感心遂醒悟乃知此藥
色味香美即取服之毒病皆愈其父聞子悉
已得差尋便來歸咸使見之諸善男子於意
云何頗有人能說此良醫虛妄罪不不也世
尊佛言我亦如是成佛已來无量无邊百千
万億那由他阿僧祇劫爲衆生故以方便力
言當滅度亦无有能如法說我虛妄過者尒
時世尊欲重宣此義而說偈言
自我得佛來 所經諸劫數 无量百千万 億載阿僧祇
常說法教化 无數億衆生 令入於佛道 尒來无量劫
爲度衆生故 方便現涅槃 而實不滅度 常住此說法
我常住於此 以諸神通力 令顛倒衆生 雖近而不見

衆見我滅度　廣供養舍利　咸皆懷戀慕　而生渴仰心
衆生既信伏　質直意柔軟　一心欲見佛　不自惜身命
時我及衆僧　俱出靈鷲山　我時語衆生　常在此不滅
以方便力故　現有滅不滅　餘國有衆生　恭敬信樂者
我復於彼中　為說无上法　汝等不聞此　但謂我滅度
我見諸衆生　沒在於苦惱　故不為現身　令其生渴仰
因其心戀慕　乃出為說法　神通力如是　於阿僧祇劫
常在靈鷲山　及餘諸住處　衆生見劫盡　大火所燒時
我此土安隱　天人常充滿　園林諸堂閣　種種寶莊嚴
寶樹多華菓　衆生所遊樂　諸天擊天鼓　常作衆伎樂
雨曼陁羅華　散佛及大衆　我淨土不毀　而衆見燒盡
憂怖諸苦惱　如是悉充滿　是諸罪衆生　以惡業因緣
過阿僧祇劫　不聞三寶名　諸有脩功德　柔和質直者
則皆見我身　在此而說法　或時為此衆　說佛壽无量
久乃見佛者　為說佛難值　我智力如是　慧光照无量

久乃見佛者　為說佛難值　我智力如是　慧光照无量
壽命无數劫　久脩業所得　汝等有智者　勿於此生疑
當斷令永盡　佛語實不虛　如醫善方便　為治狂子故
實在而言死　无能說虛妄　我亦為世父　救諸苦患者
為凡夫顛倒　實在而言滅　以常見我故　而生憍恣心
放逸著五欲　墮於惡道中　我常知眾生　行道不行道
隨應所可度　為說種種法　每自作是意　以何令眾生
得入无上道　速成就佛身

妙法蓮華經分別功德品第十七

尒時大會聞佛說壽命劫數長遠如是无量
无邊阿僧祇眾生得大饒益於時世尊告彌
勒菩薩摩訶薩阿逸多我說是如來壽命長
遠時六百八十万億那由他恒河沙眾生得
无生法忍復千倍菩薩摩訶薩得聞持陀羅
尼門復有一世界微塵數菩薩摩訶薩得樂

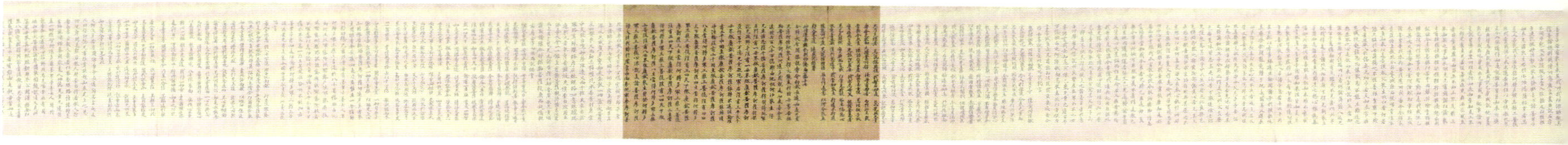

說无礙辯才復有一世界微塵數菩薩摩訶
薩得百千万億无量旋陀羅尼復有三千大千
世界微塵數菩薩摩訶薩能轉不退法輪復
有二千中國土微塵數菩薩摩訶薩能轉清
淨法輪復有小千國土微塵數菩薩摩訶薩
八生當得阿耨多羅三藐三菩提復有四四
天下微塵數菩薩摩訶薩四生當得阿耨多
羅三藐三菩提復有三四天下微塵數菩薩
摩訶薩三生當得阿耨多羅三藐三菩提
復有二四天下微塵數菩薩摩訶薩二生當
得阿耨多羅三藐三菩提復有一四天下微
塵數菩薩摩訶薩一生當得阿耨多羅三藐
三菩提復有八世界微塵數衆生皆發阿耨多
羅三藐三菩提心佛說是諸菩薩摩訶薩
得大法利時於虛空中雨曼陀羅華摩訶曼

羅三藐三菩提心佛說是諸菩薩摩訶薩
得大法利時於虛空中雨曼陁羅華摩訶曼
陁羅華以散无量百千万億寶樹下師子座
上諸佛并散七寶塔中師子座上釋迦牟尼
佛及久滅度多寶如來亦散一切諸大菩薩
及四部衆又雨細末栴檀沉水香等於虛空
中天鼓自鳴妙聲深遠又雨千種天衣垂諸
瓔珞真珠瓔珞摩尼珠瓔珞如意珠瓔珞
遍於九方衆寶香鑪燒无價香自然周至
供養大會一一佛上有諸菩薩執持幡蓋次第
而上至于梵天是諸菩薩以妙音聲歌无量頌
讚歎諸佛尒時弥勒菩薩從座而起偏袒
右肩合掌向佛而說偈言

佛說希有法　昔所未曾聞　世尊有大力　壽命不可量
无數諸佛子　聞世尊分別　說得法利者　歡喜充遍身

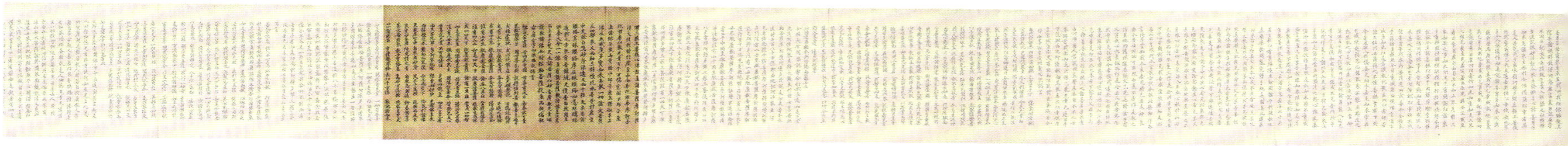

或住不退地　或得陀羅尼　或无礙樂說　万億旋揔持
或有大千界　微塵數菩薩　各各皆能轉　不退之法輪
或有中千界　微塵數菩薩　各各皆能轉　清淨之法輪
復有小千界　微塵數菩薩　餘各八生在　當得成佛道
復有四三二　如是四天下　微塵諸菩薩　隨數生成佛
或一四天下　微塵數菩薩　餘有一生在　當成一切智
如是等衆生　聞佛壽長遠　得无量无漏　清淨之果報
復有八世界　微塵數衆生　聞佛說壽命　皆發无上心
世尊說无量　不可思議法　多有所饒益　如虛空无邊
雨天曼陀羅　摩訶曼陀羅　釋梵如恒沙　无數佛土來
雨栴檀沉水　繽紛而亂墜　如鳥飛空下　供散於諸佛
天鼓虛空中　自然出妙聲　天衣千萬種　旋轉而來下
衆寶妙香爐　燒无價之香　自然悉周遍　供養諸世尊
其大菩薩衆　執七寶幡蓋　高妙万億種　次第至梵天
一一諸佛前　寶幢懸勝幡　亦以千万偈　歌詠諸如來

其大菩薩衆　執七寶幡蓋　高妙万億種　次第至梵天
一一諸佛前　寶幢懸勝幡　亦以千万偈　歌詠諸如來
如是種種事　昔所未曾有　聞佛壽无量　一切皆歡喜
佛名聞十方　廣饒益衆生　一切具善根　以助无上心
尒時佛告弥勒菩薩摩訶薩阿逸多其有衆
生聞佛壽命長遠如是乃至能生一念信解
所得功德无有限量若有善男子善女人爲
阿耨多羅三藐三菩提於八十萬億那由他
劫行五波羅蜜檀波羅蜜尸波羅蜜羼提
波羅蜜毗梨耶波羅蜜禪波羅蜜除般若
波羅蜜以是功德比前功德百分千分百千万
億分不及其一乃至筭數譬喻所不能知若
善男子有如是功德於阿耨多羅三藐三菩
提退者无有是處尒時世尊欲重宣此義而說
偈言

若人求佛慧　於八十万億　那由他劫數　行五波羅蜜
於是諸劫中　布施供養佛　及緣覺弟子　并諸菩薩衆
珍異之飲食　上服與卧具　栴檀立精舍　以園林莊嚴
如是等布施　種種皆微妙　盡此諸劫數　以迴向佛道
若復持禁戒　清淨无缺　求於无上道　諸佛之所歎
若復行忍辱　住於調柔地　設衆惡來加　其心不傾動
諸有得法者　懷於增上慢　為此所輕惱　如是亦能忍
若復勤精進　志念常堅固　於无量億劫　一心不懈息
又於无數劫　住於空閑處　若坐若經行　除睡常攝心
以是因緣故　能生諸禪定　八十億萬劫　安住心不亂
持此一心福　願求无上道　我得一切智　盡諸禪定際
是人於百千　万億劫數中　行此諸功德　如上之所說
有善男女等　聞我說壽命　乃至一念信　其福過於彼
若人悉无有　一切諸疑悔　深心須臾信　其福為如此
其有諸菩薩　无量劫行道　聞我說壽命　是則能信受

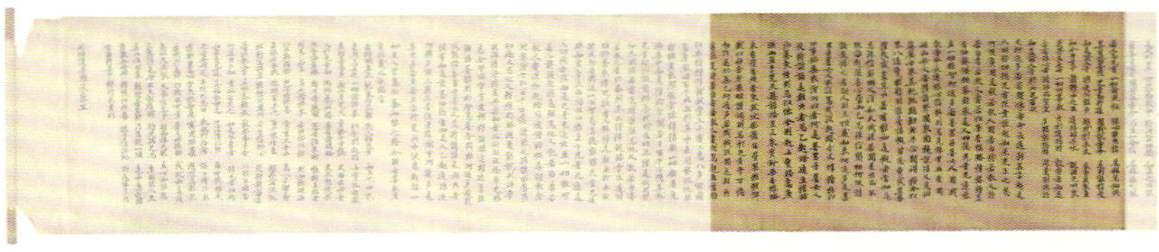

若人悉无有　一切諸疑悔　深心須臾信　其福為如此
其有諸菩薩　无量劫行道　聞我說壽命　是則能信受
如是諸人等　頂受此經典　願我於未來　長壽度衆生
如今日世尊　諸釋中之王　道場師子吼　說法无所畏
我等未來世　一切所尊敬　坐於道場時　說壽亦如是
若有深心者　清淨而質直　多聞能捴持　隨義解佛語
如是諸人等　於此无有疑
又阿逸多若有聞佛壽命長遠解其言趣是
人所得功德无有限量能起如來无上之慧
何況廣聞是經若教人聞若自持若教人持
若自書若教人書若以華香瓔珞幢幡繒蓋
香油蘇燈供養經卷是人功德无量无邊能
生一切種智阿逸多若善男子善女人聞我
說壽命長遠深心信解則為見佛常在耆闍
崛山共大菩薩諸聲聞衆圍繞說法又見此

娑婆世界其地琉璃坦然平正閻浮檀金以
界八道寶樹行列諸臺樓觀皆悉寶成其菩
薩衆咸處其中若有能如是觀者當知是
為深信解相又復如來滅後若聞是經而不
毀呰起隨喜心當知已為深信解相何況讀
誦受持之者斯人則為頂戴如來阿逸多是善
男子善女人不須為我復起塔寺及作僧坊以
四事供養衆僧所以者何是善男子善女人
受持讀誦是經典者為已起塔造立僧坊
供養衆僧則為以佛舍利起七寶塔高廣
漸小至于梵天懸諸幡蓋及衆寶鈴華香瓔珞
末香塗香燒香衆鼓伎樂簫笛箜篌種種儛
戲以妙音聲歌唄讚頌則為於无量千万億
劫作是供養已阿逸多若我滅後聞是經典
有能受持若自書若教人書則為起立僧坊

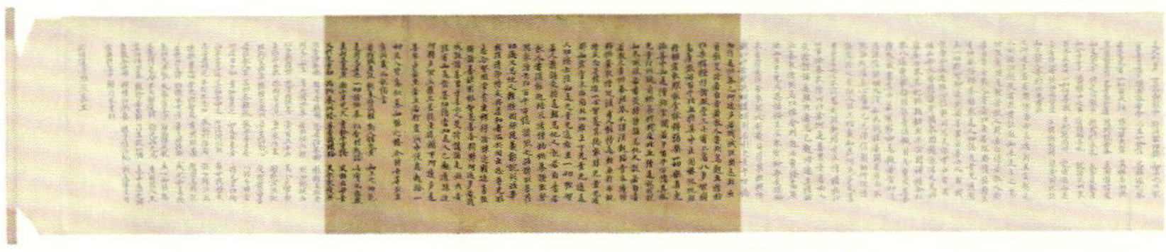

劫作是供養已阿逸多若我滅後聞是經典
有能受持若自書若教人書則為起立僧坊
以赤栴檀作諸殿堂三十有二高八多羅樹
高廣嚴好百千比丘於其中止園林流池經
行禪窟衣服飲食牀褥湯藥一切樂具充
滿其中如是僧坊堂閣若干百千万億其數
无量以此現前供養於我及比丘僧是故我說
如來滅後若有受持讀誦為他人說若自書
若教人書供養經卷不須復起塔寺及造僧
坊供養衆僧况復有人能持是經兼行布施
持戒忍辱精進一心智慧其德最勝无量无邊
譬如虛空東西南北四維上下无量无邊是
人功德亦復如是无量无邊疾至一切種智
若人讀誦受持是經為他人說若自書若
教人書復能起塔及造僧坊供養讚歎聲

聞衆僧亦以百千万億讚歎之法讚歎菩薩
功德又為他人種種因緣隨義解說此法華
經復清淨持戒與柔和者而共同止忍辱无瞋
志念堅固常貴坐禪得諸深定精進勇猛
攝諸善法利根智慧善荅問難阿逸多若我
滅後諸善男子善女人受持讀誦是經典者
復有如是諸善功德當知是人已趣道場近
阿耨多羅三藐三菩提坐道樹下阿逸多是
善男子若坐若立若行處此中便應起塔一
切天人皆應供養如佛之塔尒時世尊欲重
宣此義而說偈言
若我滅度後　能奉持此經　斯人福无量　如上之所說
是則為具足　一切諸供養　以舍利起塔　七寶而莊嚴
表剎甚高廣　漸小至梵天　寶鈴千万億　風動出妙音
又於无量劫　而供養此塔　華香諸瓔珞　天衣衆伎樂

又於无量劫　而供養此塔　華香諸瓔珞　天衣衆伎樂
然香油蘇燈　周帀常照明　惡世法末時　能持是經者
則為已如上　具足諸供養　若能持此經　則如佛現在
以牛頭栴檀　起僧坊供養　堂有三十二　高八多羅樹
上饌妙衣服　牀卧皆具足　百千衆住處　園林諸流池
經行及禪窟　種種皆嚴好　若有信解心　受持讀誦書
若復教人書　及供養經卷　散華香末香　以須曼瞻蔔
阿提目多伽　薰油常然之　如是供養者　得无量功德
如虚空无邊　其福亦如是　況復持此經　兼布施持戒
忍辱樂禪定　不瞋不惡口　恭敬於塔廟　謙下諸比丘
遠離自高心　常思惟智慧　有問難不瞋　隨順為解說
若能行是行　功德不可量　若見此法師　成就如是德
應以天華散　天衣覆其身　頭面接足礼　生心如佛想
又應作是念　不久詣道樹　得无漏无為　廣利諸人天
其所住止處　經行若坐卧　乃至說一偈　是中應起塔